数读清史

李治亭　杨东梁　主编

嘉道中衰

谭绍兵　著

壹

和珅一朝跌倒　嘉庆数年吃饱
一夜发病驾崩
回疆七载平定　鸦片一朝销毁
近代中国第一个不平等条约

叁

川楚陕三省白莲教大起义
闽浙粤三省海上起义
英使三跪九叩礼之争
睁眼看世界的三先贤
三元里百乡民众抗英

辽宁民族出版社

图书在版编目（CIP）数据

嘉道中衰 / 谭绍兵著. —沈阳：辽宁民族出版社，2020.1

（数读清史丛书 / 李治亭，杨东梁主编）

ISBN 978-7-5497-2015-6

Ⅰ. ①嘉… Ⅱ. ①谭… Ⅲ. ①中国历史－清代 Ⅳ. ①K249

中国版本图书馆CIP数据核字（2019）第247422号

嘉道中衰

JIA DAO ZHONGSHUAI

出版发行者：辽宁民族出版社
地　　址：沈阳市和平区十一纬路25号　邮编：110003
印 刷 者：辽宁新华印务有限公司
幅面尺寸：180mm × 250mm
印　　张：16.5
字　　数：260千字
出版时间：2020 年 1 月第 1 版
印刷时间：2020 年 1 月第 1 次印刷
责任编辑：李　璜
助理编辑：杜璐珊
封面设计：杜　江
责任校对：王弈升

标准书号：ISBN 978-7-5497-2015-6
定　　价：58.00 元

网址：www.lnmzcbs.com　　邮购电话：024-23284335
淘宝网店：http://lnmz2013.taobao.com
如有印装质量问题，请与出版社联系调换　　联系电话：024-23284340

前言

李治亭　杨东梁

《数读清史丛书》经构思、组稿、成稿、定稿，历经数年，现在终于可以与读者见面了，这首先要感谢辽宁民族出版社的鼎力相助。

那么《数读清史丛书》究竟是一部什么样的书呢？为什么把“数字”与“清史”联系在一起？这是必须要首先交代清楚的。

提起清史，人们并不陌生，但清朝全史的研究及有关清史图书的出版，在中华人民共和国建立前后一段时间内却显得较为冷清（部分涉及中国近代史、农民战争史者除外）。进入改革开放时期后，清朝的历史和故事受到社会的广泛关注，一方面，学术界不断掀起研究清史的热潮，从地方到全国，国家级暨国际性的研讨会频频举行，研究成果如论文、著作、资料、通俗读物等层出不穷；另一方面，文艺界如戏曲、小说、评书、电影、电视等，也介入清史领域，将其演绎成一部部艺术作品推向社会，从而使清史故事和知识普及千家万户。至今，自20世纪80年代掀起的“清史热”不减不退。可以说，清史的普及率是其他断代史无法比拟的。清史一跃成为史学界之“显学”，不能不使各断代史相顾“失色”！这与改革开放前数十年相对冷清的局面形成鲜明对照。

清史研究的大发展和空前繁荣，实非偶然。清朝距我们当代社会最近，自其亡国至今，也只有百余年；说起清朝的人和事，似在昨天，如在眼前，很容易引起人们更大的兴趣。清朝的历史漫长，经历的时代多变，其丰富多彩的内容，为文学艺术创作提供了取之不尽的素材。坦率地说，把清史故事搬上舞台、银屏，也许比创作关于现实生活的作品来得容易些。因为编导者们受到的约束较少，创作发挥的天地较为广阔，这是不是也算一种“捷径”呢？

对于史学界来说，清史园地既广大又富饶，还有许多待开垦的“处女地”，确有强烈的吸引力。学者们为之付出辛勤劳动，研究成果难以计数，近40年所取得的进展，远胜前60年的总和！

有清一代，比它以前任何一代王朝更受到当代人的重视与关注，这也许是清朝的幸运。但其中也有颇多是非曲直、重重疑点，现在学术界还在争论不休，难以达成共识。不同观点已成对峙状态，能延续多久，尚难预料。不过，争论绝不是一件坏事，学术就需要百花齐放，百家争鸣。如果没有争论，学术也就失去了它的生命力。

现在的问题是，有关清史的歧见，已远远超出了学术争论的范畴。例如，文艺小说及影视、戏剧“戏说”成风，更有甚者，某些清宫影视剧，荒诞无稽，莫此为甚！诚然，文艺作品既然是艺术创作，自然允许虚构，但不能脱离生活，特别是历史题材的作品，更不能天马行空，颠倒、篡改历史，我们常说的“大事不虚，小事不拘”，就是这个道理。文艺界的“戏说”风也刮进了学术界，一些“学者”跟风而上，打着学术的幌子，对三国史、清史，乃至孔子、庄子恣意解读。特别是清史，标榜“正说”者未必不是邪说，其公开宣扬历史唯心主义，信口开河，实则搞乱了清史。任意涂改历史，胡乱编造之风必须煞住，因为不得民心，终将被弃之如垃圾。

尽管“戏说”荒诞，谬说悖理，却仍在社会中流传，清史难“清”。这促使我们决意写一部“新清史”，阐明我们的“清史观”，表述对清史的基本认识，希望能尽量做出科学评断，向社会传达准确的历史信息。这大抵是我们编纂本丛书的初衷，是否如愿，有待实践检验。

撰写一部王朝断代史，首先遇到一个问题，即王朝的起始与终结时间。这似乎是个常识，无须讨论。清以前的历代王朝姑且不论，只说清朝，确有特殊之处。它的终结时间，为宣统三年（1911），清帝宣布退位，清朝统治就此结束。对此，没有任何疑义。那么，清朝的历史又始于何时呢？说法有三：一说，以清顺治元年（1644）入主北京为其始，清有国应为268年；一说，以明万历四十四年（1616）努尔哈赤创建后金政权为清史开端，至终结，共296年；一说，从努尔哈赤于明万历十一年（1583）起兵算起，直至清亡，共历329年。

这三种说法都有一定道理。正如一个人的人生历程，如从参加工作算起，至退休，强调其人的工作时间。如从出生算起，直到去世，这是表示一个人的寿命。清朝的三个“开始”时间，各有所重。学术界采用的是第一种说法，约定俗成，从未受到质疑。因为从入关后清朝才开始统治全国，到其退出历史舞台，就是清朝统治中国的全史。入关前的历史只是清史的序曲，被视为清史的楔子，可不计入清史的时间统计。

我们的意见，取第三种说法：从努尔哈赤创业，到确立在全国的统治，直到溥仪退位，这是清朝历史的一个漫长而完整的过程。其中各个时期，都是清史不可分割的一部分，而各个部分的总和，就是清史的全部。可以说，清史的绝对时间应为329年，举其概数，可称“清史三百年”。同大多数王朝一样，清朝三百年经历了兴、盛、衰、亡的漫长过程。考察清朝三百年，可以说有其独特的经历，这就是：创业、盛世、衰亡，而这三段恰恰是各占百年左右。

先说创业。如前指出，明万历十一年（1583），努尔哈赤起兵，为被害的父祖报仇，即为清朝创业之始，已无疑问。那么，创业于何时完成？进一步问：创业完成的标志是什么？很简单，全国完全统一之日，就是创业完成之时。清在关外时期，仅占有东北与内蒙古地区，统一大业远未完成。清军入关后，于顺治十八年（1661）消灭南明最后一个政权——永历政权，至此，已完成对中华大陆的统一，但台湾仍被郑氏集团控制，故清之创业还不能说完成。直至康熙二十二年（1683），郑氏政权兵败投降，台湾归入清朝版图，至此，清朝才完成了创业。收复台湾，是一个标志。到收复台湾之时，清朝创业正好历时一百年。所谓百年创业，名副其实。

那么何谓百年“盛世”？“盛世”是指最好的历史时期。经济全面发展，文化繁荣昌盛，社会长治久安，国力空前强大等，都是构成盛世不可缺少的条件。清史学界主流意见，认定康熙、雍正、乾隆三朝为清之盛世，史称“康乾盛世”。这个“盛世”，从何时开始？何时结束？学界并无具体界定，学者们见仁见智，但整体上差异不大。我们认为，无论开始、结束，必有一标志性事件，为其时间的界标。进入盛世的标志，恰好是收复台湾的第二年，即康熙二十三年（1684），圣祖首次南巡，非为娱乐，而是专程亲临治理黄河工地，阅视河工。黄河之重要，实关中国历代王朝兴衰，亦为中华民族之命脉。在以农业立国的时代，治理黄河水患，如同治国，是国家头等大事。在收复台湾后，圣祖立即转入治河，说：“今四海太平，最重者治河一事。”[1]治河即治国，国家形势已由前期的战乱转为相对稳定，此即盛世开始之时。从大乱走向大治，治河是标志。

盛世何时结束呢？嘉庆元年（1796），高宗刚退位还不到一年，就发生了一个重大的事件，即川、楚、陕、豫白莲教大起义，引发社会矛盾总爆发，社会动乱。以此事件为标志，宣告“盛世”结束。至此，盛世历时112年，取其概数，称为“百年盛世”。

以嘉庆元年为由盛转衰的时代分界线，清朝转入衰落。历嘉庆、道光、咸丰、同治、光绪、宣统等六朝，经时115年，可称“百年衰亡”。

清朝全史，三个“百年”，并非是人为机械地划分，恰恰是清朝本身自然形成的“三段式”，此说只是我们的一种看法，有待学界形成共识。

我们就是依据上述认识，按照三个百年的历史时期，设计出三个阶段，每个阶段各由3册书组成，共计9册，约180万～200万字。

这套丛书，可以说是一部完整的新清史。清朝灭亡百年来，研究清朝历史的成果不断问世，近30年最为突出，已出版长短不一的清朝全史不下10部。本套丛书则有自己的独特之处：其一，给清史定位三百年，按百年创业、百年盛世、百年衰亡“三段式”撰写清朝全史，似乎尚无先例。其二，予清史以新的解释，反映近30年学界清史研究的新认识、新水平，不落俗套，并非老生常谈，而是对清史的一种新解读，着重阐述我们新的清史观。其三，我们在理论上坚持求

① 《圣祖仁皇帝祖训》卷33，“治河一”。

实求真的中国优良学术传统，吸收已有的研究成果，抵制西方史学中的败笔和不良影响，不跟风，不媚俗，也不接受所谓“山寨”的“雷人”之语，更与“戏说”划清界限。一句话，坚定文化自信，坚守中国学风中的优良传统，挡住学术歪风之诱惑，坚定地走自己的路！其四，本丛书的体例与以往不同。近代以来写史多采取西方的章节体，千篇一律，有的节以下再设目、小目，结果节、目重叠，不胜繁杂。本丛书体例设计打破惯例，采用更为灵活的纪事本末体，每件事都是一个故事，通过将这一件件大小事串联起来，以展示清朝三百年历史长编，再现清朝波澜壮阔的历史画卷。

本书更为明显的特点还在于用数字写清史。前文已指出，近40年来，学界或文艺界对清史颇多“创造”，如“戏说”风，风靡各界，以致清史学界也不能幸免！跟“风”而起，“戏说”起来。当“戏说”渐失市场时，又有“正说”“实说”相继出笼。所谓“实”“正”不过是作者主观意识的表达，能否真做到“正”、做到“实”，那就得看作者的史识、史才、史德如何了。事实表明，标明“正说”者，未必正；声明“实说”者，未必实。凡此种种，一个共同特征，就是作者或编导顽固地表现其主观随意性，却弃事实于不顾。我们则希望坚持以历史事实为依据，并通过数字来述说清史之由来。

数字之重要，在于它是代表人类存在的一种符号！在社会生活中，如果没有数字，人类社会将会怎样？毫无疑问，人类必将重返蒙昧时代。考察历史，可知数字与历史的关系至关重要，不容忽视。从《史记》到《清史稿》共26部所谓“正史”中，留下了大量用数字论述历史的资料，在其他各种史书，包括私人著述中，也留下了不少数字的记录。应当承认，我们的祖先对数字远不如西方人那么重视，故史书中有关数字的记录并不多。以数字为基础的统计，其涵盖面颇受局限，而且所记数字也未必都准确。如同文字记述之不确，当考者必考之，以求其真。尽管缺憾多多，但史籍中所留数字仍弥足珍贵。数字与文字记述同等重要，两者互证且互补，数字表明事物存在的形式、规模与质量，是人类从事政治、经济、军事及生产、生活实践活动的依据，亦是政府决策、做出判断的参数；而文字是对数字的说明，如果没有文字的解读，数字也就失去了意义。

如上所言，中国古代不如西方那样重视数字，历来不重视数学发展，数学古称“算数”，即便出现过祖冲之、刘徽这样杰出的算数家，国家整体科技还是没有发展起来。因为古人治国不靠科技，唯专仰经书而已。已故美籍华人、历史学者黄仁宇就晚清百年中国动乱做出独特的分析，称“中国过去百多年来的动乱，不是所谓章法不良、人心不古，也不是全部军人专横、政客捣乱”，却是因为中国未能像西方那样实行“在数目字上管理”的治国手段。

当然，中国古代也并非完全不重视数学，如把“数”列为六艺之一，以数字为基础的学问称“算数”。清朝人对算数的认识颇为深刻，大学者阮元曾说过一段很精彩的话：“数为六艺之一，而广其用，则天地之纲纪，群伦之统系也。天舆星辰之高远，非数无以效其灵；地域之广轮，非数无以步其极；世事之纠纷繁赜，非数无以提其要。通天地人之道曰儒，孰谓儒者而事以不知数乎！”[①]阮元一席话，可知数字无处不在：上经天，下通地，社会生活不可离。阮元之数字论，无疑是对几千年数字之用的正确总结。

① 阮元：《揅经室三集》卷5，“里堂学算记序”。

回顾历史，历代史籍对数字的应用、用数字记述史实的例子，俯拾皆是。如《史记·高祖本纪》载：刘邦率大军攻入咸阳，金银财宝、后宫美女皆不取，独取户籍、地亩、图册，此意是在掌握全国的土地与人口数，以备将来治国之用。其后历代史书皆记载本朝的人口、土地及税收等大量人文经济信息，及至国家各级官吏设置、行政区划、军队及军事活动等，均有数目统计。这些宝贵的具体数字，为后世展开学术研究提供了实证。清代所载各项数据，远比前代更为全面而丰富，如官方编纂的《清实录》、国史及其他官书（如《四库全书》等），还有大量的地方志书、私人著述，无不包含用数字记述的史实。特别是清朝诸帝在位的每一年都要统计并公布该年度的土地增长面积及人口变化，乃至国库存储、蠲免钱粮、水利工程投资、军费支出、官员薪俸等情况，可见数字在国家政治、经济与社会生活的一切领域都占据重要地位。

毫无疑问，数字就是史料，是各种史料最值得重视的组成部分。数字同文字记录一样，都是历史的载体，其独特之处在于，它把历史的内涵具体化，彰显其真实的存在。

数字与历史的关系如此密切，对于史学研究不是可有可无，而是必不可少。应当承认，我们的史学研究往往不那么看重数字，总是偏重于研究事件始末、人物的实践活动、是非的评断，数字只是其中的附属，很少有人把它视为主要依据。这里，还有一个认识误区，即以为“摆弄”数字与统计，是经济史学家的事，似乎跟史学其他方面的研究无关。这一认识显然有失偏颇。我们应当树立“数字历史”的新思维，重新认识数字在史学研究中的特殊价值，若能如此，将深化我们对历史的理解，并做出新的判断。

基于以上认识，我们提出了用数字写清史、读清史的学术概念。同时，清代个别学者对数字的重视与分析，无疑给予我们很多启发，促使我们对这个问题的认识又有了新的升华，具有新的学术意义。

本文开头就提出何谓“数读清史”的问题，现在可以回答：简言之，即以数字为纲，将清史中的各种事件与人的实际活动用具体数字加以量化，展开对清史的叙述。说得更明确些，就是应用数字史料来写清史、读清史。本丛书共9册，每册的标题全用数字表述，此即“数字标题”，体现数字为纲之意。一个“标题”中的数字，构成一个历史事件的中心内容，叙其始末，如此相互衔接，清史全通。试举几例说明之：

例一，努尔哈赤于后金天命三年（1618）率八旗伐明，发动抚（顺）清（河）之役，揭开了明清（后金）战争的序幕。伐明前，发布“七大恨”檄文，阐述其伐明的正当性，此 “七大恨”之数字“七”即构成此事件的本质内容，故列题“以‘七大恨’伐明”（见第一册《清朝兴起》）。

例二，康熙中期，国家已进入“盛世”，为与万民同享“盛世”太平，圣祖两度举办“千叟宴”，招请全国60岁以上老人代表共4000余人至京，参加他举办的盛宴，这是“盛世”中的盛事，反映了中国封建社会发展到顶峰的盛况，故以“盛世两举千叟宴”为题，记述其事之始末（见第四册《开创盛世》）。

例三，高宗刚即位，还不到一年，监察御史孙嘉淦上疏，陈述他的治国之见，提出防止“三习”之恶俗与杜绝“一弊”之办法。此疏向新即位的乾隆帝发出了警告。其识见之深、文笔之犀利、预见性之强，一时震动朝野，士子争相阅读。清人即誉此疏为“三习一弊疏”。书中以此为题，评叙其事，为此卷之必不可少，故照此疏之名录下为标题（见第六册《乾隆鼎盛》）。

例四，“103天变法”又称“百日维新”，是晚清时期一次重要的政治变革。“百日”足见其时间短促，反映了顽固派与改良派力量对比之悬殊，也说明当时资产阶级改良派政治上之不成熟。此一数字包含了深刻的政治内涵（见第八册《危局求变》）。

例五，“江楚会奏变法三折”，此折是光绪二十七年（1901）湖广总督张之洞、两江总督刘坤一联合向清政府提出的全面改革方案。三份奏折共计三万多字，代表了朝野上下改革派政治改革的基本框架和思路，成为“清末新政”的纲领性文件。“三份”和“三万”的数字足见其内容之丰富（见第九册《清朝覆亡》）

“数字标题”，涉及如何选用数字。可以肯定地说，我们不会随意采用。如同选择史料，必选有重要价值、内涵丰富、具有代表性的，且数据可靠的数字。具体筛选数字的方法，可概括为三种：

一是直接取用于清官方各书中的准确数字。如以上例证中，“七大恨”“千叟宴”“三习一弊”等，皆来源于《清实录》中的明确记载。

二是归纳或统计后得出的数字。如努尔哈赤先后三次征讨乌拉部，最后一次将乌拉部灭掉，由此归纳为“三征乌拉”；世祖去世前，命索尼、遏必隆、苏克萨哈、鳌拜等为“辅政大臣”，辅佐年幼的少年皇帝圣祖，即成“四大臣辅政”；余类推。

三是概数，将不确定的数字，予以约定。高宗执政时，诛杀多名贪官，有的已计入“实录”，有的则未入录，不能完全确定诛杀贪官的数目，便用“众贪官”表述。因为“众”字及“多”“少”等字，也是数字概念，只是不甚具体而已。如“盛世修书百余种”，其“百余种”系作者据史籍的统计，而“余”字则表明为概数。

数字之用，在于无隐晦，不夸张，不修饰；看数字即识内容，不露作者的主观意图，亦不直接反映作者的观点倾向，一切都通过数字来反映历史的真实客观，其是非、长短，概由读者自行判断，不致被作者表述失当而误导。

书中每一个数字都不是凭空捏造的，甚至可以引申出一篇精彩的故事，读来饶有情趣。那么，为写好每一篇数字故事，采取什么样的体例最适合？比较再三，最后，我们认为采取纪事本末体为好。前已说到，当代盛行的章节体例，过于复杂而烦琐。纪事本末体，为我国传统史书的体例之一，更简捷、明快，尤其便于记述事件的过程，娓娓道来，有引人入胜之效。

与此相适应，本书的文字表述，力求通俗易懂而不失生动，朴实无华而不失美感。时下，文风、学风颇多不端之处，尤其是文风浮华，玩弄“概念史学”，把文字写得晦涩难懂；更有甚者，将中国话“洋化”，引来时尚名词，写的是中国字，讲的却不是“中国话”。我们坚决反对这种坏文风，并与之划清界限，要坚持体现中国传统的优良学风与文风，体现当代中国特色的史学新风。本丛书的各位作者共同约定：要写自己的话，也就是要用自己的语言文字把每件史实写明白，以让读者读懂为最高要求。至于能否做到，效果如何，我们不敢自夸，只能以此为努力目标，并有待广大读者检验。

研究历史，撰写史学著作，目的是经世致用，正如清代学者所倡导：“夫学不经世，非学也！”如果下笔成书，还不明白对社会、对读者有何价值，写书又有何用呢？我们明确宣示：撰写本套丛书，除意在正确传播清史知识外，更重在总结清史中的经验教训，把人生感悟与历史启示贯穿于本丛书的各个篇章，让人读后，多有获益。读者是否有此感受，只可待读后而论也。

以数字写清史、读清史，是我们的大胆尝试，不完美、不完善是必然的。我们不知，此举是否是清史研究和清史著述的新通道，如果这条路径行得通，“数读”对任何一代王朝都适用的话，就会有“数读唐史”“数读明史”等。果真如此，那么中国通史的写法能否跳出原有形式，有所创新呢?

本丛书既然是一种新尝试，难免有诸多不足之处。读者诸君如发现不当，尚祈给予教正。

2019年4月6日于北京

目录

一

和珅一朝跌倒 嘉庆数年吃饱

受禅四年 国有二君

乾隆六十年（1795）九月初三日，在圆明园勤政殿，高宗召见众皇子、皇孙和王公大臣等，将乾隆三十八年（1773）所定立储密缄从乾清宫正大光明匾后取出，当众公布。于是，立皇十五子嘉亲王永琰为皇太子，以明年丙辰为嗣皇帝嘉庆元年，于元旦举行授受之礼。并命将永琰改名为颙琰，移居毓庆宫。同时，追封皇太子生母魏佳氏为孝仪皇后。

登极大典

嘉庆元年（1796）正月初一日，在紫禁城太和殿，高宗举行自己退位并颙琰登极大典，这种有古代禅让之风的让位模式，在数千年的中国历史长河中还真是稀罕。此时的乾隆帝，年届85岁，在位已60年了，身体仍然很健康，但他特别崇敬祖父康熙帝，不愿意超过其在位年长，因此做出这一旷世少见的举动。高宗退位后，颙琰承继大统，年号“嘉庆”，此两字源于高宗在乾隆二十五年（1760）元旦所作《试笔诗》的后两句：“朝图志有以，迓新迎嘉庆”，就在这一年的十月初六日，皇子永琰降生于圆明园“天地一家春”。永琰出生时，生母魏佳氏为令贵妃，其祖上属汉军籍，后抬升为满洲籍，故后人称仁宗是“青龙汉凤”所生。永琰幼年时，主要由庆妃陆氏抚育，关系亲厚。

封建时代皇帝子孙多，清前期的几位皇帝尤甚。圣祖玄烨是清入关后第二个皇帝，他就有97个孙子。弘历被立为皇帝，即得力于圣祖和世宗父子的特别看重和悉心栽培。仁宗是弘历的第十五子，本来被立为皇太子的可能性不大。弘历刚刚即位，就曾立过皇太子。首先是永琏，为孝贤皇后富察氏所生，很得高宗喜欢，在乾隆元年被册立为皇太子，可惜两年后9岁的永琏就早夭了。高宗又打算立永琮为皇太子，永琮也是孝贤皇后所生，两年后，也因出天花早亡。这两次打击使高宗打消了立嫡皇子为皇太子的念头。后来高宗想再立皇长子永璜，但永璜和永璋兄弟俩在孝贤皇后丧事中没有表现出应有的哀伤之情，这在封建时代是硬伤，高宗严词训斥，“此二人断不可继承大统”，打消了这两个儿子成为储君人选的资格。其余皇子中，高宗想到过立永琪，但永琪不久也早夭了。高宗鉴于在位前期“皇储四陨”，在永琏死后30多年中，未再公开立皇太子。一直到乾隆三十八年，才选中了皇十五子永琰，此时高宗已经63岁了，年事已高，必须确定接班人了。高宗之所以立永琰为皇太子，一个原因是此时皇子仅存4位，永琰被册封时年龄大一点，已经11岁了，抵御疾病的能力强一些，这也是接受原来几个皇太子过早夭亡的教训；另一个原因是高宗认为这个儿子性情宽仁厚道。但高宗对这位皇太子将来能否承担大任，心里仍然没有足够把握，此后永琰随父南巡北狩、西征东讨，得到了历练，增长了才干，在乾隆五十四年受封为和硕嘉亲王，到高宗禅位于他时，永琰已经在秘密状态下做了22年的皇太子。

永琰承继大统后，在位25年，前3年仍由高宗以“太上皇帝”治理国家。

高宗称太上皇，实际上，还是不肯放手权力。仁宗也并未真正掌权，一切遵循父亲的教导，清王朝由此进入太上皇训政时期。退位后，高宗并没有搬到宁寿宫，仍旧像从前一样住在养心殿，还是照常上殿，接受百官朝贺。当时的年号也有两个，内廷习惯的年号仍然是“乾隆”，只是各省地方和对外的年号用“嘉庆”。

嘉庆元年（1796）正月十九日，高宗在圆明园“山高水长”招待前来参加归政大典的外国使臣及蒙古王公观看烟火。在接见朝鲜使团时，令首席军机大臣和珅明确宣谕：“朕虽归政，大事还是我办。”表明国家的军国重务、用人行政大端，乾隆帝还紧抓在手中。对仁宗来说，既要接受太上皇帝的训政和旨意，令行禁止，不能有任何个人的见解和发挥；还不能对最高权力有任何染指之嫌，更不能让藩邸旧部与朝中大臣有蛛丝马迹的关联，否则，就有可能让太上皇产生不必要的疑心。仁宗只好高举守成的大旗，此时的清王朝，可谓是：天无二日，国有二君。

仁宗亲政

嘉庆四年（1799）正月，高宗去世，仁宗亲政。此时距离高宗禅让皇位正好满3年，这时候，仁宗已是快40岁的中年人了！仁宗的胸襟视野远不如其曾祖父圣祖，才华能力比不上父亲高宗，但他也不像圣祖那么年幼未经历练就突然担当大任，必须勤学苦练，亲力亲为，劳心劳力；更不像高宗那样，过早放松心情，游山玩水，吟诗填词，征讨四方，崇尚武功。他勤勉俭朴，博学多思，和高宗比，为人相对仁爱，生平不喜杀人，待臣下比较宽厚，对百姓的疾苦和诉求也有所关怀。所以嘉庆帝去世后，其庙号为“仁宗”，突出一个仁字，不无道理。

仁宗的子女不多，长大成人的仅有4子1女。后宫嫔妃也比较少，宫廷内的生活相对简单、清静。仁宗即位后，册封过两位皇后，一位是孝淑睿皇后喜塔腊氏，只当了1年1个月的皇后就去世了。另一位孝和睿皇后钮钴禄氏，出生于满洲世家，先祖是清朝开国五大臣之一的额亦都，她的家族曾多次同皇室联姻，出了多位皇后。钮钴禄氏比仁宗小16岁，在她22岁的时候，得以晋封贵妃，嘉庆六年（1801）被立为皇后。

仁宗若处在太平之世，可能不失为一位“贤君”。可他从父亲高宗手中接过来的国家，贪污腐化成风，积弊已深，危机四伏。这时候的清王朝，所需要的不是四平八稳的皇帝，而是要大刀阔斧、能开能合、敢作敢为，像其祖父世宗雍正帝那样的皇帝。翰林院编修洪亮吉上书给诸位军机大臣和王大臣言事：“士大夫渐不顾廉耻，百姓则不顾纲常。然此不当责之百姓，仍当责之士大夫也。”洪亮吉曾以其十余年间亲眼所见，刻画当时的官场丑态：“有尚书、侍郎甘为宰相屈膝者矣；有大学士、七卿之长，且年长以倍，而求拜门生，求为私人者矣；有交宰相之僮隶，并乐与抗礼者矣。”在最高学府国子监，有人为了想当国子监主官的祭酒和讲官之类职位，而不惜自毁人格，钻营以求。“太学三馆，风气之所由出也。今则有昏夜乞怜，以求署祭酒者矣；有人前长跪，以求讲官者矣。”原有官僚体系，只撤换了极少数，绝大部分仍旧。这些总督、巡抚、布政使、按察使等地方大员，“出巡则有站规，有门包，常时则有节礼、生日礼，按年则又有帮费，升迁调补之私相馈谢者，尚未在此数也”。实际上，这些礼物钱财，“无不取之于州县，州县则无不取之于民”。各级官员明知故犯，相沿成习。于是，“钱粮漕米，前数年尚不过加倍，近则加倍不止”。州县一级的官员坦白说：“我之所以加倍、加数倍者，实层层衙门用度，日甚一日，年甚一年。”各地州县官员依仗总督、巡抚等上级官员，“威势以取于民，上司得其半，州县之入已者亦半”。洪亮吉最后放胆建议仁宗，好好学习世宗雍正帝的严明，然后再学圣祖康熙帝的宽仁，称：“今日皇上当法宪皇帝之严明，使吏治肃而民乐生；然后法仁皇帝之宽仁，以转移风俗，则文武一张一弛之道也。”[①]

军队的情形，御史谷际岐在嘉庆四年（1799）春的上疏中提到，四川、湖北流传的一首民谣道：“贼去兵无影，兵来贼没踪。可怜兵和贼，何日得相逢？”[②]武官惜死，文官贪钱，因此嘉庆朝百姓起事频仍，国力日衰。

① 赵尔巽等：《清史稿》卷356，《洪亮吉传》。

② 赵尔巽等：《清史稿》卷356，《谷际岐传》。

惩治『二皇帝』

仁宗从高宗手里接下的是盛世下的危机。他主政后，做的第一件大快人心之事，就是半月间，捉拿和珅，赐其自尽，惩治“二皇帝”，打开新的政治局面。

和珅其人

和珅，字致斋，原名善保，钮钴禄氏，满洲正红旗人。发迹后，人称“和大人”。其先祖系今辽宁清原满族自治县人，明朝末年随清军入关，至北京住今西直门内驴肉胡同。和珅父常保，曾任福建副都统。和珅生于乾隆十五年（1750），自小与弟弟和琳受到良好教育，十余岁入咸安宫官学。和珅天资聪颖，勤奋努力，除接受满洲、蒙古贵族语文教育外，还学习汉族儒学经典，颇受吴省兰等老师的器重。乾隆三十四年（1769），承袭祖上三等轻车都尉世职。次年，参加顺天府乡试，不中。乾隆三十七年（1772）十一月，任三等侍卫，开始了他此后飞黄腾达的仕途。

关于和珅如何得到高宗的赏识，说法不一。据《清朝野史大观》载：某日，高宗外出，仓促中不见仪仗用的黄伞盖，高宗责问这是谁的过错？侍卫们均瞪目相向，不知所措，只有和珅应声答道：“典守者不得辞其责！”和珅仪度俊雅，声音清亮，尤其是他的勇敢，令高宗印象至深。《郎潜纪闻初笔》卷四记载：有一次，乾隆帝在轿中背诵《论语》，一时忘了下文，轿旁跟班均不知皇上在说什么，独和珅脱口而出，接了上来，高宗因此询问和珅的家世、年岁等，和珅奏对均很合皇帝心意，自此很是欢喜[①]。此时的和珅年轻英俊，思路敏捷，又颇具才学，作为皇帝的侍卫，引起皇帝的注意，是很自然的事。乾隆四十年（1775）闰十月，和珅升任乾清门侍卫，十一月再提升御前侍卫，授正蓝旗副都统。四十一年正月，迁户部左侍郎，三月授军机大臣，四月兼内务府大臣。从皇帝身边的一名普通侍卫，到亲信宠臣，迈入清王朝最高权力层，历时才半年，而此时的和珅年仅26岁，真可谓平步青云，官运亨通！

随后，和珅又兼步军统领，充任崇文门税务监督，总理行营事务，集政治、军事、经济大权于一身！乾隆四十五年（1780）正月，和珅受命与刑部侍郎喀凝阿赴云南，查办大学士、云贵总督李侍尧贪污案。侍尧是当时有名的大臣，颇具才干，深得高宗倚重。到云南后，和珅先拘审侍尧管家，获取其贪婪索贿的实据，迫使其低头认罪。同时和珅上奏云南吏治废弛，府州县财政亏空，亟宜厘清整顿。从接受任务，到高宗下旨处治李侍尧，前后仅两个多月。高宗很欣赏和珅的才能，本想用其为云南总督，但鉴于李侍尧案系和珅督办，为避嫌起见，才让福康安代之。回京途中，和珅升任户部尚书、议政大臣。回京向高宗复命时，和珅面陈对云南盐务、钱法和边防事务的意见，均深得皇帝肯定，同意施行。和珅再被授予御前大臣兼都统，不久又授

① 李春光：《清代名人轶事辑览》第2册，《和珅蒙恩眷之缘》，第1052页。

领侍卫内大臣，充《四库全书》馆正总裁，兼理藩院尚书，成为当朝最受宠爱的大臣！回京后一月，高宗为和珅6岁的儿子赐名丰绅殷德，又将小女儿和孝公主许配给丰绅殷德，后两人于乾隆五十四年（1789）成婚。这门亲事，更加确立了和珅的重臣地位。

乾隆四十六年（1781），和珅受命为钦差大臣，与大学士阿桂赴甘肃，督军镇压苏四十三起义。随之兼兵部尚书，管理户部三库。据统计，和珅从承袭三等轻车都尉世职，至获罪前，重要的授职有50余次之多。乾隆四十四年（1779），领班军机大臣于敏中去世，武英殿大学士阿桂接替。时任军机大臣的还有大学士王杰、尚书董诰和福康安等，这几位与年轻的和珅不和。高宗知道阿桂与和珅不睦，常常派阿桂在外领兵或查办案件，军机处的实权于是落在了和珅的手中，时人称他为“二皇帝”。就连乾隆五十八年（1793）来中国访问的英国使臣马嘎尔尼，也听说许多中国人私下里如此称和珅，可见和珅权倾天下不假。

和珅为何如此讨高宗的欢心呢？自然不仅仅只会阿谀奉承。其实，此人并非传说中的那样不学无术，相反还颇具才干。高宗在《平定廓尔喀十五功臣图赞》中，特别赞扬和珅精通满、汉、蒙、藏四种文字。和珅记忆力惊人、聪明决断、办事利索、多才多艺。高宗爱好作诗，诗作很多，其书法也很见功力。和珅投其所好，刻意摹仿，几可乱真。乾隆后期，有些御制诗匾即由和珅代笔，北京故宫崇敬殿的御制诗匾，据考证就是由和珅代笔。高宗晚年，6次南巡，大建行宫；在北京圆明园和承德避暑山庄，大兴土木；八十寿辰，大办庆典。这些“盛举”，都需要大把银子，而和珅作为朝廷财政税收的总管大臣，得想方设法满足高宗，也得千方百计讨好皇帝。他对京内外大臣的敲诈摊派，实际上负担最后都落到了老百姓的头上。

和珅也是玩弄权术、排斥异己的高手。他仗着皇帝的宠信，大权在握，拉帮结派，培植亲信，不断壮大势力。军机大臣福长安是高宗孝贤皇后的亲侄儿，其父傅恒和哥哥福康安都曾任军机大臣，和珅极力拉拢，将其收为亲信。他的老师吴省兰兄弟俩及一些地方督抚都成了和珅的亲信。弟弟和琳，数年之内，就从言官升任四川总督。大学士松筠不肯依附，被发配到边远地区任职。领班军机大臣阿桂，军机大臣王杰、董诰等都是和珅打击、压制的对象。

和珅甚至向皇储卖人情：乾隆帝决定立颙琰为太子，和珅预先得讯，立刻向颙琰报喜，但不好明说，便送一玉如意作为暗示。颙琰并不领情，和珅便心生怨恨。高宗传皇位给嘉亲王后，自己当起了太上皇。但实际上，高宗并没有撒手，遇上国家大事和重要人事任免，他还是要亲自过问。嘉庆元年（1796）八月，乾隆帝准备召两广总督朱珪回京，升任大学士。朱珪曾任颙琰老师。仁宗写诗向老师表示祝贺，和珅向高宗告御状，说“嗣皇帝欲向朱珪市恩”，就是说仁宗在笼络人心，高宗大怒，差点治他的罪。在军机大臣董诰等劝谏下，高宗才暂时作罢。不久，高宗还是听从和珅意见，将朱珪从两广总督降为安徽巡抚。和珅还安插其老师吴省兰在仁宗身边，监视其起居动静。嘉庆二年（1797），首席军机大臣阿桂病故，和珅接任。大学士王杰与和珅不和，告病致仕，董诰因母丧回家守孝。加之此时的高宗年老力衰，和珅俨然就是其代言人，在军机处，他的专横比往日更甚。

“和珅跌倒”

仁宗将和珅的举动看在眼里，却不露声色。嘉庆四年（1799）正月初三日，高宗寿终正寝，和珅的靠山倒了。仁宗决计铲除和珅，自己亲政。当天，仁宗一连下发8道谕旨，表达哀悼之情，颂扬乃父的文治武功等。其中最重要的两项是：任命和珅与睿亲王等总理一切丧仪，召朱珪即刻回京。次日，仁宗以在四川镇压白莲教起事中将帅冒功请赏为由，罢免对此事负主要责任的和珅的军机大臣、九门提督职衔，命其与福长安日夜在大内守灵，不得自由出入，实际上是隔断了他们与外界的联系。初五日，给事中王念孙首劾和珅不法情状，官员们纷纷上疏，弹劾和珅弄权舞弊，犯下大罪。初六日，仁宗调整人事。初七日，颁发太上皇遗诏，遣使赴朝鲜等，昭告中外。初八日，仁宗命令以后陈奏事件均应直接送达给他，改变以往惯例，军机处不得抄录副本。同日，公布高宗遗诏，将和珅大学士、福长安户部尚书职革除，下刑部狱，并命仪亲王永璇、成亲王永瑆等王大臣，负责查抄和珅家产，并会同审讯。初九日，谕斥攀附和珅的带兵大员。初十日，仁宗批示"实力查办，以副委任"，全面清查和珅案。十一日，经初步查抄、审讯，下诏宣布和珅罪状概要，十五日公布和珅20大罪状：主要有欺骗皇帝、扣压军报、任用亲信、违反祖制、贪污敛财等，并公告各省督抚[①]。仁宗公布和珅具体罪状如下：

朕于乾隆六十年九月初三日蒙皇考册封皇太子，尚未宣布，和珅于初二日在朕前先递如意，漏泄机密，以拥戴自居，大罪一。骑马直进圆明园左门，过正大光明殿，至寿山口，无父无君，莫此为甚，大罪二。因腿疾乘椅桥入大内，肩舆直入神武门，众目共睹，毫无忌惮，大罪三。娶出宫女子为次妻，罔顾廉耻，大罪四。于各路军报任意压搁，有心欺蔽，以致军务日久未竣，大罪五。皇考圣躬不豫，和珅毫无忧戚，谈笑如常，丧心病狂，大罪六。皇考力疾批答章奏，字迹间有未真，和珅辄谓不如撕去，竟另行拟旨，大罪七。兼管户部报销，竟将户部事务一人把持，变更成例，不许部臣参议，大罪八。上年奎舒奏循化、

① 赵尔巽：《清史稿》卷319，《和珅传》。

贵德二贼番肆劫青海，和珅驳回原折，隐匿不办，全不以兵务为事，大罪九。皇考升遐后，朕谕蒙古王公未出痘者不必来京，和珅擅令已、未出痘者俱不必来，全不顾国家抚绥外藩之意，大罪十。大学士苏凌阿重听衰迈，因与其弟和琳姻亲，隐匿不奏；侍郎吴省兰、李潢，太仆寺卿李光云在其家教读，保列卿阶，兼任学政，大罪十一。军机处记名人员任意撤去，种种专擅，不可枚举，大罪十二。所抄家产，楠木房屋僭侈逾制，其多宝阁及隔断式样，仿照宁寿宫制度，园寓点缀与圆明园蓬岛、瑶台无异，大罪十三。蓟州坟茔，设享殿，置隧道，居民称和陵，大罪十四。所藏珍珠手串二百余，多余大内数倍，大珠大于御用冠顶，大罪十五。宝石顶非所应用，乃有数十，整块大宝石不计其数，胜于大内，大罪十六。藏银、衣服数逾千万，大罪十七。夹墙藏金二万六千余两，私库藏金六千余两，地窖埋银三百余万两，大罪十八。通州、蓟州当铺、钱店赀本十余万，以首辅大臣，下与小民争利，大罪十九。家奴刘全家产至二十余万，并有大珍珠手串，若非纵令需索，何得如此丰饶，大罪二十。其余贪纵狂妄之处，尚难悉数，实从来罕见罕闻者。①

十五日，直隶总督胡季堂首先表态，请求将和珅凌迟处死。十八日，在京文武大臣会议，奏请将和珅按照大逆律凌迟处死，将福长安照朋党律拟斩，即行正法。仁宗谕示，和珅罪大恶极，但念其曾任首辅大臣，为了朝廷体面，赐其自尽，福长安改判斩监候。据说和珅在狱中，自知命不久矣，对着窗外元宵明月，感慨赋诗道："夜色明如许，嗟予困不伸。百年原是梦，

① 林铁钧：《清史编年》第7卷，《嘉庆朝》，第127~129页。

卅载枉劳神。室暗难挨晓，墙高不见春。星辰环冷月，缧绁泣孤臣。对景伤前事，怀才误此身。余生料无几，孤负九重仁。”[①]据《清朝野史大观》记载，和珅临绝另作诗曰：“五十年前梦幻真，今朝撒手撇红尘。他时睢口安澜日，记取香烟是后身。”[②]在电视剧《宰相刘罗锅》中有这样的镜头描写：和珅得到仁宗所赐三尺白绫，在狱中自尽。福长安以阿附和珅，令其到场，跪视和珅自裁，并革去军机大臣、户部尚书职，逮下狱，籍其家。为不使政局出现大的动荡，仁宗仅处分了大学士苏凌阿、山东巡抚伊江阿、侍郎吴省兰等少数和珅亲信党羽，其余涉事官员多未予深究。仁宗宣谕廷臣：“凡为和珅荐举及奔走其门者，悉不深究，勉其悛改，咸与自新。”[③]和珅子丰绅殷德，娶高宗女儿固伦和孝公主，亦未深究。严格限制打击面，这不能不说是仁宗的政治高明之处。

“嘉庆吃饱”

和珅之所以在当时和后世都较为出名，主要是因为他是中国历史上为数不多的特大贪官。和珅的家产到底有多少呢？实际上，和珅家产查抄的总清单并未完整见于清宫档案史料。20世纪30年代，故宫博物院出版的《史料旬刊》第六、七、八、十四各期中，刊载和珅档案文件甚多。所有和珅家产，包括官俸和贪污所得，除某些稀世珍奇难以计价外，估计在2000万至3000万两白银，平均每年贪污银100多万两，按清代中叶米价，每年可购米70多万石。世传之籍没清单，历来说法不一，流传最广者为首见于薛福成的《庸盦笔记》。有说值白银8亿两，当时，清政府一年的财政收入为四五千万两白

①② 李春光：《清代名人轶事辑览》第2册，《和珅诗》，第1065页。

③ 林铁钧：《清史编年》第7卷，《嘉庆朝》，第116~132页。

银，这相当于清政府10多年的财政收入。嘉庆四年查抄和珅家时，其财产清单分为109号，其中有83号未曾估价。已经估价的26号，据推算在当时已值223兆两白银以上，具体为2亿2389万5160两[①]。

和珅被抄的重要财物有：房屋5所34进，共2790间[②]；花园2所，甲所有亭台36座，乙所有亭台64座；银号10家，当铺10处；屋中黄金5.8万两，又夹墙内黄金2.6万两，屋中白银计元宝5.56万个（每个50两），京课583万个，苏课315万个（每个若干两，不详），外国银元5.8万枚，地窖内的白银100万两；此外，又有每个1000两重的大银元宝500个，大金元宝100个；黄金制漱口盂40个，白银漱口盂80个，金茶匙、银茶匙、金筷子、银筷子、银碗甚多，还有26斤重的金宝塔一座，等等。

玉器数量众多，花样百出。玉马一匹，高2.8尺，长4.3尺；玉鼎13座，各高1.5尺；玉磬20块，玉如意130柄，镶玉如意1106柄，玉屏24扇，玉瓶30个，玉脸盆13面；玉佛一尊，高3.6尺；玉观音一尊，高3.8尺；其他零星小玉器有93架。珍珠、珊瑚也如玉器一样，完全可以与宫中内府媲美。桂圆般大小的东珠10颗；上等珍珠手串230串；珊瑚帽顶共80颗；珊瑚树7枝各高3.6尺；大小瓷器96184件；铜器、锡器共360935件。绸缎纱罗14300匹；紫貂皮800张，白貂皮50张，白狐皮52张，黑狐皮500张，合其他粗细皮料共计56000余张。西洋贡品计有，大自鸣钟10座，小自鸣钟156座，棹钟300座，挂表80枚[③]。黎东方在《细说清朝》中，专辟一章叙述和珅，名为“巨蠹和珅”，

---

① 参见李春光：《清代名人轶事辑览》第2册，《和珅之家财》《和珅跌倒　嘉庆吃饱》，第1070页，第1075~1076页。

② 此为《清朝野史大观》卷3所载《查抄和珅家产清单》住屋情况，而薛福成《庸盦笔记》卷3所载清单为5所27进，共257间。具体为正屋1所，13进72间；东屋1所，7进38间；西屋1所，7进33间；徽式屋1所，62间；东屋侧室1所，52间。其他分类亦如此，数量差距甚大。

③ 关于和珅的财产情况，参见萧一山：《清代通史》（二），第196~198页；黎东方：《细说清朝》，《巨蠹和珅》；林铁钧：《清史编年》第7卷，《嘉庆朝》，第129页。

从上述查抄家产的清单看，可谓恰如其分。和珅长期把持崇文门税关，索取巨额贿赂；兼并大量土地，收取高额地租；开设当铺、银号，发放高利贷款；还开煤窑、跑运输，名目繁多，不一而足，凡此种种，均以中饱私囊为目的。和珅过着帝王般的奢华生活，他在北京、承德等地都建有住所，在北京什刹海畔所建豪宅，就是今天的恭王府。府内有仿高宗宁寿宫建造的楠木房屋，并仿皇帝建制修建垂花门等。他在北京海淀所建造的淑春园，即今北京大学燕园未名湖。和珅不仅生前享受着姬妾成群、锦衣玉食的生活，还梦想着死后像皇帝一样风光，他在直隶蓟州（今天津蓟县）大修坟墓，设享殿，置隧道，民间称之为“和陵”，其规制超过亲王。和珅被抄家时，其坟墓也被平毁。

和珅逾越建制，修造房屋、陵墓，贪恋钱财，权欲之大已到了疯狂的地步，致杀身之祸相随。嘉庆四年（1799），仁宗在张诚基所上奏折上批示：“朕若不除和珅，天下人只知有和珅，不知有朕。”可见其权倾天下不假。其实，仁宗对查抄和珅的家产是适可而止的。嘉庆四年正月，他在直隶布政使吴熊光所上奏折上明确批示：“不必过于株连搜求。”大臣萨彬图奏称，所抄出的财物不足和珅家产十分之一，还有很多隐藏，请求再深挖严追，受到仁宗的严厉批评。此后朝廷对和珅家产不再追问，这也是以后和珅家产数量清单众说纷纭的主要缘由。

由此可见，仁宗杀和珅，主要是从政治上考虑：和珅权力太大，已经严重威胁到皇权，皇帝甚至怀疑他有谋反嫌疑。直隶布政使吴熊光旧值军机，仁宗召其入京，问他：“人言和珅有异志，有诸？”吴熊光回答：“凡怀不轨者，必收人心，和珅则满、汉几无归附者，即使中怀不轨，谁肯从之？”仁宗又问：“然则治之得无太急？”吴熊光答：“不速治其罪，无识之徒观望夤缘，别滋事端。发之速，是义之尽；收之速，是仁之至。”和珅获罪前，令奏事者具副本送军机处；呈进方物，必先关白，擅自准驳，遇不全纳者悉入私家。步军统领巡捕营在和珅私宅供役者千余人，又令各部以年老平庸之员保送御史[1]。至此，全部革除这些弊端。吏、户两部成例为和珅所变更者，均拨乱反正。

和珅子丰绅殷德，时任都统兼护军统领、内务府大臣。和珅伏法，诏以公主故，留袭伯爵。寻以籍没家产，仍袭旧职三等轻车都尉。嘉庆七年（1802）授散秩大臣。不久，公主府的长史奎福告丰绅殷德演习武艺，图谋不轨，想加害公主。经廷臣会审，知为诬告。仁宗诏以丰绅殷德与公主素和睦，所作《青蝇赋》，忧谗畏讥，无怨望违悖。十一年（1806）授头等侍卫，擢副都统，再赐伯爵衔。十五年（1810）赐公爵衔，不久丰绅殷德病逝。其无子，以弟和琳子丰绅伊绵袭轻车都尉。可见，仁宗对和珅及其子丰绅殷德，基本上是赏罚分明，和珅获罪后丰绅殷德仍能步步高升，这其中虽然有其为驸马的关系，但也从侧面说明仁宗对和珅确非一棍子打死。嘉庆十九年（1814），此时距和珅伏法已经15年，国史馆将编好的《和珅列传》送呈仁宗过目，所记极简单，仅和珅的官阶履历等。仁宗很不满意，“以事迹疏略，高宗数加谴责，阙而未载，无以信今传后，褫编修席煜职，特诏申戒焉”[2]。又批示道，和珅并非一无是处，他“精明敏捷”，任职30年，做了很多事。只是和珅“贪鄙性成，怙势营私，狂妄专擅”，才不得不加以重罚，为此仁宗令国史馆重新编写。这说明仁宗对和珅的历史功绩和个人才能还是肯定的。

①② 赵尔巽等：《清史稿》卷319，《和珅传》。

嘉庆四年新政

仁宗亲政的开端，一般认为是其父高宗去世之日。随即，仁宗频繁颁发旨意，迅速处治和珅，下诏求言，整顿军务，铲除弊政，风气为之一新，赞之者称为“嘉庆新政”。

广开言路

皇帝即位或亲政，照例都需下诏求言，仁宗也不例外。并且他登基已经3年，肯定做了无数的思考，应该成竹在胸了。嘉庆四年（1799）正月初五日，即太上皇去世仅仅两天，仁宗就降旨求言：“盖以九州之大，臣民之众，几务至繁，兼听则明，偏听则蔽。若仅一二人之言，即使出于至公，亦不能周知天下之务，况未必尽公也。”[1]他认为“求治之道，必期

① 《清仁宗实录》卷37，嘉庆四年正月甲子。

明目达聪，广为谘诹，庶民隐得以周知”[①]。并特此通行晓谕：“凡九卿科道有奏事之责者，于用人行政一切事宜，皆得封章密奏，俾民隐得以上闻，庶事不致失理。诸臣务须宅心虚公，将用人行政、兴利除弊、有裨实政者，各抒诚悃，据实敷陈，佐朕不逮，用副集思广益至意。”[②]此诏一发，成了打击揭发和珅的动员令，和珅很快被打倒、法办。同时，这份诏书也有求贤求言的鲜明意图，一时间，各种揭露时弊的奏折纷纷上达，受到仁宗的赞扬。他要求各省督抚深刻反思，大力整顿。仁宗认为，治天下之道，莫要于去壅蔽。为了让王公大臣们畅所欲言，仁宗表达了知无不言、言者无罪的意思，“朕既令人尽言又复以言罪人，岂非诱之言而陷之罪乎”[③]。刚刚亲政，仁宗想起来两位前任官员，一位是原任御史曹锡宝，他在和珅权势熏天的时候，敢于参奏和珅家人刘全倚势营私，家资丰厚，仁宗特加恩追赠曹锡宝副都御史，并荫封其子，以旌表他的直言。另一位是前内阁学士尹壮图，他向来以敢言著称，仁宗特召他入京，候旨擢用。乾隆末年，尹壮图奏言各直省仓库多有亏缺，各督抚借词弥补，层层朘削，民生受困。高宗派户部侍郎等会同尹密查，结果查无实据，壮图以陈奏不实，被革职治罪。实际上是有人报信，各地闻风而动，暗地里做了补救。仁宗认为尹壮图是“敢言之臣”，应该加以重用，故命这位老臣即行来京，以资鼓励。仁宗的政策很快有了成效，“下至末吏平民，皆得封章上达，言路大开”[④]，形势一派大好。仁宗对关系国是、切中事宜的政策建议，多有采纳；对遭举报或弹劾的官员，经查证确实，予以惩治；对据实上陈的科道官员，给予奖励，或提拔使用。嘉庆四年（1799）九月，河南

① 王先谦：《十二朝东华录（嘉庆朝）》卷5。

② 《清仁宗实录》卷37，嘉庆四年正月甲子。

③ 《清仁宗实录》卷38，嘉庆四年六月乙亥。

④ 赵尔巽等：《清史稿》卷356，《洪亮吉传》。

偃师县民人杨道纯呈递策表，内称：安民先除积弊、苏民困以固国本。仓库漕粮，实国之本而弊之大者，应严行饬禁、遵例办妥。仁宗奖其所言，认为杨以民人而条陈事件，所言皆系地方应办之事，且无违碍，所陈各项，令次第举行。又特将杨道纯“以从九品未入流，交与直隶总督胡季堂差遣委用，遇有缺出，再行咨补”[①]。

但洪亮吉八月上书是一个转折点。亮吉本着知无不言的宗旨，大胆上书陈情，既大肆揭露官僚队伍风气的极端败坏，也委婉批评了仁宗的视事不勤，处事迟延，赏罚不明。他感叹道：人材到今天，已经消磨殆尽了！“以模棱为晓事，以软弱为良图，以钻营为取进之阶，以苟且为服官之计。”批评十余年来，“督、抚、藩、臬之贪欺害政，比比皆是”[②]。应当说，洪亮吉的上书，切中时弊，有益时局。但仁宗非常恼怒，斥亮吉所言“语涉不经，全无伦次”，也坚决不认可对他本人的批评。于是，以“私论国政”之名，将亮吉遣戍伊犁。在当朝，本来有想法的官员就不太多，经此，其他人自然不再声言了。

同年十二月初一日，仁宗谕称，“朕以皇考之心为心，以皇考之政为政，率循旧章，恒恐不及，有何维新之处？”[③]这是针对本年春，国子监祭酒法式善上疏条奏时政，折首即有的请仁宗“亲政维新”之语的回应。对于法式善建议，请派一名亲王重臣威望素著者，授为大将军“剿办教匪”，仁宗则批评道：若亲王统兵，有功无以复加，有罪将怎么办？所奏纯属迎合，全不顾政体！而对法式善主张遣八旗闲散户丁，迁往口外西北一带，择地耕种等建议，仁宗斥其“岂非令京城一空？尤为荒谬之极”！于是，改授法式善编修，令其在实录馆效力。

① 《清仁宗实录》卷53，嘉庆四年九月戊寅。

② 赵尔巽等：《清史稿》卷356，《洪亮吉传》。

③ 林铁钧：《清史编年》第7卷，《嘉庆朝》，第190~191页。

这样，有了洪亮吉和法式善这两个标本，仁宗亲政后第一年的求言维新，也就差不多到此为止了。

铲除弊政

仁宗讨厌大臣歌功颂德、粉饰太平，力图扭转这种不良的官场作风。亲政之日，浙江巡抚玉德奏报：甘雨普沾，粮价平减。仁宗借题发挥批评道："此等奏报，不可粉饰，朕总要真知小民疾苦以为教养，汝等大臣，敬志毋忘。"一次，四川布政使奏称川省"得雪，民情安贴"，对这种毫无实际内容的上奏仁宗也很不高兴，实际上此时"川省连年兵火，民不堪命，哀者赤子待哺嗷嗷"，何来"民情安贴"？还有一次，钦天监说四月朔日，日月合璧，五星联珠，是祥瑞之兆。仁宗如此回答："躔度偶逢，兵戈未息，何足言瑞？"因此告诫各督抚大臣，"朕所望者，惟在汝等此数字切实奏报耳，若仍不以实告，惟务粉饰取悦，则闾阎疾苦从何而知？嗣后不许说假话，以实告，慎志勿忘"[①]。仁宗力戒形式主义，他的头脑是很清醒的。

中国是个自然灾害多发的国家，仁宗对地方官讳灾不报持零容忍的态度。嘉庆五年（1800）正月，云南威远发生严重水灾，盐井被淹，云南巡抚江兰隐匿不报，经仁宗质询，并派人查证确实后，仍不据实陈奏，反称受灾地区丰收了。仁宗认为江兰有意讳灾，纯属"玩视民瘼"，将其革职遣回原籍，并颁谕旨，地方水旱灾害发生后，严禁讳灾，督抚应及早驰奏，"蠲赈兼施，用苏民困"，如匿不上闻，"则小民饥困无依，或致别滋事端"。以后傥遇歉收、旱潦成灾时，各督抚必须"飞章入告，纤悉无隐"，"若有讳

① 赵尔巽等：《清史稿》卷16。

饰，必当严办示惩，江兰即前车之鉴也”[1]。仁宗严诫督抚讳灾，要求本着实事求是的态度，对讳灾不报的地方官员严惩不贷。

仁宗亲政后，严禁呈进贡物。清朝俗例，凡督抚大臣进京觐见，必呈献贡物，借此邀宠，京中大吏亦循此例。地方都给中央送礼，于是，海内奇珍，充陈内府，而阉侍权奸借机雁过拔毛，从中渔利。如此一来，加重百姓赋税，实为一大弊政。乾隆朝曾两次明令禁止，但《圣训》形同具文，情形并未改观。仁宗听从他的老师朱珪“身先节俭，崇奖清廉”的建议，限制地方官员向他呈送宝物，“诏罢贡献，黜奢崇俭”，仁宗质问：外省备办的各种贡物，“岂皆出自己资？必下而取之州县，而州县又必取之百姓。稍不足数，敲扑随之。以闾阎有限之脂膏，供官吏无穷之朘削，民何以堪？况此等古玩，饥不可食，寒不可衣，真粪土之不若，而以奇货视之可乎”？明白表示“朕视之直如粪土也”[2]！以后仅同意进献日用所必须的士贡，如吉林、黑龙江的貂皮、东珠、人参，四川、湖广的药材，九江的瓷器，江浙之绸缎，以及徽墨、湖笔、笺纸、茶叶、瓜果等物。同时还下令免除年节呈进如意之成例，认为：“年节王公大臣督抚等所进如意，取兆吉祥，殊觉无谓。诸臣以为如意，而朕观之转不如意也。”经此次严谕之后，仍然“有将所禁之物呈进者，即以违制论，决不稍贷。”[3]仁宗得知上年十二月间自新疆叶尔羌采办的大块玉石，运送进京十分艰难，即令“所解玉石，行至何处，即行抛弃，不必前解”[4]。林宁奏请捐廉修理盛京夏园行宫，以备仁宗巡幸行围时使用。虽然维修工程不用国库的资金，仁宗还是没有同意，下令拆除夏园行宫，以拆卸的木料用于修建盛京宫殿。仁宗以身作则，目的是改变不良社会风气。

①《清仁宗实录》卷59，嘉庆五年二月癸巳。

②③《清仁宗实录》卷37，嘉庆四年正月甲戌。

④《清仁宗实录》卷37、38，嘉庆四年正月戊寅。

三起贪腐大案

仁宗亲政后，除严厉查处和珅及其党羽外，还强力反腐肃贪，陆续惩治了很多贪官，其中广兴系第一位弹劾和珅的御史，但后来他也沦为一位大贪官。

广兴受贿案

广兴，字赓虞，满洲镶黄旗人，大学士高晋第十二子，兄长麟、广厚均官至督抚。广兴没有走科举的道路，而是用钱买了一个正六品的主事官衔，并被派到礼部供职。礼部负责掌管吉、嘉、军、宾、凶等国家礼仪的使用以及学校、科举等事务，另有接待外使朝贡等职责。广兴办事敏捷，对案牍记得很熟，如数家珍，所以为大学士王杰所器重，被升任正五品的都察院给事中，都察院是负责察核百官、整顿纲纪的机构，对广兴倒也合适。

广兴仕途变化的关键时刻发生在嘉庆四年（1799）之初，正月初四日，太上皇高宗病逝后的第二天，仁宗即颁发“求言之诏”，实际是向朝臣们发出参劾和珅的动员令。时任御史的广兴政治嗅觉很灵敏，他立即行动，于初五日即上疏弹劾和珅，同时上疏的还有给事中王念孙、大学士刘墉等，广兴也因此被称为“首劾和珅罪状”之臣。正是因为这项功绩，广兴升任正三品的副都御史，并受到仁宗的信任。

嘉庆九年（1804），广兴擢兵部侍郎，兼副都统、总管内务府大臣，又署刑部侍郎，几年间，已经官居正二品。这时候的广兴，骄傲自大，作威作福，常与同僚不睦。但仁宗对他仍深信不疑，召见时谈话往往超过常规时间，皇帝甚至提醒他说：你与初彭龄都是我信任之人，为何外廷怨恨你呢?广兴表面感谢仁宗的劝告，行动上仍我行我素，“骄奢日甚，纵情声色”，终于自取其祸。

嘉庆十一年（1806），时任署刑部侍郎的广兴奉命与户部左侍郎托津一起赴山东办案。四月广兴赴济宁，审办河东河道总督李亨特勒派厅员银两一案，在济宁两月有余，共计用银33547两；七月至济南审办即墨县控案，在省城12日，供应伙食等用去银2490余两，又以贡院作为广兴的临时公馆。据济南知府张鹏升供称，共拨银7950两为修理贡院之用。嘉庆十二年，广兴再次被派与左都御史周廷栋一起至山东审案。因广兴擅作威福，地方官员无不惧怕。广兴对“接待”的要求极高，山东巡抚吉纶奏称其“铺陈供顿必须华美，稍不如意，即肆行呵斥”。当时民间流传的谚语说：“周（廷栋）令天下事，广（兴）聚世间财。”广兴第二次来山东审案，在省城济南住了近4个月，据历城知县王嵩称，为接待这位办案大员，共用银14261两。又据前任茌平知县王琨揭发，广兴去该县审案，结案时，署茌平知县沈鸿勋送广兴“程仪”2000两。这相当于当时一个知县一年多的全部正常收入，可见广兴的贪婪和当时横行的腐败行为。

更骇人听闻的是，广兴于嘉庆十二年（1807）夏审问济宁李氏兄弟争家产一案中受贿之事。事情经过是：李家长兄李瀚霸占家产，其弟李临不服，到提督衙门控告。李瀚为打赢官司，遂用银2000两买通济宁知州张秉锐之子张承绪，向广兴行贿。李瀚命店伙计到钱号开银票8张，共计银8万两交弟李滢以便打点。八月十四日，广兴到达济宁州，立即派人将李瀚“严行看守”。当晚，张秉锐同家人马奎到钦差公馆与广兴心腹杨玉密谈。十五日，另一位办案大员周廷栋也赶到济宁。十六日午后会审，在公堂上，广兴语气“甚是和平”，并不将李瀚“糟蹋”。仁宗于十四年（1809）正月看到山东巡抚吉纶奏折中这段叙述时，不竟勃然大怒，批示道：“所谓钱可通神，可恨之极！”果然，广兴受贿后，李瀚即于十七日被释放回家。此一贿赂案中，李瀚准备了行贿之资8万两。为了广兴受贿方便，那位济宁知州公子张承绪将银票更换成北京公盛号会票，共计57000两，交广兴收受。至于其他23000两，下落尚未查清，是张承绪从中截扣，还是通过别处兑交广兴，仍是个疑案。

总之，广兴于嘉庆十一年、十二年两次到山东审案，全省摊派差费前后共计银数万两。济南知府张鹏升等见此项“接待费”过于庞大，遂联合向山东布政使邱庭漋申请，于库存节省项下借银49000余两，以备供应。在得到巡抚长龄的同意后，邱庭漋如数支付了49000两白银。

嘉庆十三年（1808）底，山东“擅发库项供应钦差（广兴）”的案件被揭发出来。随即，河南巡抚清安泰又汇报了广兴3次到河南办案时肆意需索的详情，广兴3次赴豫，共摊银36300两。仁宗在大量罪证面前，不得不“挥泪斩马稷”，降旨将广兴处以绞刑，并将其子蕴秀革职，发往吉林当苦差。在查抄广兴家产时，又查出“赃私累累”，仅存放账局的白银就有37000两，整玉如意6柄，呢缎衣料1000余件，还有其他许多物品[①]。山东巡吉纶等也奏称：“广兴赀产多至七八万，玉器、绸缎等件尤复不少”，“如此积蓄多赀，恐不仅地方官馈遗结纳，或竟有因事受财徇情枉断情事”。通过广兴受

① 《清仁宗实录》卷204，嘉庆十三年十二月乙巳。

贿一案，可窥见清中叶吏治腐败之一斑。

广兴从揭发弹劾号称“天下第一贪官”的和珅之贪腐开始发迹，又从查办他人案件走向自我贪腐之道，这真是莫大的讽刺！广兴的仕途沉浮，既是他个人的悲剧，又何尝不是他所生活的那个时代的悲剧呢？广兴案落幕才3个月，又发生英纶借巡视山东漕务之机，大肆索贿奢华之事，相习成风，毫不畏惧，可见广兴并非个例！

嘉庆时期有名的贪腐案件，除广兴案外，还有王丽南案、王伸汉案等。先是嘉庆五年（1800），清廷下诏清查库款，但要求从容弥补，不至于过严过急而累民。同年，即查处漕运总督富纲案，以其向粮道、卫弁索取数万两银子的贪污罪行被处死刑。嘉庆九年八月，清查湖北滥支军需，追罚前大将军福康安、和琳之子并湖广总督毕沅等重臣。十一年四月，将勒索钱财的河东河道总督李亨特革职。

王丽南案

嘉庆十一年八月，直隶布政使庆格具奏，揭露直隶司书王丽南等人私雕假印、舞弊营私、侵吞巨额帑银大案。司书是负责财务核算及文书档案管理的官员，财政、行政事务多需其参与，位虽不高，权却很重。仁宗令协办大学士费淳、尚书长麟前往查办。九月，调查完毕，比庆格反映的情况更加严重。结果表明：自嘉庆元年起至嘉庆十一年，直隶司书王丽南与各州县官员相勾结，私刻假印，挖改公文，地丁、耗羡、杂款项下均有虚收虚抵、重领冒支等问题。每次虚交或冒领银1万两，相关州县官便给司书及中间人2000至3000两不等的回扣，直隶24州县共侵盗藩库银310 600余两。这件直隶州县官员和司书串通舞弊案令仁宗十分震惊。自清朝开国以来，还从未有过类似勾结侵吞如此巨大银两的案件发生！皇帝眼皮底下的州县官吏目无法纪，实在到了骇人听闻的程度。仁宗下令将书吏王丽南、州县官陈锡钰等20余人法办抄家，其中知州、知县便有11名之多，最后有10人被处死，这是嘉庆朝处理亏空案中，首次动用死刑。同时，历任直隶总督的庸碌无能、渎职失察也让仁宗十分恼恨，严辞切责他们，这样长时间、大规模、明目张胆的串通舞弊事件，“懵然不知，竟同木偶，所司何事”[①]？最后，清廷依据任内虚收数目的多寡，分别对历任直隶总督予以轻重不同的惩处。嘉庆五年以后的历任直隶总督中，颜检任期3年，任内被侵吞银208 000余两，为数最多，将颜检遣戍乌鲁木齐。姜晟任期6年半，任内被侵吞银1500余两，为数最少；熊枚署理3次，时间均不长，任内被侵吞银2600余两；陈大文任期10个月，任内被侵吞银7000余两，姜、熊、陈3人均降职至四品京堂。案发时裘行简署理总督已经1年，任内被侵吞银16000余两，被革职留任。裘该年九月在勘察永定河工地时，病死于途中。裘的前任吴熊光只当了3个月的直隶总督，任期内没有被查到侵吞库银，但在交接时没有查出前任的亏空，也被“交部议处”。此案也波及到嘉庆五年以前的直隶总督，其中梁肯堂自乾隆末年起至嘉庆三年正月任期8年，在任内被侵吞银22000余两；胡季堂任期2年9个月，任内被侵吞银62000余两，但梁、胡两人当时都已经去世，事实查清后，未予以深究。

王伸汉案

嘉庆十四年（1809）发生了好几起全国闻名的贪腐案。五月，以贪婪卑污的罪名，处巡漕御史英纶绞刑。六月，仓场黑档盗米事发，处分历任仓场侍郎。七月，以贪污救灾款并毒杀朝廷查赈官员，斩淮安山阳县知县王伸汉等。十二月，查获工部书吏私刻假印、贪污侵吞案，其中尤以王伸汉案最受

① 王先谦：《十二朝东华录（嘉庆朝）》卷7。

关注。

淮安是江苏北部重镇，黄河和大运河的交汇处，地理位置重要；也是漕运总督衙门所在地，政治、经济地位也很重要。山阳是淮安府首县，府县同城，地位不同于一般县。先是嘉庆十三年六月，苏北大水，灾情严重，清廷派出11名查赈委员到山阳县了解灾情，以便救济赈灾。山阳知县王伸汉虚报灾情，以多报受灾人口的方式，骗取朝廷救灾款9万两银子，其中67000两用于赈灾，其余23000两银子均被其贪污，除1万两用于上下打点之外，自己净得13000两。山东即墨人李毓昌系新科进士、江苏候补知县，正好被派往山阳县任查赈委员。其他的查赈委员基本上都被王伸汉的贿赂红包所收买，独李毓昌不予理会。到十一月初，李毓昌等人来山阳已经1月有余，即将回省复命。王伸汉唯恐事情败露，设计杀害李毓昌。一天夜里，王伸汉以尽地主之谊为由设宴为李毓昌送行，席间以砒霜倒入茶水中，毒杀之。然后王伸汉指挥制造了李毓昌上吊自杀于临时住处善缘庵的假象，并随即将李毓昌的3位长随妥善安置。前来料理丧事的李毓昌叔叔李泰清觉得事情蹊跷，终于发现李毓昌非正常死亡的实物证据。此后，李泰清直接上京告状，都察院的官员见此，立即将诉讼状送达内廷，仁宗一看状纸，感觉疑点重重。仁宗认为，李毓昌赴宴席回住处后突然轻生，“当夜自缢，其事已不近情”；淮安府和山阳县复审不严，办事草率，并且没有向朝廷报告，肯定另有情况。因此仁宗推断：此案或系李毓昌奉差查赈，认真稽核，查有弊病，该山阳县畏其揭报，致死灭口，亦未可定。仁宗把自己的疑问和推断告诉给两江总督铁保和江苏巡抚汪日章，命令他们认真复核。但铁保他们的回复仍然不变：李毓昌确实是自杀而死。仁宗不久谕令：将山阳县知县王伸汉革职，连同李毓昌的3名长随一并押解进京，交刑部审讯。于是案情大白，冤案得申。

山阳知县王伸汉被判处斩立决，家产抄没充公，几个未成年的儿子待成年后流放边疆。淮安知府王毂知情不报，包庇下属、沆瀣一气，“昧良丧心，视同利薮”，前后两次收受了王伸汉共计3000两银子，被判处绞刑，全部家产充公。李毓昌家丁李祥等3人和王伸汉的仆人，参与了杀害李毓昌的行动，均处极刑。两江总督铁保进士出身，又是将门之后，堪称文武全才，但“不认真经理”，整日里填词作赋、舞文弄墨，不作为，被仁宗斥为“无用废物”，遭革职遣戍；江苏巡抚汪日章和江苏布政使、江苏按察使也因为失察被革职。11个查赈委员，参差不齐，“嗜利者多”，除李毓昌和山阳县教谕章家麟外，均有受贿情形，9人全部被革职，并押解进京受审，流放边疆，家产籍没。仁宗为此作《悯忠诗》，“除残警邪愚，示准做臣纲”，立碑纪念，高度表彰李毓昌这样刚正不阿、清正廉洁的好官；并赐李毓昌嗣子李希佐举人，赐予控诉得申冤屈的李毓昌叔叔武生李清泰武举人。仁宗在处理宝坻、山阳两起贪腐案后，由此谕曰：“朕痌瘝在抱（意指把人民的疾苦放在心里），每直省报灾，无不立霈恩施，多方赈恤。乃督抚不加查察，致有冒赈之事。如近日宝坻、山阳二案，竟谋毙持正委员，岂可不加以惩治，非有所靳惜也。御史周钺因请报灾之处，另委道府详查。不知道府又安尽贤能。现在宝坻一案，该管东路同知归恩燕即曾索银三千两。山阳一案，该管知府王毂收银二千两。设遇此类道府，又可信乎！道府亦不能遍历村庄，仍委之委员，益不足凭矣！其要惟在督抚得人耳。至若以查灾为难，因而相率讳灾，则其咎更重矣！”[①]可见，作为一国之君的仁宗，已经深知自己面对的官僚队伍是如何的不堪和贪腐！

① 赵尔巽等：《清史稿》卷16，《仁宗纪》。

二

十数省教民起事 几十年清廷不宁

川楚陕三省白莲教大起义

嘉庆初年，贵州和湖南西部的苗民大起义尚未被完全扑灭，在湖北西部、陕西南部和四川东部、北部地区又爆发了白莲教大起义。清廷劳师糜饷，损兵折将，久而无功。川楚民谣云："贼来不见官兵面，贼去官兵才出现。"[①]正是当时的历史写照。白莲教大起义前后历时9年，范围波及5省，攻占州县城池204座，付出数十万起义军阵亡的代价，归于失败。清廷为了镇压起义，调动16省的数十万军队，消耗军费达两亿余两白银，约相当于当时清廷4年的财政收入，由此，清廷元气大伤，府库空虚，财政拮据，国势日蹙。

白莲教

白莲教是我国古代的一个民间宗教，于南宋高宗时期由吴郡昆山（今

① 赵尔巽等：《清史稿》卷356，《谷际岐传》。

属江苏）人茅子元所创立。最初，白莲教只是一个一般宗教组织，并无政治目的，但身处当时动荡不安的社会情况下，仍然被统治阶级视为非法。元朝时期，白莲教一度成为合法宗教，受到政府的保护和扶持。元末，赵州栾城（今属河北）人韩山童、颍州（今安徽阜阳）人刘福通等率白莲教众起义，成为推翻元王朝的主要力量。朱元璋建立明朝后，白莲教被严禁，并遭到镇压，白莲教自此转入地下，完全成为一个民间秘密宗教。有明一代，有蓟州（今属天津）王森、山东徐鸿儒等发动白莲教起事。

入清以后，阶级矛盾和民族矛盾急剧加深，白莲教屡遭残酷镇压，在社会下层的农民、兵士、流民和手工业者、小商人中秘密发展教徒，逐步形成罗教、八卦教、黄天教、红阳教、清茶门教、圆顿教等许多支派。各支派又繁衍出一些教派，如混元教、荣华会、收元教、三阳教、西天大乘教等，有据可查的即达100多种。它们均以各自教派开展活动，而以白莲教旗号公开活动的教派并不多见。清代白莲教等民间宗教及各教派，其教义彼此吸收、相互融合，但基本上来自于儒、道、释三家思想，尤其是儒家思想中的三纲五常，朋友间讲信义，特别为白莲教等所崇奉。白莲教各派别的组织形式不一，一般而言，除大掌柜外，主要有大元帅、都督、军师、总兵、先锋等职位。其宗教说辞多俗话俚语，甚至粗陋，但其中隐藏着下层劳苦大众反压迫、求翻身的思想，容易为民众接受。

乾隆后期，国家承平日久，人口急增；官僚、地主大肆兼并土地，加剧人地矛盾，粮价迅猛增涨，饥民益众。而统治阶级生活奢侈，贪官污吏横行乡里，鱼肉百姓，人民不满和反抗情绪日增。各种社会矛盾、阶级矛盾叠加。这一时期白莲教的宣传也随之加入了反抗现实封建统治的内容。乾隆三十九年（1774），白莲教支派混元教教首河南鹿邑人樊明德称，已到“末劫年，刀兵现”，宣传“换乾坤，换世界”“吾徒下方身遭难，不请师傅无所靠”等，反清倾向明显。次年，安徽人刘松率教众在鹿邑起事，其徒刘之协、宋之清等赴四川、陕西、湖北等省传教，倡言“弥勒佛转世，可以辅牛八”[①]（朱字拆写即牛八，暗指明皇室后裔），“黄天将死，苍天将生”，号召人们入教，恢复大明王朝。又称：凡入教者，可免一切水火刀兵之灾；教中所获资财，全部平均分配；穿衣吃饭，不分彼此；患难相救，不持一钱，可周行天下。这种平均、平等、互济、互助宣传，非常符合广大下层民众的基本生活需求和他们在困难中反抗求生的强烈愿望。宋之清又发展齐林为弟子，齐林为襄阳县衙总差役，对后来发动起义作用甚大。湖北襄阳黄号和四川起义军大部分领袖，多是他的弟子或再传、三传弟子，如姚之富、樊人杰、王光祖，冉文俦、孙赐俸、徐天德、冷天禄、王三槐等。到乾隆朝后期，白莲教已逐步发展成强大的民间秘密宗教力量，各地起义不断爆发，其中以嘉庆年间四川、湖北、陕西的白莲教起事历时最久、规模最大、影响最广。

川、鄂、陕三省交界处，地形犬牙交错，高山绵延千里，原始丛林密布，处处有险可恃，有路可逃，但交通及其不便，人烟稀少，自古以来就是封建统治力量相对薄弱的地区，因此也成为各类无所依靠的流民的聚集地。乾隆后期，来自四川、湖北、陕西、河南等邻近省份和远处江西、安徽等省的流民已达数百万之众。他们栖身山间，靠租种地主土地或到工场做工维持生活，身受地主、雇主的残酷剥削和压迫。这些流民所受凌辱，由于人地生疏，无处申诉，往往被逼之下，或贩私盐，或铸贩铜币，以数十百人为伙，铤而走险，与官府周旋。“教匪滋扰，始于湖北宜都聂杰人，实自武昌府同知常丹葵苛虐逼迫而起。”[②]于是，绝望中的流民们就成了白莲教等民间秘密宗教的最好传播对象。

① 《清仁宗实录》卷72，嘉庆五年八月乙丑。

② 赵尔巽等：《清史稿》卷356，《谷际岐传》。

白莲教等民间秘密宗教，在四川、湖北、陕西等省迅速发展。清廷屡次下诏，命令逮捕教中骨干，要求全部拿获，不使一名漏网。乾隆五十九年（1794），清政府开始大规模镇压川、陕、鄂、甘、豫、皖6省的收元教和混元教，大批教徒被捕，除刘之协等少数教首逃脱外，各地多数宗教首领被捕，宋之清、齐林等主要教首均被处决。刘松父子逃至甘肃隆德（今属宁夏），亦被捕，供出与刘之协复兴混元教等情况。乾隆帝鉴于此案起自刘松，传于刘之协，盛于宋之清，下令务必将刘之协密速查拿，严加审鞫。各地官吏以查拿邪教为名，四处搜缉，胥吏乘机多方勒索，若未满足他们的欲求，即以邪教治罪，唯贿是求，“不论习教不习教，只论给钱不给钱，以致含恨之人与习教者表里勾结，籍无可容身之名纷纷蠢动，起于襄阳，蔓延川陕”①。时清廷正忙于镇压湖南、贵州苗民起义，苛捐徭赋极重，大批农民破产，成为流民，生活无着落。在此形势下，齐林弟子、绰号“襄阳老教头”的姚之富承担了恢复收元教的组织工作。

乾隆六十年（1795），姚之富同时派人通知湖北、陕西的教徒，刘之协等以“官逼民反”为号召，与各地首领相约，定于辰年辰月辰日辰时即嘉庆元年（1796）三月初十日上午七到九时，同时起事。宣称“三月间劫数一到，武仙来与文仙来会齐，杀人无数，只见头戴白布号帽，身上带有黄绫符帖就晓得是同教的人，可以免难”。入教之人出银两交掌柜收下，“日后成事，查对纳银多少，分别封官”②。大家各造兵器，囤集粮食，心知肚明要谋反了，一场大规模的反清的武装起义马上来临。

① 《清仁宗实录》卷72，嘉庆五年八月乙丑。

② 中国人民大学历史系、中国第一历史档案馆合编：《清代农民战争史资料选编》第5册，《聂杰人供词》（录副）。

湖北首义

嘉庆元年（1796）正月初七日，湖北白莲教起义首先爆发。得知官府捉拿甚急，张正谟、聂杰人等没有等到约定日期，仓促于初八日在湖北荆州府枝江、宜都提前揭竿而起，倡言反清复明。

张正谟，时年35岁，原籍长阳县人，后迁居宜都。父母均早亡，兄弟4人，他排行第三，家境贫寒，生计无着。乾隆五十九年（1794）加入白莲教，拜房县白祖培为师。聂杰人，时年68岁，宜都人。家境富裕，次子即白莲教教徒。受张正谟劝说，习教可以免祸，加之一心想做官，“做总督”，于是缴纳100两银子加入白莲教。其家洋郑畈江家垱，位于枝江、宜都两县交界的大山之中，离县城有100余里，成为白莲教发动起义的隐蔽据点。

枝江、宜都两县地处长江边，属荆州府，邻县宜昌府属之长阳、长乐（今五峰）两县的白莲教教徒，在林之华、覃加耀等领导下接踵响应。附近荆门州当阳县、鄂西南施南府来凤县、鄂西北郧阳府竹山县、鄂中部汉阳府孝感县等地闻风而动，一时间，湖北全境十府一州中一半的府州有白莲教军起义，教军连同家眷迅速发展至2万余人。起义军随之占当阳，破竹山、保康等地。二十三日，署湖北巡抚惠龄调800清兵分头进攻，与白莲教军战于宜都望佛山，双方伤亡均较大，清署总兵曾攀桂等阵亡。二十五日，清廷命钦差大臣、大学士福康安，四川总督和琳于征湘西苗民回军之际，协同惠龄前往镇压。随之，湖广总督毕沅奏，枝江白莲教反清连及4县，应分兵剿灭，以速为贵，现惠龄一人难以兼顾。二月初，襄阳刘起荣等借老教首张汉朝的名义，率先在其家乡附近的黄龙垱举起义旗；姚之富、高均德分别在各自的家乡彭家疃附近的夹河洲、高家湾附近的三合镇响应。姚之富是襄阳黄号的领袖和骨干，他起义之后，推举齐林的妻子王聪儿（齐王氏）做总教师，部队也称为齐家营。姚之富和王聪儿所率义军，成为此次襄阳大起义的主力。三支义军于三月间汇集于襄阳以北的吕堰、双沟一带，谋为齐林报仇，队伍迅速发展至数万人，不论男女，均以白布缠头，随身携带黄绫符帖，以便同教的人识别。白莲教在湖北西部五府一州迅速发展，连成一片，引起了清廷的极大恐慌。

为剿灭白莲教起义军，清廷立即做了全面军事准备，调兵遣将，分路攻堵白莲教军。四月初一日，命西安将军、宗室恒瑞出陕西兴安府（今安康），攻湖北西北竹溪至保康一带；陕甘总督宜绵、总兵百祥从恒瑞北部分攻湖北郧县、郧西一带；乌鲁木齐都统永保，湖广总督毕沅，杭州将军成德，前西安将军、头等侍卫舒亮等进攻湖北当阳、远安、东湖（今宜昌）一带；署湖北巡抚惠龄，总兵富志那分攻湖北枝江、宜都一带；前四川总督、湖广提督、头等侍卫鄂辉，彭之年攻湖北襄阳、谷城、均州（今丹江口均县）、光化（今老河口）一带；大学士、署四川总督孙士毅剿办湖北来凤与四川交界一带①。同时，令陕西巡抚秦承恩驻防陕鄂界。又调直隶古北口提督庆成、山西总兵德龄率兵2000赶来助攻，同时赦免在湖北、河南的窃马谪犯，编为骑兵，派往前线，协同作战。湖北各地富户也纷纷组织团练乡勇，对抗白莲教军。湖北诸路清军，先由都统明亮总统，六月后改归乌鲁木齐都统永保总统。

六月，襄阳义军东南出孝感，巧设伏击战，全歼清参将傅成明部。清军先后征兵数千，亦全军覆没。清廷大惊，再增调湖南苗疆兵2万人驰援。由于起义军各自为战，缺乏统一领导，军事上消极防御、未能主动出击，战场形势迅速逆转，起义军被清军各个击破。八月，竹山、当阳、枝江的义军寨垒多被攻破。聂杰人早早投降，被解赴北京处死，张正谟部亦遭镇压。到十一

① 林铁钧：《清史编年》第7卷，《嘉庆朝》，第13~14页。

月，坚持了近一年的湖北起义军大部分为清军击败，仅林之华部仍活动于长阳滋丘（今资丘镇）一带山谷，襄阳义军则采取流动战术，得以坚持下来，保存了部分力量。

三省响应

王聪儿、姚之富部白莲教起义军在襄阳地区转战数月后，数万教军及家眷妇幼南下退驻安陆府钟祥县，遭清军4路大军围堵。义军避开清军主力，突围北上，复返襄阳，从双沟分兵，向东北入枣阳属地，于嘉庆二年（1797）二月进抵豫南唐县滹沱镇。清廷迅速增调山东、直隶及京师健锐、火器营兵6000人前往增援，尾随于白莲教义军后。义军再分兵三路，在鄂、豫两省交界地区开展大规模流动作战。义军不整队、不迎战、不走平原，以数百人为群，分合无常，南北飘忽，清军只得疲于奔命，穷于应付。各地白莲教徒纷纷加入，起义军队伍日益壮大。五月，义军经豫西山区，深入陕南秦岭地区，会师商州镇安县，在表带铺一战击毙清军护军统领阿尔萨瑚，于王家坪（今属永安镇）设下埋伏，再战重创清军。义军在秦岭大山和汉水深谷中一路艰难行军，经石泉、汉阴达紫阳县，南渡汉水，分兵三路，穿越大巴山区，南下进入四川北部。

与此同时，四川白莲教徒纷起响应。先是嘉庆元年九月，达州徐天德率众起事。随之，王三槐、冷天禄等在东乡（今宣汉）起义。十一月，徐天德部北上攻入陕西境，分兵攻打兴安府（今陕西安康）属之安康、平利、紫阳等县，陕南白莲教徒纷纷响应。十二月，罗其清、罗其书、苟文明、鲜大川等率部在巴州（今巴中）方山坪响应起义；冉文俦、冉天元等起于通江王家寨；龙绍周、徐万富、龚建起于太平（今万源）南津关。四川白莲教起事后，清廷乃命陕甘总督宜绵率师入川，总统四川军务。白莲教军占据山区险要地理位置，构筑堡垒防守。署四川总督英善、成都将军勒礼善督兵进击东乡，教军在娘娘庙、老营湾两败清军，歼敌数千。清军兵力既少，被歼后士气更低落，四川义军本可以抓住机遇，扩大战果，但起义军分散守寨，各自为王，最后不免重蹈湖北教军覆辙，被清军各个击破。嘉庆二年二月，清兵和乡勇数路围堵，付出惨重代价，连破东乡、开县一带的清溪场、金峨寺和重石子、香炉坪等重要据点。义军力图凭借天险单纯防御，但屡遭失利，损失巨大，军师王学礼被俘，王三槐、冷天禄与徐天德等逃至东乡中河。四川义军岌岌可危之际，会自通江而来的数万湖北襄阳义军，乃借机突出重围。

湖北和四川两省白莲教军东乡会师后，起义军按青、黄、蓝、白四色和地区分号，设掌柜、元帅、先锋、总兵等职，确立建制。姚之富、王聪儿所部称襄阳黄号，高均德、张天伦部称襄阳白号，张汉朝部称襄阳蓝号，这3支队伍均为湖北白莲教军；徐天德所部称达州青号，王三槐、冷天禄部称东乡白号，龙绍周部称太平黄号，巴州罗其清部称巴州白号，通江冉文俦、冉天元部称蓝号。另有林亮功部屯云阳白岩山称月蓝号，奉节龚文玉部称线号。白莲教军虽经各路清军围攻，但在清军将领看来，“往来蹂躏，分合无常，狡诈情形，实堪痛恨”①。

但川、楚各部义军并未统一领导，仍然各自为战。王三槐拒与湖北义军联合抗敌，率部撤往川东北通江、巴州地区。襄阳义军遂留李全、樊人杰等部在川，王聪儿、姚之富率主力返回湖北，重归流动作战。九月，义军攻襄阳，因清军防守严密，未克，转向鄂西北方向，经房县、竹山，再入陕南，欲重渡汉水未遂，乃沿汉水西行，与由川北折返陕南之李全部会师于安康。为应对义军的流动战术，清军调整军事方针：分兵追击，各自为战。十一

① 《勒保奏折》（朱批），（嘉庆）三年正月二十五日，转引自林铁钧：《清史编年》第7卷，《嘉庆朝》，第85页。

月，襄阳义军活动于陕西平利、镇坪、安康、洵阳（今旬阳）、紫阳、石泉一线，年底至汉中西会师。此后，王聪儿、姚之富率一部折入川北，力图吸引清军主力德楞泰部，以便高均德部趁机抢渡汉水。德楞泰被迫回师，尾随高军。嘉庆三年正月，清廷以进军迟延、疏于防卫，撤销前线将领额勒登保、明亮、德楞泰、舒亮、穆克登阿等人爵位和职务，同时命令他们随军效力。三月，李全、王廷诏部北越秦岭，出宝鸡、岐山，攻郿县（今眉县）、周至，前锋直指陕西西安，为清总兵王文雄所部击败。

王聪儿、姚之富所部与高均德军会师后，为多路清兵乡勇围追堵截，高德均部折回，王、姚所部一路败走于陕南镇安、山阳、商州，所余9000义军被追逼至湖北郧西三岔河，进退无路，寡不敌众，伤亡累累。王聪儿、姚之富等发誓不当俘虏，跳崖牺牲，王聪儿年仅22岁。余部为德楞泰、明亮等所率清军镇压，襄阳黄号白莲教起义军主力至此全军覆没。

四川义军

此后，四川成为川楚陕白莲教起义军的主战场。四川义军主力分两大支，一支由徐天德、冷天禄和王三槐率领，另一支由冉文俦、罗文清领导。此外，李全、高均德部湖北义军也在四川活动。清廷也认识到，“以目下情形而论，川境贼匪更关紧要”，因此，于嘉庆三年（1798）正月，责成勒保“专办川匪”，并调补其为四川总督。不久，王三槐部被勒保军围困于东乡安乐坪，王轻信知县刘清，至勒保大营谈判，被清兵逮捕。总统四川军务勒保上奏邀功，冒称生擒王三槐，三槐随后被递解至北京处死。清廷以此为大功，封勒保军机大臣、大学士和珅公爵、福长安侯爵。刘清，贵州广顺人，拔贡出身，嘉庆元年任四川南充知县，历任署东乡、署广元县事，嘉庆三年擢升同知直隶州用。平日居官办事，深得民心，为官清廉，民间称之为“刘青天”。刘清每次率部抵御白莲教军，教军上下都知道他是清官，“往往退避引去”①。

嘉庆四年（1799）正月，高宗去世，仁宗亲政，一改既往军事方针，撤换作战不力的惠龄、宜绵等领兵大臣，任命勒保为经略大臣，明亮、额勒登保为参将，予勒保节制川、楚、陕、甘、豫五省军事大权。时勒保弟永保为乌鲁木齐都统，初任总统湖北军务，此时因镇压不力已经被褫职下狱，并籍没家产。

白莲教军也总结教训，放弃固守寨垒战术，改用分散出击与流动作战相结合的新战术，分路向川西、甘南及陕、楚两省边境地区作大范围流动，以便保存力量、筹集军粮、扩充人员，同时争取主动，伺机歼敌。清廷认为勒保督师毫无进展，费时3年，费银逾7000万两，而各路军营唯知苟延岁月，军中宴乐。七月，以玩误军务罪将勒保免职逮问，以原帮办军务明亮代为经略。永保、勒保弟兄均以镇压白莲教起义不力而被双双治罪。次月，清廷又以明亮行动迟延，将其免职，额勒登保以都统衔代之，并任命德楞泰为参赞大臣，那彦成往陕西督办军务。额勒登保和德楞泰都是镇压农民起义的老手，嘉庆元年十二月以平定湖南苗民起义有功，分别被赏封侯爵和世职，此后一直在镇压白莲教军的前线作战。

清廷大力推行乡勇、团练和保甲制度，筑堡困守，坚壁清野，采用“剿抚并用”方针。先是上年兰州知府龚景瀚，见教军蜂起，愈剿愈炽，劳师糜饷，难以奏效，乃上《坚壁清野议》，阐明调兵、增兵、募勇三害，而征剿又有四难。“贼常饱而我兵常饥，贼常逸而我兵常劳”，加之“焚掠裹挟，贼愈杀而愈多；疾病死亡，兵日添而日少”，致使“今日之贼，无论非今日之兵所能剿除，即或额兵全来，新兵已练，而使之追逐千里之邀，奔

① 林铁钧：《清史编年》第7卷，《嘉庆朝》，第85页。

驰半月之久，力疲气沮，其势又为今兵之续。贼势益张，兵气益馁，日延一日，事恐不可问矣”。面对此种情况，该怎么应对呢？龚景瀚提出：“必先安民，然后能杀贼。民志固则贼势衰，使之无所裹挟，多一民即少一贼矣！民居奠则贼食绝，使之无所掳掠。”主张用坚壁清野之法，“团练壮丁，建立堡寨，使百姓自相保聚，并小村入大村，移平处就险处，深沟高垒，积谷练兵，移百姓所有积聚实于其中。贼未至则力农贸易，各安其生；贼既至则闭栅登陴，相与为守”。其主要者，必先慎简良吏，次相度形势，次选择头人，次清查保甲，次训练壮丁，次积贮粮谷，次筹划经费。“如是行之有十利。”[①]龚氏之坚壁清野议，至是被清廷采纳推广，此后用于镇压白莲教军。龚景瀚，福建闽县人，乾隆三十六年（1771）进士。嘉庆元年入陕甘总督宜绵幕府充当军事顾问，以知府用。二年由陕入川，镇压白莲教军有功，授甘肃庆阳知府。三年调兰州知府，未赴任，随军筹划，充左翼长。一直在镇压白莲教军的前线，因而所提建议杀伤力很大，给起义军造成极大打击。

额勒登保继任后，以大量金钱为诱饵，招募乡勇，驱作先锋；又采取坚壁清野、筑寨团练之法，尽驱乡民入塞，断绝起义军的粮饷接济，义军军需及兵员补充因而大受影响。额勒登保又诱使义军走出老林，再驱赶至川北，集中加以消灭。十月，陕西义军首领张汉朝战死，余部由陕入川。十一月，高均德兵败被俘。此后，义军处境日益困难。嘉庆五年（1800）二月，冉天元率义军与参赞大臣德楞泰部大战于江油马蹄冈，冉天元以伏兵围清军，鏖战三昼夜，致清军大溃，德楞泰仅带十余名亲兵困守山顶。会乡勇罗思举率援军到，冉天元因坐骑中箭被俘，清军反胜为败。

在清军的再三打击下，白莲教军被迫退入川东北老林地区，力量逐渐

① 龚景瀚：《澹静斋文钞外篇》卷1，《坚壁清野议》，载林铁钧：《清史编年》第7卷，《嘉庆朝》，第114页。

衰弱。“楚剿急则遁川、陕，川剿急则遁陕、楚”，处境愈加困难。但有一支义军成功渡过涪江、嘉陵江，袭击川西，致省会成都震动。仁宗得报大怒，痛斥四川总督魁伦无能，令其自尽。另一支义军穿过岷山和川北草原，转战至甘肃秦州（今天水）、岷州（今岷县）。嘉庆六年，高天升在陕东南山阳县阵亡，王廷诏在川陕边境被俘，高天德在川东大宁（今巫溪）二郎坝被俘，徐天德在陕西汉中府西乡舟覆身亡。几员大将相继折损，白莲教义军只得收缩于万山老林地区，人数锐减，仅余龙绍周、苟文明、王国资、戴仕杰、曾芝秀、辛聪、冉学胜等部。七月，清军从西南、东北方向进击万山老林地区，冉学胜被俘，龙绍周在平利阵亡，其余各股退守老林深处，人数不及一万。至嘉庆七年（1802）八月，樊人杰、苟文明等各首领相继牺牲，白莲教黄、白、青、蓝四号教军损失殆尽，义军只剩下若干小股部队。清廷因此命额勒登保统领大军移师湖北，会同德楞泰将白莲教军余部消灭，陕西教军搜捕事宜交由提督杨遇春和杨芳接办。

嘉庆七年十二月，以川、陕、楚三省平定，清军统帅额勒登保、德楞泰均封一等侯，勒保封一等伯，明亮封一等男，赛冲阿、杨遇春等将领及成亲王永瑆，军机大臣庆桂、董诰等各有封赏。到嘉庆八年七月，白莲教军仅余数百人。清廷宣布三省肃清，官兵凯旋，于是大量裁撤乡勇。乡勇本为流民，易集难散，因此，湖北、陕西、四川三省大量乡勇被解散后无家可归，又重新投入义军队伍，致起义军声势再起。十一月，义军再战德楞泰军，消灭清军副将以下军官数十名。嘉庆九年，仁宗再令额勒登保以钦差大臣身份赴陕西，会同德楞泰、杨遇春，进攻义军。同年秋，苟文润、苟朝九两名义军首领先后阵亡。嘉庆十年（1805）五月，白莲教义军余部彻底覆灭。

为镇压白莲教起义，清廷征调了16个省的兵力，但当时用绿营已不如用乡勇了，所以，招募了数十万乡勇。嘉庆元年二月间，“川省应募者，有三十七万之多，陕、楚两省亦复不少。川之嘉陵江，楚之郧西，并三省边界边山各属，其城卡隘台站，有兵力不敷防范者，不得不藉乡勇为协护”[①]。当时全国八旗、绿营等正规军队固定兵额有80多万，为镇压白莲教征调了八旗、绿营等正规军11余万。可见，镇压白莲教起义中是以乡勇为主力，所招募乡勇之数远超清政府正规军的数目。八旗兵中所谓“京营劲旅”健锐、火器两营，不堪一击。少用绿营，主要是绿营军腐败，已无战斗力可言。即便是绿营将帅，也非昔日可比。御史谷际歧曾上疏言及绿营兵不堪征战，但以“玩寇为务”，称：行营到处，“止以重兵自卫；裨弁奋勇者，无调度接应，由是兵无斗志”。清修国史，有论者谈及镇压白莲教起义，清军损兵折将之情状，“教匪之役，首尾十年，国史《忠义传》所载副参以下战殁至四百余员，其专阃提镇及羽林宿卫阶列一二品者，且二十余人”。一时骁勇名将，多位贵胄俊才，“仓猝摧仆，三军气熸”[②]。可见白莲教起义军对清军打击之沉重。

① 王锺翰点校：《清史列传》卷35，《德楞泰传》。

② 赵尔巽等：《清史稿》卷349，《附论》；卷357，《谷际岐传》。

闽浙粤三省海上起义

清朝前期，清政府实行严厉的海禁政策，后逐步放开海禁。东南沿海浙江、福建、广东地区百姓为生活和官府所迫，爆发了反清的海上起义。

海禁政策

所谓海禁，即清初为隔绝东南沿海各省人民与郑成功反清势力的联系，要求片帆不可下海，而采取的一项“坚壁清野”式的强制政策。先是禁止沿海百姓下海，然后又强迁沿海百姓到内地。郑成功在南明唐王政权覆灭后，以厦门、金门为根据地，坚持在福建一带聚众抗清，并连年出击广东及江浙等地，东南沿海地区的反清力量因此十分活跃。顺治十三年（1656），清廷颁布禁海令，规定：“今后凡有商民船只私自下海，将粮食货物等项与逆贼贸易者，不论官民均奏闻处斩，货物入官；本犯家产尽给告发之人。其该管地方文武各官不行盘缉，皆革职从重治罪。地方保甲不行举者，皆处死。凡沿海地方口子，处处严防，不许片帆入口、一贼登岸。如有疏虞，专汛各官即以军法从事，督、抚、提、镇并议罪。”[①]禁令将治罪范围从一般私自下海民众扩大到各海口官吏，上至督抚、下至保甲，无一例外，目的是严厉防止沿海民众的抗清活动。

顺治十八年（1661），郑成功率军由厦门渡海，驱逐了盘踞在台湾达38年之久的荷兰殖民者，建立了反清政权。清政府进一步严厉禁海，行迁海令。此议最初由方星华之弟方星焕提出："海舶所用钉铁、麻油，枪炮所用烟硝以及粟帛，皆海外所罕有，大都滨海之民阑出贸易为之接济耳，今宜尽迁其人，移之内地，距海若干里内，皆斥为瓯脱，画地为界，严申禁令。有敢越界者，论诛死无少贷。岛上穷寇，内援既断，来无所掠，如婴儿绝乳，立可饿毙矣。”[②]清政府立即采纳此建议，分派满大臣4人赴海疆诸省，严格监督沿海居民内迁。初迁20里，犹感为近，再迁20里，仍感不足，再迁10里，三迁而界始定。诏沿海居民尽徙内地30里至50里，禁渔舟、商舟出海。如此始为定案。

康熙二十二年（1683）郑成功之孙郑克塽降清，最后的抗清政权覆灭，清廷统一台湾。当初海禁的理由不复存在。康熙帝下诏群臣，讨论开禁贸易的利弊，经大臣上奏，康熙二十四年废除海禁，开禁贸易，持续29年给沿海居民带来极大不便的海禁政策退出历史舞台。但自从康熙末年起，由于中外交流日益频繁，清廷开始限止海外贸易，以防止国人和洋人过多接触。康熙五十六年（1717），禁止中国商船到西班牙人控制下的南洋吕宋（今菲律宾）和荷兰人控制的噶喇巴（今印度尼西亚爪哇）等地贸易。雍正五年（1727），禁止私自出洋和久留外国的华人回籍。雍正十三年，又禁止民人偷渡外洋。乾隆二十二年（1757），清廷决定关闭江海

① 昆冈等：《钦定大清会典事例》（光绪朝）卷776。

② 转引自萧一山：《清代通史》（一），第372页。方星华、方星焕亦作房星烨（晔）、房星燿（曜）。

关、浙海关和闽海关，4处海关只留下粤海关广州一口，与外国继续通商，实行准闭关锁国政策。

渔民起义

我国东南沿海地区，向来可耕地不足，人稠地狭，百姓大多依赖出海捕鱼和对外贸易为生。乾隆晚期，东南沿海地区连年遭灾，渔民受贪官污吏敲诈勒索，无以为生，许多人被迫下海为盗。嘉庆初年，在浙江沿海有“凤尾帮”、在福建海面有“水澳帮”等众多海盗组织，从事劫掠活动，反抗清朝统治。在这些组织与活动中，蔡牵领导的东南沿海渔民的起义影响最大。

蔡牵，福建同安县人，自幼父母双亡，以弹棉花为业。乾隆五十九年（1794），福建连年灾荒，蔡牵无以为生，遂下海为盗，在闽、浙洋面劫掠商人、富户，封锁航道，收“出洋税”。嘉庆七年（1802）五月，蔡牵率众突袭厦门门户的大担、二担岛清军营地，抢走汛炮，伤毙弁兵，揭开东南沿海渔民的反清序幕。

蔡牵所部装备精良，凭借艇高船大，使清水师无法靠近，又以飘忽不定的流动战术，不断打击清军。为对付蔡牵，清廷命水师提督李长庚统辖福建、浙江水师，督造大舰，增配重炮，加强海战实力。此后，蔡牵屡受重创，在东南沿海无以立足，于是决定夺取台湾，作为反清根据地。他一面派人与台湾反清首领洪老四等人联络，以其为内应；一面加紧备战，以增强抗击清军的实战能力。嘉庆十年（1805）十一月，蔡牵率部在台湾北部淡水（今属台湾新北）登陆，击败清守军。随后，发布文告，称“镇海王”，刊用“王印正大光明”印信，号令台湾百姓。台湾南北两路反清义军在洪老四等带领下，纷起响应，他们互相配合，协同作战，攻占凤山县城（在今高雄），包围台湾府城（今台南）和嘉义县城，用沉舟填塞鹿耳门（今属台南），阻止清军水师增援。次年正月，李长庚率清军增援船队赴台，蔡牵得信后，撤走台湾府城围兵，前往迎敌。清军以有利地形，困蔡牵于北汕。赖风浪将鹿耳门沉船掀出海面，阻挡住清军行进路线，蔡牵得以从容突围，于五月驶回闽、浙洋面。随后，在清军和台湾地方武装联合攻击下，洪老四等领导的反清起义失败。

此后，蔡牵的反清起义在闽、浙沿海又坚持了4年之久，其间，于嘉庆十三年（1808）击毙长于海战的提督李长庚，给清廷以巨大震动。嘉庆十四年八月，蔡牵遭福建提督王得禄和浙江提督邱良功所部合攻，坐船被炮火击中，船沉身死，起义失败。

天理教两地起事

林清、李文成等发动天理教起事，京畿地区百余天理教徒攻入守备森严、固若金汤的紫禁城，史称“癸酉之变”，或“紫禁城之变”，给清廷造成极大震动。

天理教起义

嘉庆十八年（1813）九月，在京畿和河南、山东、直隶三省交界地区，爆发了天理教起事。天理教是京畿大兴人林清和河南滑县人李文成、冯克善等创立，其分派多而杂，包括京畿地区的青阳教、白阳教、红阳教、大乘教等教派，以及直隶、河南、山东三省的震卦教、离卦教和巽卦教等八卦教组织，其主力成员主要来自于下层贫苦农民、手工业者、小商人，另有少量小地主和下层官吏。天理教广泛宣传打天下的思想，倡言星象正在变化中，天上有星射紫微垣，主兵象，乾坤即将扭转，为其起事制造天意依据。嘉庆十七年正月，天理教众在河南北部滑县道口镇聚会，议定于酉之年、戌之月、寅之日、午之时，即嘉庆十八年九月十五日中午，发动起事，李文成在滑县首先发难，河南、山东、直隶三省天理教徒同时响应，直趋京畿；林清在京城作内应，与李文成等里应外合，力图占领清王朝最高统治中心北京。

李文成在滑县私买战马，蓄养士卒，颁发旗号，积极准备。嘉庆十八年九月初五日，滑县天理教徒在北邻浚县大伾山东坡铸造军械，因人多势众，机密泄露，李文成、牛亮臣等教首被滑县知县逮捕入狱。九月初七日，天理教首领冯克善、于克敬、宋元成率5000教徒，白布缠头，身穿白衣，提前起事，一举攻下滑县城，杀知县强克捷等清朝官员，救出李文成等人。李文成即在滑县衙署内设羽帐，树大旗一面，上书“大明天顺李真主”七个大字，以牛亮臣为军师，宋元成为大元帅。随之，又攻下附近军事据点桃源、南湖，屯粮重地道口镇，与滑县县城形成犄角之势。河南浚县、直隶长垣（今属河南）、山东曹县和定陶等三省交界地的天理教徒纷起响应，声势日益浩大。定陶天理教军二三千人攻占县城，开狱放囚，杀知县贺德瀚等。曹县亦被教军攻占，知县姚国栋等被杀。长垣天理教军在徐安国率领下，攻占县城，杀知县赵纶。清廷得知情况，急令署河南巡抚高杞等大员督兵防堵，命直隶总督温承惠佩钦差大臣关防率军镇压，同时召陕西提督杨遇春统兵北上。由于李文成提前仓促起事，天理教军遭清军堵截拦阻，队伍未能按原定计划迅速北上。

天理教大闹紫禁城

林清对河南的情况变化毫无所知，仍按原计划率部进攻紫禁城。九月十五日晨，京畿200余名天理教徒，分成东西两队，乔装改扮，准备攻入紫禁城东华门、西华门。由陈爽带领的天理教徒，向东华门汇聚时，只剩下二三十人。他们身穿长褂衣衫，怀里藏着刀器，陈爽在前，刘呈祥押后，由宫内太监刘得财、刘金接应进入，刘金也是天理教徒。另一路进攻西华门的天理教徒，由陈文魁率领，共40余人，这天早晨先在宣武门外菜市口集合，各人暗中携带白布条，假装是卖白薯和柿子的小贩，把刀藏在担筐里。到达西华门时，由太监张泰、高广福、杨进忠引路进入，杨也是天理教徒。另有王福禄和阎进喜两太监在宫内接应。按原定计划，进入大内之后，陈爽负责指挥攻打紫禁城的战斗，林清坐镇黄村，等候河南李文成大军到来，会同接应京城[①]。

进攻紫禁城的天理教徒，因为守门官兵察觉，从东华门进入的只有陈爽等五六人获得成功，其余大部分被关在门外。陈爽等3人由刘金带领，杀入熙和门，英勇搏击，不敌守军，陈爽负伤被俘，其余均血战而死。进攻东华门的这队天理教军被迅速扑灭。陈文魁所率40余人从西华门进入，则比较顺利，一路攻至隆宗门，门闭无法撞开，天理教军打算越墙进入养心殿，有数人成功爬上墙。当时在上书房读书的皇次子绵宁（旻宁），闻变戎装上阵，登城墙，用鸟枪射击攻入的教军，先后射杀两人。留京的礼亲王昭梿等人带兵由神武门增援，原拟派往滑县镇压李文成起义的千余名健锐、火器营官兵也迅速回援，入宫捕杀，被俘、被杀的天理教军共计72名，天理教紫禁城之役被彻底镇压。经此一役，宫内官兵及皇亲国戚被杀者，有太子太傅明珠之后、侍卫那伦等42人，伤者达60余人。

天理教大闹紫禁城时，恰逢仁宗巡幸木兰围场，回程刚到京郊顺义丫髻山，因而躲过一劫。次日，皇次子绵宁由于表现智勇，被封为智亲王，仁宗嘉奖了有功人员，同时撤了未尽到防守职责的步军统领吉纶的职。九月十七日，仁宗草拟罪己诏，昭告天下自己有罪，喟叹此次事变实为“汉、唐、宋、明未有之事”，他本人“唯返躬修省也！改过正心，上答天慈，下释民怨”[②]。仁宗又作《责己述怀》《有感五首》等诗文，云“齐

① 参见《清仁宗实录》卷275，嘉庆十八年九月癸酉；林铁钧：《清史编年》第7卷，《嘉庆朝》，第665页。

② 《清仁宗实录》卷274，嘉庆十八年九月庚辰。

豫骚动，阙下震惊，惟锥心挥泪，宵旰仰求上苍赦罪，此外无可言矣”。又云：“从来未有事，竟出大清朝。”仁宗感慨道：“我大清以前何等强盛，今乃致有此事！皆朕凉德之咎。”[①]可见此事对清廷震动之巨大！清廷于十九日回京，先期已经派吏部尚书英和先行回京处理善后。英和回京后，在黄村逮捕了林清。几天后，仁宗在中南海亲自审讯了林清和涉事太监，并予以处决。

林清，顺天府宛平县宋家庄（今大兴区宋庄）人，祖籍浙江绍兴，17岁起先后在京城内西单牌楼药铺当学徒，在三里河药店当伙计，在宣武门外大街当打更夫。其父去世后，林清回乡顶替父职，任黄村巡检司书吏。后与其大姐夫在黄村开茶馆。此后到苏州、杭州谋生，到江宁一带行医，在漕船上当纤夫。返乡后卖过鹌鹑，当过鸟雀铺店员。嘉庆十二年（1807）林清拜宋进耀为师，加入荣华会，即八卦教的坎卦教。次年，因人告发，与宋等被捕，并被解往保定直隶总督衙门审讯。宋等判徒罪，林因入教时间短，仅受杖刑后获释。在此期间，结识了滑县牛亮臣，并动员牛加入八卦教。嘉庆十四年，林清被推举为八卦教坎卦卦首。两年后，林清通过牛亮臣结识滑县八卦教震卦卦首李文成。同年秋，林清前往滑县道口镇，与李文成等人组织召开八卦教首领会议。八卦教改名为天理教，林被推举为总教主，李协助林清统领全教，并议妥组织反清起义，在京城内及京南宛平、大兴、通县、固安、雄县一带，大力发展教徒，尤其是将皇宫太监数人发展为天理教徒，为后来攻入紫禁城创造了极为有利的条件。林清生活颠沛流离，经历曲折复杂，这对于他反清思想的形成和反清行动，尤其是设计攻打紫禁城，都有重要影响。

① 赵尔巽等：《清史稿》卷16，《仁宗本纪》；《清仁宗御制诗三集》卷16；载林铁钧：《清史编年》第7卷，《嘉庆朝》，第670~671页。

在镇压京畿天理教军的同时，仁宗急派陕甘总督那彦成为钦差大臣，并派工部侍郎兼护军统领庆祥，陕西提督杨遇春，西安将军穆克登布、副都统富僧德，徐州总兵徐洪等率各路人马，前往河南，围攻滑县天理教军。仁宗又下诏强调，需把习教之人和谋逆造反者严加区别，避免杀伤无辜，也借以瓦解天理教军力量。至十一月初，在各路清军和地方乡勇的攻击下，直、鲁教军主力基本被消灭，仅剩滑县县城和道口、桃源等处教军仍在坚持。十月二十一日，道口义军被击败，冯克善在混战中杀出，赴山东，拟联络当地教徒，至直隶献县被俘，被解往北京处死。十一月二十日，李文成所部转移至豫北辉县司寨，被清军包围，激战一日，文成力竭，举火自焚而死。十二月十二日，滑县被钦差大臣那彦成、署河南巡抚高杞、陕西提督杨遇春等督兵攻陷，天理教大元帅宋元成、李文成之妻张氏，誓言“城亡与亡，不死者非英雄”，挥刀巷战，寡不敌众，与伊女闭门自尽。是役，天理教军师牛亮臣等被俘杀，教军阵亡一万七八千人，被烧死七八千人，生俘二千余人，逃出难民老幼男妇二万余人[①]。至此，林清、李文成等领导的天理教起事最终败亡。

史家印鸾章论嘉庆朝由盛而衰之故，“一由于和珅之怙势揽权，虽即诛夷，而纪纲已替；一由于白莲教之蚁屯蜂起，虽已荡平，而元气大伤”。而造成这种现象，其主要原因之一，即是“满兵之不竞也”。具体而言，“如嘉庆元年（1796）四月，命直隶总督庆成率兵往河南南阳，堵剿湖北教匪，迨四年八月，以师久无功，庆成与永保并革职逮问；又五年二月，遣朱射斗击叛徒，四川总督魁伦驻达州，拥兵不救，致朱射斗战死，复以防潼河为名，退屯潼川，旋奉命严守潼河，又撤兵留船，致敌前队得宵渡，因逮至都赐自尽；又七年十一月，以博罗会匪作乱，吉庆办理张皇草率，革去协办

① 林铁钧：《清史编年》第7卷，《嘉庆朝》，第687~688页。

大学士，仍留两广总督任，吉庆旋于十二月畏罪自杀，则满兵之葸懦有如此者。清初御敌，全恃满兵，积久骄惰，情见势绌，是中衰之现象一”[①]。

① 郝秉键：《清通鉴》第12册，第5406页.

三

透视盛衰转折 两种文明撞击

SHUDU QINGSHI JIA DAO ZHONGSHUAI

五十禁戏 六十禁珠玉

仁宗五十大寿时，下诏禁止民间演戏庆贺。六十大寿时，又禁止内外臣工给他送金珠玉器。这是嘉庆四年（1799）新政的继续，意图扭转乾隆末年以来的种种弊端。

禁演戏剧　力行节俭

仁宗好听戏，兴致高，是个大戏迷。亲政之初，编修洪亮吉上疏直陈，担心皇上“退朝之后，俳优近习之人，荧惑圣听者不少。”仁宗很不高兴，但洪亮吉所说也不是空穴来风，仁宗是清朝开国以来最痴迷戏剧的一位皇帝。早在嘉庆元年（1796）正月，刚登基的仁宗居然一连看了18天大戏。当时父亲高宗虽然退位，但仍然大权独揽，仁宗无事可做，所以，过足了一把戏瘾。宫廷唱戏，一般多集中在年节或庆典期间，平日并不随便举行大规模的演出活动。仁宗精通戏曲，并且非常热爱导演，无论是编排戏曲，还是现场演出，都十分上心。3年后太上皇驾崩，仁宗成为名副其实的一国之君，大权在握，忙于施政，客观上已不允许他像从前那样沉迷于戏曲。应当说，仁宗勤于政事，也希望自己成为官员的表率，所以，主观上也不再像以往那样随心所欲听戏。此后国事日多，看戏日少。嘉庆十六年（1811），仁宗已年满50岁，御史景德奏请按例在仁宗生日即万寿节时，城内演戏10日。仁宗十分生气，严厉训斥景德，将其照溺职例革职，发往盛京（今辽宁沈阳）充当苦差。同时，严令各地不许在他寿辰之日广陈戏乐，亦不准办理庆典。各地派往京城庆寿的总督、巡抚和将军、提督等，均不准进献珠玉、陈设。

仁宗崇尚节俭。他“以粟米布帛为重，不贵珍奇”，遵循老师朱珪的教导，“君心正而四维张，朝廷清而九牧肃。身先节俭，崇奖清廉，自然盗贼不足平，财用不足阜”[①]，“躬行俭德为天下先”，为官民树立榜样。嘉庆七年，新疆和阗（今和田）采得两块大玉，兴肇等奏请将采玉回户伯克二人赏戴翎顶。仁宗未予同意，严厉申饬兴肇等人，说：“区区数十斤之玉块，又何足为贵乎？朕所宝者，惟在时和年丰，民安物阜。一切耳目玩好之物，素性实所鄙弃。”[②]这两块大玉或趁例贡附带运京，如果沿途运送稍有不便，即掷于该处，不必呈进。嘉庆十七年，仁宗又明确反对山东巡抚同兴奏请为其兴修行宫，“各处行宫均不过一宿而已，所有游廊、山石、山洞、厂亭、水池等项俱停办理”。主张厉行节约，“若能一处节省三四万两，十处即三四十万矣”[③]。

仁宗还喜好打猎，木兰秋狝的兴致，和历代清帝一样高。“木兰秋狝”指的是每年秋天在皇家猎苑木兰围场进行的行猎活动，这一制度确立于康熙年间，借以训练军队，联络蒙古王公，也带有行乐的目的。后来，娱乐的目

① 赵尔巽等：《清史稿》卷340，《朱珪传》。

② 王先谦：《十二朝东华录（嘉庆朝）》卷5。

③《清朝续文献通考》卷63。

的越来越突出，原有军事功能反而弱化了。木兰围场在今承德围场满族蒙古族自治县，距离北京四百多公里，本来是蒙古王公的领地。围场以北不远处，就是康熙年间发生的攻打蒙古准噶尔部噶尔丹的乌兰布统战役古战场。这里地势起伏，草深林密，野兽出没，尤其以鹿为最多，所以一般时候秋狝主要就是捕鹿、打鹿。但当时道路难行，王公贵族和八旗兵将们久居京城，生活优渥，不愿意长途跋涉，每次秋狝都有阻力。加之生态环境恶化，围场官员管理不善，木兰围场猎物日渐稀少，每次行围收获猎物都不多。仁宗有时也顺势而为，减少出行。

仁宗还专为巡游五台山做出规定：不准在途中及山上山下设置诸如戏台、杂伎、假山、假亭等一切点缀，庙前不准设戏台演戏。而过去每当皇帝巡幸时，地方官员往往预先准备，在沿途空缺处所用席片搭盖假山涂饰遮蔽，于沿途民间村庄庐舍残垣陋室曲加粉饰。仁宗厌恶这种做法，他喜欢看到原汁原味的村庄庐舍，“完整者可以觇丰盈气象，其颓垣陋室亦可藉（借）以知民生疾苦，正合省方观民之义”[①]。

仁宗当政20多年，很注重节俭，但王公大臣和文武百官，奢侈之风仍然如故，甚至愈演愈烈。以至于后来仁宗在致皇子旻宁的密谕中，谆谆嘱咐，“必当力除此弊，后世子孙若能体朕之心，法朕之行，成朕未竟之事，造次无忘不迩声色之谕，即我大清万世、天下臣民之福也”[②]。痛陈自己无力除却奢侈之风又不能言说的苦衷，只好寄希望于下一代。

整顿玩忽职守之风

为遏止当时王公大臣懒散怠惰、玩忽职守的风气，仁宗首先从自己做

①② 《清朝续文献通考》卷63。

起，勤于政事。每天清晨起床后，他先阅读前朝实录、批阅奏章，再吃早饭，之后上朝召见大臣。

自乾隆晚期起，各级官员懈怠偷安、萎靡不作为。“政以贿成，人无远志，以疲软为仁慈，以玩愒为风雅，徒博宽大之名，以行狥庇之实”。朝廷部院衙门“诸臣全身保位者多，为国除弊者少；苟且塞责者多，直言陈事者少。甚至问一事则推诿于属员。自言堂官不如司官，司官不如书吏”。地方各省的总督、巡抚，“或于应办事件藉（借）口行查，经年累月尚未完结，其废弛积习犹为牢不可破”[①]。这些懒政惰政情形，表现形式不一而足，仁宗深以为忧，他毫不留情，严加斥责惩处。

嘉庆八年（1803）发生了一起封建时代罕见的皇宫刺杀皇帝案。闰二月二十日，仁宗从圆明园返回皇宫。一个叫陈德的壮汉，带着他15岁的大儿子陈禄儿混进紫禁城东华门，然后绕至皇宫的北门神武门，潜伏在旁边顺贞门外西厢房的山墙后。当仁宗的大轿子进入神武门，刚要转向顺贞门时，刺杀案发生了。陈德手持尖刀，突然蹿出，直奔仁宗冲了过去。突如其来的袭击，把守卫神武门、顺贞门的上百名侍卫吓呆了，他们不知所措，竟无一人上前抓捕陈德。仁宗侄子、御前大臣定亲王绵恩，仁宗姐夫、乾清门侍卫、蒙古喀尔喀亲王拉旺多尔济，乾清门侍卫、蒙古喀喇沁公丹巴多尔济和御前侍卫扎克塔尔等6人，临危不乱，一边护卫仁宗的轿子，一边捉拿刺客。这样，轿夫们抬着仁宗，迅速躲入顺贞门内。仁宗惊吓不小，但未受伤。刺客陈德虽奋力搏斗，但寡不敌众，很快被制伏。绵恩的衣服被刺破，丹巴多尔济身上被刺伤3处。陈禄儿则趁乱溜出皇宫回到家里，但很快也被捉拿。

刺客陈德为什么要行刺皇帝？他的后台是谁？陈德从东华门进入皇宫

① 王先谦：《十二朝东华录（嘉庆朝）》卷6，卷4。

到神武门还有很长一段距离，在戒备森严的紫禁城，怎么可能在官兵的眼皮底下自由穿行而不被发觉？根据中国第一历史档案馆的档案记载，陈德供称：因生活无路，一家老小没个依靠，实在情急，想找条死路。后来又想，自寻短见，无人知道，岂不是白死？恰好听说皇帝进宫，就同禄儿溜进东华门，从西夹道走到神武门，混进人群里，看见皇上到了，便手执小刀，向前冲去。原想我犯了惊驾之罪，当下必定将我乱刀剁死，图个痛快，也死个明白。实在没有别的缘故，也没有别人指使。所说是实。陈德还交待说，日前看到街上垫道，就知道仁宗二十日要回宫斋戒，因为自己曾跟随包衣管领在内务府服役，经常出入宫中运送物件，对宫内情况非常熟悉，就决定进宫行刺仁宗。

参与审讯的大臣们没有想到，陈德行刺皇帝的原因会这么简单，他们原以为陈德受命于人，或与白莲教等有关。闰二月二十四日，仁宗下旨将陈德凌迟处死，陈德的两个未成年孩子也被处以绞刑。按照《大清律》规定，两个孩子未满16岁应发配边疆为奴，但为了斩草除根，清廷还是将他们杀害了。受陈德行刺案牵连，故宫神武门的护军章京、护军统领等60多人以失察罪，分别被处以发配热河披甲当差、革职、降级、罚俸、枷示等处分。肃亲王永锡、副督御史万宁等人当天值班，交宗人府及各部议处。御前大臣、定亲王绵恩等人因为救驾有功，给予赏封。

皇宫发生刺杀皇帝案，反映了相关官员严重玩忽职守。仁宗令加强对紫禁城、圆明园、热河行宫、木兰围场等地的警戒。

仁宗勤政力行，日理万机，勤求治理。嘉庆十三年（1808）四月，皇长孙出生，仁宗很高兴，内阁怕送奏折影响他的兴头就拖延了两天时间，未进呈刑名本章。仁宗严厉批评了这种做法，指出：一日万机，不容稍怠，政务殷繁，不容稍有旷误，“似此积压频仍，势必渐形丛脞”[①]。

嘉庆十四年（1809）十二月，步军统领禄康破获工部书吏贪污侵吞案。蔡泳受、王书常、吴玉等人捏造工程名目，私雕假印，伪造工部文书，赴内务府广储司冒领银两。自嘉庆十一年起至嘉庆十四年，工部书吏王书常等人伙同工部、户部三库、内务府书吏多人，冒领户部银库、颜料库、缎匹库及内务府广储司银库银两、物料达14次之多，折合银7万余两。数年间，工部、户部三库、内务府等衙门官员对此毫无察觉。仁宗闻讯震怒，将王书常等处死，又将失察官员分别严惩。十五年正月，仁宗斥责部院衙门因循怠玩。此案深刻反映了嘉庆中叶吏治疲玩腐败的惊人情形。

嘉庆二十三年（1818）十一月，仁宗下令稽查部院疲玩情况，随即规定部院行查时间，逾限处分，罚俸降级。嘉庆二十五年（1820）三月初七日，发现兵部行印遗失。仁宗很震惊，认为“实属奇事”，下令严查。查了一个多月，才知道印信在上一年的八月二十八日，随仁宗出京行围途中，在巴克什营（今河北平滦）即已经丢失。兵部捷报处负责保管印信的书吏俞辉庭，害怕遭惩处，就用“备匣加封顶充，并贿属兵部堂书鲍干含混接收”，而当月司员何炳彝、庆禄，也未打开匣子验看，就此蒙混过关。最后仁宗严肃处理了相关官员，并降谕严斥，“颠倒朝廷之政事，良心何在”[②]？此事体现了清廷许多官吏疲玩渎职已经到了极为严重的地步！仁宗多次要求朝中大臣和地方官员据实陈报民隐民情，一丁点也不能隐瞒，力戒欺隐、粉饰、怠惰等不良风气。应当说，仁宗在位期间，在整顿官员的玩忽职守风气上，下了大功夫，但官场作风变化并不大。

① 王先谦：《十二朝东华录（嘉庆朝）》卷8。

② 林铁钧：《清史编年》第7卷，《嘉庆朝》，第848~849页。

八旗生计 人地矛盾

自清初起的百余年间，社会经济有了相当的的恢复和发展，人口和田亩数有了较大增长。据《皇朝文献通考》记载，顺治十六年（1659）到乾隆六年（1741），人丁数从1900万增至14300万，增长近7倍；顺治十六年到乾隆十八年（1753），民田总数由549万余顷增至708万余顷，增长近160万顷。乾隆后期到嘉庆年间，我国人口越来越多，人多地少的矛盾越来越严重。乾隆末年，全国人口已达3亿。乾隆五十六年（1791），各省人口总计为3亿435万多，其中，江苏省超3271万，安徽2956多万，直隶约2370万，山东、浙江、河南、湖北、江西等省均超过2000万人[1]。而耕地面积约9亿亩，人均耕地近3亩。至嘉庆二十五年（1817）底，全国人口到了3亿5337万之多，要不是发生镇压白莲教起义等长期战争，人口会增加更多。道光时，人口增至4亿，但耕地却并未增加多少。前后两个时期相比较，全国人口增加了三分之一，人均耕地减少近四分之一。

① 郭成康：《清史编年》第6卷，《乾隆朝》下，第685页。

土地兼并日益剧烈，无田可耕的矛盾越来越尖锐。当时兼并土地的手段主要有两种：一是凭借封建特权，侵占强夺；二是以经济手段，在灾荒年月低价收买，并且以采用第二种手段更加普遍。而一些大地主往往兼营商业和高利贷，导致社会财富日益集中，也加剧了土地兼并的趋势。嘉庆朝时期，皇庄达1078所，占有土地35000多顷[①]。大贪官和珅在各地有民田8000多顷，广东巡抚百龄有田地5000多顷。湖南衡阳刘姓地主田至万亩。土地高度集中在少数大官僚、大地主、大商人手中，广大自耕农失去土地，纷纷破产，或沦为佃户，或背井离乡，流落他方，不少人加入反清组织。佃户需要被剥削掉50%至70%左右的分成租，还要缴纳名目繁多的附加租，处境极为艰难。地主们还千方百计地将赋役负担转嫁到农民身上，同时封建国家直接掌握的土地愈益减少，而额定的赋税必须保证交纳，于是征粮时浮级多取现象日益增多。

一方面土地兼并日益剧烈，一方面是一般地方已经很难找到新的大规模可开垦土地，无田可耕的矛盾越来越尖锐。更加严重的是，在一些省份，耕地面积减少的趋势十分明显，农村经济衰退。许多农民由于不堪高额地租和繁重赋役的剥削，大量外逃，农民人数锐减，农业生产遭到严重破坏。游民数量大增，又增加社会的不稳定性，清政府害怕出现混乱，屡次下令加以限制。尽管如此，北方流民“闯关东”“走西口”，走西（北）闯东（北）的迁徙，始终无法阻挡。嘉庆十五年，清廷查出到蒙古垦殖的内地民人已达18600多户，吉林厅（今吉林市）有新来流民1459户，长春厅则有6953户。南方江、浙、闽、粤、桂等沿海省份的流民也很多。道光二年，清朝官方发现长期封禁的浙江宁波与台州交界的南田，有垦户2400户，垦田达16700亩，平均每户有7亩田，远远超过全国平均田亩数，考虑到新开田的情况，基本上可

① 《大清会典》卷76。

以维持一家生计。孤悬海外的台湾，也成为当时福建、广东等地大批贫民漂泊、迁徙的好处所。乾隆三十四年（1769），台湾有福建人数十万，广东人约十余万，而渡台者仍然源源不断，络绎不绝。台湾岛北部的淡水厅（今属新北市），乾隆二十九年（1764）有3万多丁口，到嘉庆十六年（1811）达到116000多丁口，40余年间增加近3倍。

清政府采取措施应对人口大量增长。比如，推广土豆、玉米等原产美洲的高产作物的种植，鼓励渔猎活动，限制烟草、茶叶等经济作物的种植，进一步推广精耕细作等，以弥补基本口粮的不足，但这些措施仍然不能完全解决问题。其实，当时东北大片土地尚未开发，但清朝统治者出于维护其民族发祥地安定等原因，禁止汉人迁居东北，仁宗也继续沿用此政策。

这个时期，八旗生计问题也愈发困难。嘉庆时期皇族人口不断增加，由于八旗子弟日益堕落不堪，文不爱读书，武不能打仗，也不事农工商。他们受朝廷恩惠衣食无忧，但不思进取，有的甚至作奸犯科，无法无天。仁宗一方面严惩皇族不法行为，同时亲自作《宗室训》，以感化教育广大皇族成员。仁宗也继续效法祖先的做法，试图采用“京旗移垦”的办法，把部分北京的八旗子弟迁往东北。嘉庆十七年（1812）四月下诏：“八旗生齿日繁，亟宜广筹生计。朕闻吉林土膏沃衍，地广人稀。柳条边外，葠（参）场移远，其间空旷之地，不下千有余里，多属腴壤，流民时有前往耕植。应援乾隆年间拉林成案，将闲散旗丁送往吉林，拨给地亩，或耕或佃，以资养赡。农暇仍可练习骑射，以备当差，教养两得其益。”[1]令吉林将军等尽心筹画，但由于八旗子弟的抵制而难于推行。

仁宗为解决各种社会问题做出了许多努力，但收效甚微。主要原因是乾隆末年以来清代社会已弊端丛生，积重难返，而仁宗受限于传统观念和

① 赵尔巽等：《清史稿》卷16，《仁宗本纪》。

祖宗家法，没法从体制上做大的、根本性的调整，基本上还是采用头痛医头、脚痛医脚式的整顿和改革，因而最终也没有从根本上扭转清王朝的衰落势头。

三 修防夷章程

仁宗当政期间，除整饬内政和镇压农民起义外，他还不得不腾出大量时间来处理同英国等西方国家棘手的关系问题。主要有英国"护货兵船"来华、鸦片贸易和阿美士德使团来华等问题。

英国人很早就希望来到中国。"近代东方和西方发生接触的是商业。但事实是西方人出来寻求中国的财富，而不是中国人出去寻求西方的财富。自16世纪至19世纪，在这将近300年的中西交往中，最显著的事实是，西方人希求东方的货物，而又提供不出多少商品来交换。在机器生产时代之前，在技术上的优势使西方能够把世界变成一个单一的经济之前，在大多数工艺技术方面，比较先进的还是东方。"[①]这位英国人说的东西方发生接触是因为商业，当然有道理。但显然不全对，因为他未把西方殖民者利用商品贸易做幌子，实际干着海盗和殖民掠夺的行径说出来。他指出当时西方缺乏必要的商品，与东方，特别是中国进行正当贸易，正是事实。

① ［英］格林堡：《鸦片战争前中英通商史》，中译本，第1页。

英国船队来华

早在明万历十年（1582），英国就派遣4艘帆舰组成的船队，驶向中国。由于食物供应不足，船队只到达巴西海岸，加之遭到当时世界无敌的西班牙舰队的阻拦，结果未能如愿。过了三四年，英国又组成了一支3艘船舶的小船队，带着英国女王致中国皇帝书来华，结果也半途而回。明崇祯十年（1637），威德尔（John Weddell）船长率领英国武装商船来到中国。英国人一踏上中国土地，便以贸易为名，强入广东，炮击中国屯门炮台，明政府驻军被迫自卫还击，挫败了英国殖民者的入侵图谋。澳门的葡萄牙人也拒绝英国人，使英人一时无法在澳门立足[①]。中英关系史上第一次接触就夹杂着血与火的冲突，似乎预示着今后的不平静。而在英国人来华之前，明末到清初之际，葡萄牙、西班牙、荷兰等欧洲国家，均相继入侵我国沿海地区。此后英国逐步取代荷兰和法国，成为海上霸主。英属东印度公司也先后击败荷兰、法国，独占印度贸易。但英国开始与中国打交道时，却处于葡萄牙人的下风，因为葡萄牙人早已经在澳门立足，所以英国人一开始遭到了葡萄牙打压。顺治元年（1644），第一艘英国商船来到新生的大清帝国，但当时明王朝灭亡后还有南明政权正在和清军对抗，中国还处于战争时期，英船没有达到预期的目的。

为对付明朝抗清残余力量，清廷颁布最严禁海令。顺治十三年（1656）下令不许片帆下海。过了两年，清政府又下迁海令，沿海居民被强制迁徙内地，禁止所有渔船、商船出海。海禁一直持续至康熙二十四年（1685），共29年。海禁期间，中外贸易基本上陷于停顿。仅有少数原藩属国贡使请求互

① ［美］张馨保：《林钦差与鸦片战争》，中译本，第1~2页。

市的交往。一般为1年至3年，或更长时间一次。荷兰国，因与郑成功政权作战，曾于康熙二年请求贸易，清政府准其2年一贡。3年后改为8年一贡，贡道直到康熙二十五年才由广东改道福建。葡萄牙早踞澳门，康熙十六年，清政府准葡人暂在广东和澳门间陆路通商。

海禁期间，英国人在顺治十五年（1658）及康熙三年（1664）两次来中国，每次都是3只商船组成一支小规模船队。但因受澳门葡萄牙人排挤，英国人贸易不畅，此后长时间未到广东。康熙九年，英商转往郑成功控制下的厦门、台湾，在两地设立商馆，直至清朝收复台湾前两年才停止与郑氏政权的贸易。康熙二十四年清政府正式开禁，设粤海关于广东广州、闽海关于福建厦门、浙海关于浙江宁波、江海关于江苏云台山，共开4关开展对外贸易。

海禁一开，中西交往又渐趋频繁。英国商船也开始对中国进行贸易往来，贸易量在整个康熙朝平稳发展。英国来船数一般每年2艘，最高年份是康熙四十九年来了10艘，广州、厦门与舟山是英商船最主要的目的地。这时候，英商对华贸易的数量还很小，英属东印度公司正全力以赴与荷兰、法国这两个强大对手争夺对印度贸易的垄断权，无暇他顾。荷兰东印度公司在1602年成立后，拥有商船数量最高时达到30艘；法属东印度公司成立于1664年，数年以后在竞争中取得对荷兰的胜利。英、荷、法3国间的竞争，使得英国暂时还没有力量对中国进行大规模贸易。这一时期，英商对中国茶叶的需求逐渐增加，茶叶成为东印度公司输入英国的大宗商品。福建、浙江是中国著名产茶区。而粤海关税较浙海关重，陋规也很苛刻，所以英商纷纷走避，北上闽浙。从英商对华贸易的差额看，每年流入中国的白银数量从数万英镑至70余万英镑不等，说明英国输入中国的商品数量不多，不受中国欢迎，而英国对中国商品的需要量却很大，造成了逆差，不得不支付大量的白银。这反映当时的中西关系中，外国资本主义还没有在经济上对中国造成压力。

自康熙五十年（1711）后，英商将贸易重点又转向广州，但对粤海关税过重仍多有怨言。西方殖民者对贸易的需求，步步推进，使中国皇帝和官员们深感麻烦。圣祖晚年时就已担忧“海外如西洋各国，千百年后，中国恐受其累”[①]。处理日渐突出的中西关系，逐渐成为清政府必须认真考虑的问题。

经过康熙、雍正两朝的休养生息和发展，到乾隆朝初期，清王朝的经济逐步走向鼎盛时期。中国和西方开展贸易，所获利益对于强大的国家财政来说，实在是杯水车薪。为防微杜渐，减少麻烦，不受西人影响和牵累，高宗索性采取了闭关锁国的政策。乾隆二十二年（1757），清廷颁令，关闭江海关、浙海关和闽海关，只开放粤海关广州一口对外通商。这样主动闭关锁国，对后来的中国历史产生了极为深刻的影响。

乾隆朝闭关防夷

高宗实施的对外闭关政策，实际是一种政治制度，是包括政治、经济、外交的综合性政策。对外贸易口岸，实行广州一口通商；对待外人行动，严格防范；对外商贸易，实行公行商人中介的特殊制度；对外贸物资的出口品种和数量，采取限止手段。广州一口通商是清代闭关政策的基本特征和标志，它是中国封建王朝应对西方资本主义进攻而采取的一种特殊的政治应对政策。事实上，对于中国传统的贸易伙伴，中国并未关上大门。相反，对有藩属关系的朝鲜、安南（今越南）等，还给以优厚的贸易待遇。清代对外贸物资的限制也不是针对全部出口品种的，主要限制种类有米、谷、麦、豆、杂粮等粮食，金、银、铜、铁、铅等五金及其制品，硝、磺等军火原料；对出口物资的数量和途径实行限制的有丝、茶、大黄等；史书、舆地书籍等也

① 《东华录（康熙朝）》卷98。

严禁出口。

广州的公行制度正式产生于乾隆二十五年（1760），它是在原有专营对外贸易的洋行基础上发展演变而来的。中国自唐至明代的海外贸易，均非自由贸易，而是由政府直接经营管理，具体由政府设专司海外贸易的市舶使，负责外国使臣的贡市。明初，海外贸易比前代有了更大规模的发展，与明王朝进行贡市贸易的国家与地区达数十个。市舶司制度已经不能适应新形势，明朝政府于是指定商人设立牙行，经营出口贸易。这种商人被称为行商，或称官商、洋商。明万历朝以后，广东负责经营对外贸易的行商有36家。

清承明制，继续实行行商制度。在广州经营对外贸易的行商，称为十三行。但十三行并非指只有13家行商，事实上乾隆初年广州的洋行已经有20家，乾隆二十二年又增至26家。清初洋船入粤，泊于澳门，粤海关监督需躬亲丈量，这时的洋行经营对外贸易，不具有代表政府行使权力的职能，更没有垄断对外贸易的权力。为避免直接与外国人接触，乾隆二十五年在粤海关监督的授权之下，由潘振成等9家洋商组成公行，形成对外贸易中的垄断地位。公行制度曾有过兴废起伏。乾隆三十五年，因“众志纷歧，渐至推委，于公无补，经前督臣李侍尧会同前监督臣德魁，示禁裁撤公行名目，众商皆分行各办”[①]。此次裁撤公行后直到乾隆四十七年重组，前后中断了12年。后来再重组的公行，一直沿袭到道光二十二年（1842）《南京条约》签订为止，前后维持了60年。从参加公行的行商数目看，公行刚组成时仅9家，后上升到13家，到道光九年减少为7家，道光十七年又回升到13家旧数。这种兴废变化，反映了外商与公行商人之间既相互依赖又相互矛盾的微妙关系。

① 《粤海关志》卷25，《行商》，《嘉庆五年粤海关监督佶山奏折》，载《续修四库全书》（八三五·史部·政书类），第155页。

公行制度的设立，还与乾隆二十四年发生的洪仁辉事件有关。洪仁辉（James Flint）是英属东印度公司的一名翻译，他以贸易为名，驾船由广东出发，直上天津，上书清廷，要求准许宁波通市，并揭发粤海关官员舞弊和英商所谓受屈的情况。洋人驾船轻而易举直上京畿告御状，使清政府极为震动，高宗怀疑此事必有“内地奸民教唆引诱”，“外借呈递之名，阴为试探之计”。因之，穷加究诘，派福州将军赴广东查办，严厉处理了勾串的汉人，将洪仁辉押往澳门圈禁3年，期满后驱逐回国。

洪仁辉事件的发生，促使清政府决心对洋人严加管理。为防范于未然，清政府决定对外商行动严加限制。两广总督李侍尧受命拟定《防范外夷规条》进呈。嘉庆朝和道光朝，又分别做了修改，但都是以李侍尧所订章程为基础。

乾隆二十四年（1759年）颁行《防范外夷规条》[①]，其内容共五条，分别是：第一，“夷商在省住冬，永行禁止”。规定洋商在广州的贸易事务完成后，即行回国，若账目未清，也应回澳门居住。第二，“夷人到粤，宜令寓居行商管束稽查”。洋人到粤，只能住在十三行的行馆里，其买卖交易，即在行馆内租屋开设的商馆进行。中国人开设的洋行，与外国人开设的商馆合二为一，都在广州城外十三洋行街内。第三，“借领外夷资本，及雇请汉人役使，并应查禁”。洋商到广州贸易传统上只准以货易货，不能涉及资本借贷，以免华洋勾结，再现洪仁辉事件。第四，“外夷雇人传递信息之弊，宜请永除”，以防止外人乘机到处刺探情报，与内地民人相互勾连。当时，传递消息主要是靠专业送信人，人称“千里马”者递送。李侍尧原奏折中称：“查粤东驿递，向无马匹，遇有各衙门紧要公文，雇拨力能奔驰迅速之人，给以工资饭食赍递，名曰‘千里马’。若辈虽非额设人役，而民间

① 李侍尧：《防范外夷规条》，载《史料旬刊》第9期，第649~652页。

雇请，实所罕有。乃近来各夷商因分遣多人，前往江浙等省购买货物，不时雇觅‘千里马’，往来探听货价低昂。”第五，“夷船收泊处所，应请酌拨营员弹压稽查”。清初外舶来粤，“皆先到澳门零丁洋外停泊，随由虎门入口，行抵黄埔住船，始开舱起货”。澳门是外来船舶所经的第一道关口，设有“海关监督行台”及“税馆”，洋船在澳门必须经粤海关监督躬亲丈量后，经许可，方由引水员引入黄埔港。外船停泊后，向例由广州协标外委一员，带兵20名，在附近沙滩搭寮防守，但外委职分卑微，不足以资弹压，所以李侍尧奏请加强，拨候补守备一员，专往该处，并拨浆船一只，供其使用。《防范外夷条规》的颁布，既防止汉人与洋人结纳，也便于广州一口通商地位的稳固，它与公行制度相结合，使闭关政策制度化、长期化。

嘉庆英国兵船侵华

从嘉庆朝起，西方商人对清王朝的法令采取了更加漠视的态度。他们不时违犯《防范外夷条规》，甚至以武力相威胁。嘉庆四年（1799），3艘英国兵船，以需要修理为由，泊于广州三门炮台对面海面五六里处。这明显违反了清政府不准外国船舶驶进内洋、只准停泊潭仔湾的规定。同年12月，以护货为名，1艘英国巡船运载60门大炮、200支鸟枪，驶进黄埔三角洋面湾内停泊。嘉庆七年，6艘英国兵船，到达广东香山县（今中山）属鸡颈洋面，其中一支英军占据了澳门。清政府虽提出抗议，但英舰仍不肯离去，直到六月间，英法《亚眠和约》签订的消息传来，才撤离中国海面。

嘉庆十年（1805），4艘英国“护货兵船”来到广州。英国派遣多林文“来贡”，表示“遇有事情，要我出力，我亦喜欢效力”。英国兵船带来英王书信，信中表示要以兵力“帮同缉捕”反清起义军。这又是古老帝国面临的新课题。仁宗对英国此举高度警惕，毫不含糊加以拒绝，“海洋地面，番舶往来，原应内地官兵实力查缉，焉有借助外藩消除奸匪之理？”同时，谕令镇守南疆的两广总督倭什布严密防范：“护货兵船向来必有湾泊处所，总当循照旧规，勿令任意越进为要。”又命即将到任的两广总督那彦成修明武备，整顿营伍，“以慑外夷而靖海疆”。

嘉庆十三年（1808）九月，英国13艘兵船侵犯广东。英以借口帮助澳门葡萄牙人抵御法国，将4艘带有炮械火药的兵船泊于广东香山县鸡颈洋面，300名英兵公然在澳门登陆，占据澳门东西炮台。后来，英舰见清方毫无准备，竟将兵船驶进澳门，侵入虎门，停泊黄埔，又驾驶三板船至省城广州外，总兵黄飞鹏开炮轰毙英兵1名，伤3名。清政府急调军队防御，并拒绝供应英军粮食、物品。英军延至十二月方被迫撤退。仁宗接到奏报十分重视，为此，他发布声明：葡人与法人互相争杀，是他们之间的事，中国并不过问。但是，“中国外藩自有一定疆界，试思中国兵船从无远涉外洋，向尔国地方屯扎之事，而尔国兵船辄敢驶进澳门登岸居住，冒昧已极！”他揭露英国人侵行为道：帮护葡人也好，效力天朝也好，统统不过是借口，究其真实动机不过是“尔国夷人见西洋人在澳门贸易，趁其微弱之时，意图占住”。他严正警告英国侵略者，即速撤兵，“若再有延挨，不遵法度，则不但目前停止开舱，一面即当封禁进澳水路”，“并当调集大兵前来围捕”。同时，他谕令两广总督吴熊光：“边疆重地，外夷竟敢心存觊觎，饰词尝试，不可稍示以弱。”并命令吴“当密速调派得力将弁，统领水陆官兵，整顿豫备，一有不遵，竟当统兵剿办，不可畏葸姑息，此事于边务夷情，大有关系”。而两广总督吴熊光、广东巡抚孙玉庭“唯鳃鳃于数十万税银，往复筹计，其于防备机宜，全未办及”。他申斥吴熊光、孙玉庭“懦弱不知大体”，认为一国的边防重地“任令外夷带兵阑入，占据炮台，视为无关紧要，不知有何事大于此事者”？仁宗将严重失职的吴熊光革职，并遣戍伊犁；孙玉庭革职罢归；所支军队的盐、菜、口粮银32200两，分别由吴熊光、孙玉庭负责偿付。镇守广东的将军、都统均罢职。这是至当时为止清王朝处理的涉外事件中，处分最严、牵连最广的一次，充分暴露了清军的防守空虚与腐败无能。萧令裕《英吉利记》载："是役也，英吉利来船十一，淹留三四月之久，鲎帆飚忽，烽及会城。于时人心骇怖，寝息不安，而市井无赖之子，号召徒众千余，露刃张拳，伺夷兵一动，即劫掠城外巨室，素封之家，屏息待静。"当时，"蔡牵、朱之余孽，蹂躏海上无虚日。外洋商船，频肆掳抄，遇夷舶则不敢动"，但"水师不能御艇匪，而艇匪乃深畏夷舶。故夷舶之入虎门，晋省河，水师林立，相顾动色而已"[①]。

嘉庆十四年（1809），仁宗谕令两广总督百龄：英吉利向来强横诡诈，"于本年该国货船到时，先期留心侦探，如再敢多带夷兵欲图进口，即行调集官兵相机堵剿"。应当说，仁宗对来自西方的侵略者保持了高度警惕，实行了坚定明确的抵御政策。但其后，英国护货兵船仍不遵定制，不仅不停泊外洋，有时甚至将兵船驶至虎门。

嘉道两朝对外夷的防范

上述两起严重事件的发生，说明乾隆时期的《防范外夷条规》并不能完全管用，急需修订。嘉庆十四年（1809），两广总督百龄、粤海关监督常显拟呈《民夷交易章程》六条，送清廷审议，仁宗除将第六条驳回外，余皆依议执行。其主要内容为：第一，"外夷兵船应停泊外洋"；第二，"夷商不准在澳逗留"；第三，"澳内华夷分别稽查"；第四，"夷船引水人等，宜责令澳门同知给发牌照"；第五，"夷商买办人等，宜责成地方官填选承

① 萧令裕：《英吉利记》，载中国史学会主编、齐思和等编：《中国近代史料丛刊·鸦片战争》第1册，第28页。

充，随时严查”。此章程，对华人、洋人实行隔离措施，比之李侍尧的《防范外夷规条》，实质上更加严格了。

嘉庆十九年（1814）二月，仁宗令两广总督蒋攸铦：“嗣后所有各国护货兵船仍遵旧制，不准驶近内洋。货船出口亦不许逗留，如敢阑入境地，即严加驱逐，傥敢抗拒，即行施放枪炮，慑以兵威。”同年，仁宗对中外贸易交往做出规定：严禁民人私为夷人服役；洋行不得搭盖夷式房屋；铺户不得用夷字店号；清查商欠，不得滥保身家浅薄之人承充洋商；不准内地民人私往夷馆。在加强广东方面防备的同时，对居住京师的外国人也加强管理。当时，在京师充当钦天监监正、监副，以及在内阁充当翻译的外国人计11人。此前仁宗已经饬令其中4人回国，对仍居留京师的7人，采取措施限制其行动。这些防范措施，都是在英国兵船屡犯广东之后采取的。

至道光十一年（1831），两广总督李鸿宾、粤海关监督中祥等又提出《防范夷人章程》八条，被清廷采纳。其主要内容有：第一，洋商进口后，居住商馆，不许夷商擅自出入商馆；第二，夷商不准携带夷妇至省居住，违者即停其买卖，押令回澳；夷人不准在省乘轿上岸，并禁华人代雇肩舆；第三，夷人不准偷运枪炮进省；第四，允许买办代夷商雇请民人服役；第五，英商若需投禀总督衙门，必须交总商或保商代递，不准夷人至城门口自投，倘总商、保商不愿代递，方准一二夷人携禀至城门口，交营员接交；第六，借贷夷商银两，应杜拖欠弊端；第七，夷商不必拘九十月间回国老例，一经销货完毕，不论何时，均应随船回国或往澳门居住；第八，英吉利国公司船户驾船往来，及夷商货船领牌出口，均应遵定制。

道光十五年再颁布章程八条，由两广总督卢坤和粤海关监督拟呈，主要内容为：第一，“外夷护货兵船不准驶入内洋，应严申禁令，并责成舟师防堵”；第二，“夷人偷运枪炮及私带蕃妇、蕃哨人等至省，应责成行商一体稽查”，行商若知情不报，“照私通外国例治罪”；第三，“夷船引水、买办，应由澳门同知给发牌照，不准私雇”；第四，“夷馆雇佣民人，应明定限制”。对所雇人员采取洋商、通事（翻译）、买办，层层连保，以防止“勾串作奸”；第五，“夷人在内河驶用船只，应分别裁节，并禁止不时闲游”。同时重申嘉庆二十一年规定，限外人在每月初八、十八、二十八三日可以在附近游散，地点定在广州花地、海幢池一带，人数每次不得超过10人，限申刻回馆，不准在外住歇饮酒；第六，“夷人具禀事件，应一律由洋商转禀，以肃政体”；第七，“洋商承保夷船，应认派兼用，以杜私弊”。这是在东印度公司解散后，怕“所来夷船散漫无稽”，所以规定任洋商转流承保，“每船设立派保一人，各行换次轮流派专司查察”；第八，“夷船在洋私买税货，应责成水师查拿，并咨沿海各省稽查”[①]。

这4个章程，经历三代皇帝，时间跨度70多年，一个比一个严，一个比一个细，一个比一个管得宽。综观其内容，主旨都离不开防止洋人和内地民人接触，实质还是传统夷夏之防的反映。《防范外夷条规》五条也好，《民夷交易章程》六条也罢，抑或是道光帝的双八条，其实都只能在一定的时间和条件下起作用。

① 上述章程内容，参见《粤海关志》卷29，《夷商》，载《续修四库全书》（八三五·史部·政书类），第218~226页。

英使三跪九叩礼之事

鸦片已成社会公害

鸦片俗称大烟，是用罂粟汁熬制而成的。鸦片在中国有较长的历史，但明代以前仅作药用，别无他途。鸦片具有止泄、镇痛等药用功能，但这种鸦片是本土烟，并非自外洋流入的鸦片。明代起，西洋鸦片流入中国，最初是作为贡品来华的。《癸巳类稿》称："明时，暹罗、爪哇、榜噶剌以贡品入中国，曰乌香或曰乌烟，就其本名，还音鸦片，亦曰阿片，亦曰亚荣、亦曰阿芙蓉、亦曰合浦融。"[①]明代成化年间，市场已有货卖，价等黄金。万历年间，外洋鸦片传入渐多，万历十七年（1589）开始对外洋鸦片征税。鸦片除可作药用，更是一种毒品，长期使用可致人上瘾，摧残人的身体健康。到了明朝末年，就已经出现瘾君子。吸食鸦片烟的恶习，大约始于中西交往

① 俞正燮：《癸巳类稿》，载中国史学会主编、齐思和等编：《中国近代史料丛刊·鸦片战争》第1册，第287页。

之后，由南洋一带传入。当时南洋的吕宋（今菲律宾）等地在西班牙控制之下，自吸食之法流入中国，鸦片的功用，逐步由药用转为灼火吸毒。但这一由益转害的演变过程，发展还很缓慢。鸦片当时称为“洋药”，流入后主要还是作为药用，由于自明末至清前期尚未酿成大害，所以政府对鸦片税抽得很少。据张燮《东西洋考》卷7《陆饷》及李圭《鸦片事略》[1]所载：明万历十七年年（1589）每十斤税银二钱；万历四十三年（1615）每十斤税银一钱七分三厘；康熙二十六年（1687）关税每百斤税银三两又分头银二两四钱五分。可见到康熙前期时，鸦片流传并不广泛。

入清以后，吸毒者有增无减。清初已出现专门提供鸦片的烟馆，将鸦片泡制成膏，然后将烟丝入内拌匀，晾干为烟。初吸鸦片，晕迷似醉，能通宵不寐。“无赖恶少，群聚夜饮，遂成风气。饮时以蜜糖诸品及鲜果十数碟佐之，诱后来者。初赴馔，不用钱，久则不能自已，倾家赴之矣。”因此，“少年子弟易坠其术中，迨至年深日久，血枯肉脱，纵自知鸦片所害，急欲止之，则百病丛生”。最后“至家业荡尽，称贷无门”。当时英国是对华进行鸦片贸易的主要国家，它把在其殖民地印度，鼓励农民种植罂粟，加工生产的鸦片就近运往中国。并且，在加工过程中使罂粟的蒸晒和鸦片的调制更迎合中国鸦片吸食者的口味。

到乾、嘉以后，贵胄子弟、八旗兵丁、各级官吏都有不少人成为瘾君子，甚至就连宫中的太监也偷吸鸦片。历事乾隆、嘉庆、道光三朝的大太监张进幅，吸毒历史长达30余年，在他的诱惑下，不少普通太监开始吸毒。皇太后对此也有所风闻，下令严查，但经过林清之变后，内廷对太监吸食鸦片烟也往往是睁一只眼闭一只眼，以免再发生宫中太监勾结宫外教军一类的惊天大案。许多瘾君子，“明知其害，不能绝也”，一日不吸“则面皮顿

① 李圭：《鸦片事略》，载中国史学会主编、齐思和等编：《中国近代史料丛刊·鸦片战争》，第4册。

缩"，"脱神欲毙，复饮乃愈"，"不可复救"。

雍正六年（1728），清廷谕令禁止贩卖鸦片、开设烟馆。至此，持续近两个世纪的合法鸦片贸易被中止。并谕令：对"兴贩鸦片烟者，照收买违禁货物例枷号一月，发近边充军；私开鸦片烟馆、引诱良家子弟者，照邪教惑众律，拟绞监候，为从杖一百，流三千里，船户、地保、邻佑人等，俱杖一百，徒三年；兵役人等，藉端需索计赃，照枉律治罪；失察之汛口地方文武各官，并不行监察之海关监督，均交部严加议处"①。这个条例对违禁者处罚相当严厉，但并没有认真执行，历年未闻绞过一人，办过一案。鸦片的买卖、吸食自然是禁而不止。结果内地吸食者渐多，贩运者也多起来。雍正七年（1729）时，输入中国的鸦片平均每年200箱（每箱约重140磅）。乾隆年间再颁禁令，但乾隆二十年（1755）还规定每斤鸦片收税5钱，征税如故而官吏奉行有名无实，禁令还是一纸空文。

鸦片真正成为禁品

仁宗主张严禁鸦片。嘉庆四年（1799）时，鸦片流入年均已超过4000箱。鸦片仓库也由小船改为大船，名为"鸦片趸"。据梁廷枏称："每千六百八十斛为一趸，约三百趸为一船，故名趸船。"②足见鸦片趸的容量极大。这种鸦片趸，已由原先停泊在澳门南端的云雀湾，移至黄埔，公然与广州行商进行非法贸易。清政府鉴于鸦片大量输入，在嘉庆元年（1796）下令停征鸦片税银，嗣后不准再有输入；并且不准鸦片趸湾泊黄埔。鸦片

① 李圭：《鸦片事略》，载中国史学会主编、齐思和等编：《中国近代史料丛刊·鸦片战争》第4册，第206页。

② 梁廷枏：《夷氛闻记》，载中国史学会主编、齐思和等编：《中国近代史料丛刊·鸦片战争》第6册，第4页。

逐只得驶离，改泊伶仃洋。伶仃洋在老万山内，水路四达，凡中外商船之出入外洋者，皆为必经之处[①]。伶仃洋便成为鸦片走私的基地，鸦片从这里输入内地，禁烟禁令成了一纸空文。据统计，嘉庆五年（1800）至二十五年（1820），每年平均输入鸦片约4500箱。走私中心为澳门洋面。嘉庆十四年禁令渐弛，黄埔重又成为走私中心。

嘉庆十五年三月，京师杨姓烟贩携带6盒鸦片烟入京师，为京城广宁门巡役查获。为此仁宗发布谕令指出："鸦片烟性最酷烈，食此者能骤长精神，恣其所欲，久之遂致戕贼身命，大为风俗人心之害。"可见，仁宗对鸦片流毒造成的危害有清醒的认识，他根据"购食者颇多，奸商牟利贩卖，接踵而来"的现实情况，采取一系列措施严厉禁止。为严控鸦片流入京城，除令崇文门监督于所属口岸稽察外，又令"步军统领、五城御史于各门禁严密访查，一有缉获，即当按律惩治，并将其烟物毁弃"。为杜弊清源，仁宗命广东、福建等沿海鸦片贸易集中地方的督抚，"关差查禁，断其来源，毋得视为具文，任其偷漏"[②]。

嘉庆十六年，湖北巡抚钱楷上奏提出："外洋鸦片烟入中国，奸商巧为夹带"，"请饬闽粤各关监督并近海督抚，严督关员盘检，按律加等究办。内地货卖一经发觉，穷究买自何人，来从何处，不得含糊搪塞，将失察偷漏监督委员及地方官一体参处，务使来踪尽绝，流弊自除"。仁宗采纳了钱楷的建议，谕令沿海督抚认真查办，"嗣后海船有夹带鸦片烟者，立行查拿，按律惩办。如委员胥吏有卖放情弊，均予以重惩"。同时下令，广州水师在黄埔搜查外国船只，并勒令其出具"不售鸦片"字据，以英国为首的鸦片贩

① 《夷艘入寇记》，载中国史学会主编、齐思和等编：《中国近代史料丛刊·鸦片战争》第6册，第106页。

② 引文均见李圭：《鸦片事略》；载中国史学会主编、齐思和等编：《中国近代史料丛刊·鸦片战争》第4册，第206页。

子坚不具结。仁宗的严厉警告作用仍然有限，主要原因是各处海关照样纵容走私，有的海关甚至私征鸦片烟税银以肥私囊。

嘉庆十八年（1813）七月，"申禁私贩鸦片烟，定官民服食者罪"，再申禁令："鸦片烟一项，由外洋流入内地，蛊惑人心，戕害生命，其祸与鸩毒无异"，必须严加禁止。又制定章程：侍卫官员买食鸦片烟者，革职杖一百，枷号二个月；军民人等杖一百，枷号一个月；供役内廷的太监，如有违禁故犯，立行查拿，枷号二个月，发往黑龙江为奴。仁宗再次严饬广东、福建、浙江、江苏等沿海各关，严加查禁私贩鸦片烟者，一经拿获，将鸦片烟立时抛弃入海，奸商按律治罪。对于私收税课的管关监督，仁宗命各地省督抚将其先行革职，从重惩治。清廷还采取措施，杜绝鸦片的输入，令广州公行必须具结保证他们所承保的每艘船在到达黄埔时，船上没有装载鸦片。

嘉庆二十年，两广总督蒋攸铦等疏陈酌定查禁鸦片烟章程，主张严格查禁到澳门的洋船时，以便于杜绝鸦片来源。"官吏卖放及民人私贩者，分别治罪"[①]。仁宗深表赞同，谕称："鸦片烟一项，流毒甚炽，多由夷船夹带而来。嗣后西洋货船到澳门时，自应按船查验，杜绝来源。"[②]清廷加强了在广州海口的查禁，英、美等国鸦片商人则改泊澳门。当时，窃据澳门的葡萄牙当局允许英船每年运输5000箱鸦片进入澳门，澳葡当局每年可获得10万两关税收入。澳门一时成为向中国内地输入鸦片的集散地。但英国鸦片商人对运入澳门鸦片数量限制和关税征收很不满。为获取更多利益，英商等遂绕开澳门，在正当货物中夹带鸦片，运至广州黄埔港夹带私售。鸦片贸易又从澳门回到黄埔。这样，上有政策，下有对策，嘉庆朝禁止从外洋输入鸦片的政策，被英国为首的鸦片商人以夹带私售的对策拆解，杜绝鸦片的输入成

① 赵尔巽等：《清史稿》卷16。

② 李圭：《鸦片事略》，载中国史学会主编、齐思和等编：《中国近代史料丛刊·鸦片战争》第4册，第206页。

为一句空话，越来越多的走私鸦片被运进国内。嘉庆二十二年（1817），一艘英国兵船自穿鼻洋驶入虎门，进行威胁，清政府被迫退让。于是，英商更加有恃无恐，黄埔俨然是走私的大本营。鸦片船到达时，只要向海关例行申报，自称所载都是合法商品即可，然后所有夹带鸦片，就可以公然进行买卖交易。

仁宗对外商偷运白银出洋问题亦高度重视。嘉庆十九年，有大臣上奏称，洋商每年将内地足色银两私运出洋，复将低潮洋钱运进中国，任意欺蒙商贾，以致内地银两渐形短绌，请严加禁止白银出洋。仁宗认识到，内地银两每年偷运出洋百数十万，岁积月累，于国计民生均有关系，命令两广总督立即查明每年洋商偷运白银出洋实数，订立章程，严厉禁止。仁宗严禁鸦片的态度，无疑具有积极意义，它对道光朝的禁烟运动也产生了深远的影响。

阿美士德使团来华

嘉庆二十一年（1816）七月初六日（8月28日），英国政府派遣以阿美士德为首的75人使团一行来华，以图与清廷商讨中、英贸易事宜，企图进一步打开中国门户。

威廉·皮特·阿美士德（William Pitt Amherst，1773—1857），通称阿美士德勋爵，旧称罗尔美都，英国外交官。1809年任驻那不勒斯宫廷使节，协调抵抗法国拿破仑军队。1816年率英国代表团访华，后于1823年至1828年出任印度总督。他通过第一次英缅战争，迫使缅甸贡榜王朝割让了阿拉干、德林达依和阿萨姆等地给印度。

在阿美士德使团来华之前23年，英廷于乾隆五十八年（1893）即派遣乔治·马戛尔尼伯爵率团访华，尝试在庆祝高宗八十大寿的时候，顺势商谈贸易。使团虽然成功谒见了高宗，但是在商贸事宜上却无功而还。此后，中、英两国仍然在广州一口通商，但关系却每况愈下。

自英国加入反对拿破仑的战争以后，英方担心法国会抢占澳门，动摇英国在远东的贸易地位。为此，英军曾先后在嘉庆朝前期两次占领澳门，以向法国示威。嘉庆十三年（1808）英国的占领行动中，因为英军撤兵进度缓慢，清军与英方发生了军事冲突。英军后来进兵清朝藩属廓尔喀（今尼泊尔）。这些事件，也使两国关系蒙上阴影。而随着拿破仑战争的结束，英政府亦重新审视对华政策。这样，促使了阿美士德使团访华，试图开启通商会谈。

嘉庆二十年十二月初一日（1815年12月30日），阿美士德被委任为英国枢密院顾问官。嘉庆二十年十二月二十二日（1816年1月20日），英政府宣布委任他为驻华全权公使，副使分别是埃利斯（Henry Ellis），以及英国东印度公司在广州的特别委员会主席小斯当东爵士（Sir George Thomas Staunton）。他们此行的主要任务是敦请清朝废除公行制，多开商埠以及进行自由贸易；特别希望获得广州以北另一口岸的通商许可，甚至想在北京长驻使臣。此外，他们还打算向清朝解释英国对廓尔喀的军事行动。阿美士德使团在嘉庆二十一年正月十一日（1816年2月8日）乘坐英国皇家海军船舰“阿尔赛斯特”号，从英格兰斯皮特黑德（Spithead）出发[1]，经停南美洲巴西里约热内卢等地，于六月（7月）初抵达广州。阿美士德担心英使团会被拦截，于是没有在广州停留，继续乘船北上，向天津进发。闰六月初四日（7月28日），阿美士德使团到达天津口外，清廷派长芦盐政至大沽提供照料。初七日，长芦盐政接见随团代表马礼逊，并按惯例赠送米面牛羊等物作为见面礼。

① 有关英国使团的具体行程，参见［英］亨利·埃利斯：《阿美士德使团出使中国日志》，第361~169页。

三跪九叩之争

嘉庆二十一年（1816）闰六月二十日（8月13日），仁宗派工部尚书、镶红旗汉军都统苏楞额赴天津，会见阿美士德使团。双方就觐见清帝的礼仪问题产生分歧，清方要求阿美士德勋爵向仁宗行三跪九叩礼，但是阿美士德只愿以“脱帽三次，鞠躬九次”代替。双方在礼数上的分歧与争执，使阿美士德使团未能马上入京，滞留于京师东边的通州。理藩院尚书和世泰与礼部尚书穆克登额，前往通州看望使团，试图说服其按照清方要求行叩头之礼。副使小斯当东等人反对，认为此举有损英国威严。尽管此前英政府曾训示在有需要的时候，对待中国礼数可以便宜行事，但阿美士德最终决定以“单膝下跪，低头三次，并重复动作三次”代替三跪九叩礼。清廷最初对阿美士德勋爵的让步不予接受，但立场逐渐软化。七月初五日（8月27日），尚书和世泰上奏仁宗，指阿美士德“起跪颇不自然，尚堪成礼”，并奏称他演习叩头多次，已有长进。仁宗闻奏后，决定在七月初七日（8月29日）于颐和园接见阿美士德使团一行。

英国使团一行人连夜赶路，在初七日（29日）凌晨抵达北京。尽管得知仁宗即将接见，阿美士德还是以装载礼服与国书的车辆仍未抵达、颠簸的路程使他疲惫不堪，要求稍事休息。经过一番协商和争执后，阿美士德仍然坚持歇息，拖延时间。清方负责带领谨见的官员只得向仁宗禀报：英使生病了。仁宗认为英使傲慢无礼，非常愤怒，于是取消接见，拒收贡物，并下令立即驱逐使团离京。次日，仁宗怒气稍消，下令酌情收下英方所进的52件“贡品”，又赏赐一些珍玩，回礼给英皇。同时，仁宗更破天荒地准许使团沿大运河南下。

英国使团沿途一直得到礼待，经大运河南下，溯长江而上，入鄱阳湖，溯赣江而上，过南雄关，最后经由广州，于十二月十二日（1817年1月28日）在澳门登船返国。阿美士德使团离开中国后，曾到访马尼拉，其后因为船只遇险触礁沉没，辗转流落到荷兰殖民地巴达维亚（今印度尼西亚雅加达），期间遭遇马来西亚海盗的袭击。后使团继续返国，于1817年6月27日到访大西洋的圣赫勒拿岛，看望遭放逐到此的法皇拿破仑，阿美士德与拿破仑进行过数次面谈。据阿美士德使团日志记载，拿破仑认为，阿美士德勋爵出使中国，理应入乡随俗，向清帝叩头。当时拿破仑的精神与健康十分良好。

由于礼仪的问题，阿美士德使团的出使没有达到目的，连与清朝讨论贸易问题的机会都未争取到。而贸易问题没有解决，市场没有开拓，更使英商的走私活动与日俱增，鸦片贸易在此后更成为了走私贸易的大宗。英方日益不满对华贸易所造成的庞大逆差，清政府亦不满鸦片贸易造成白银外流、毒害国民身体。此后，中英两国的贸易争端越来越多，英国人最终决定动用武力解决。

阿美士德使团副使小斯当东，23年前曾跟随马戛尔尼使团来华，当时他的父亲老斯当东充任马戛尔尼的副手，小斯当东时年11岁，为马戛尔尼侍从，因在途中学习汉语，在觐见高宗时大出风头。小斯当东17岁入英国东印度公司广州分行，由书记、译员而晋升大班，因而非常熟悉中国情况。清廷曾拒绝小斯当东随使团入京。小斯当东声称，他只服从英王的驱使。阿美士德使团由天津经通州到北京，坚决拒绝苏楞额、和世泰等清方大员建议使团成员演示叩见皇帝礼仪，最后托病拒绝执臣子礼觐见皇帝，主要是小斯当东出的主意。

英国使团被仁宗逐出北京，一无所获，阿美士德垂头丧气，但小斯当东却从仁宗派大臣追示怀柔、两广总督蒋攸铦礼送出境，以及在中国内地的所见所闻，看出大清帝国的虚弱。事后他致函阿美士德，向其祝贺，认为仁宗的上谕“表现了追悔之意，一位专制君主能这样完全是出乎意料的事”。他强调对付清帝国的策略：“屈服只能导致耻辱，而只要捍卫的立场是合理的，态度坚决却可以取胜。”不幸的是，23年后，正是这个小斯当东，又促使英国挑起对中国的侵略战争。

一夜发病驾崩

嘉庆二十五年七月十八（1820年8月26日），仁宗以秋狝木兰，自圆明园启程。皇次子智亲王绵宁、皇四子瑞服，但处理政事如常，皇次子智亲王旻宁（绵宁）、皇四子瑞亲王绵忻等早晚在旁伺候。不料，在当天夜里，仁宗颙琰就在避暑山庄的烟波致爽殿故世，享年61岁。关于仁宗突然去世的原因，历来有不同的说法。当代有心血管专家认为，仁宗死因极有可能是脑血栓[①]，他当时已经是花甲之年，身体较胖，平日心情起伏不定，去世前几天过于劳累，并且当地正处于夏秋交替的时节，温差大，这些都是导致皇帝猝死的因素。

按清帝密储家法，应即时公启镭匣，宣示皇位继承人。因为事发突然，又没有找到镭匣，御前大臣赛冲阿、索特那木多布斋，军机大臣托津、戴均元、卢荫溥、文孚，总管内务府大臣禧恩、和世泰等人，不能定夺。于是，决定派和世泰同首领太监等人，加急回京，直奔圆明园，奏明皇后。皇后钮

① 谭健锹：《病榻上的龙》，第119~121页。

祜禄氏立即派人赴紫禁城乾清宫，将“正大光明”匾额后那个藏有立储密旨的匣子找出来，但来人在“正大光明”匾额的后面找了个遍，也没用找到仁宗存放的立储镉匣。原来，经过林清之变、天理教军攻进紫禁城后，仁宗觉得把立储密匣放在“正大光明”匾后面也不安全，此后，索性把立储密匣随身携带，但他没有告诉任何人。热河回来的人报告情况后，钮祜禄皇后这时猜测，皇帝是不是把立储密匣带在了身边？北京和承德相距几百里路，这样来回往返，耗时不菲。国不可一日无君，立储密匣找不到，也必须立新君。钮祜禄氏当机立断，下达懿旨：皇二子承继大统。皇二子就是绵宁，只比钮祜禄氏小6岁，是仁宗第一位皇后孝淑皇后喜塔腊氏所生。钮祜禄氏自己也生了两个儿子，分别是绵恺和绵忻。但一个迷恋皮黄，醉心戏曲；一个喜欢古籍，适合修书。面对内忧外患，钮祜禄氏很清醒，从清廷的长治久安考虑，必需立一位有能力的成熟的继承人。从当年绵宁在宫中同天理教军的搏斗中，钮祜禄皇后认为自己的判断同仁宗的抉择应该会一致。与此同时，随同仁宗到避暑山庄的太监，在皇帝的遗物中找到了一个不起眼的小金匣，正是大家要找的镉匣，内装册立的密旨，于是由托津宣读：“嘉庆四年四月初十日卯初立皇二子绵宁为皇太子”。绵宁即位后，钮祜禄氏被尊为皇太后。

仁宗在位共25年，谥号“睿皇帝”，庙号“仁宗”，道光元年（1821）三月被安葬于易州（今易县）清西陵昌陵。仁宗先后册立两位皇后，均随仁宗葬于清西陵。第一位是孝淑睿皇后喜塔腊氏，是总管内务府大臣、副都统、承恩公和尔经额之女，乾隆三十九年（1674）嫁与永琰为嫡福晋。喜塔腊氏生有一子，即皇二子，就是后来继承帝位的宣宗。喜塔腊氏所生二女，皇二女夭折，皇四女即庄静固伦公主。嘉庆元年（1796）仁宗即位，喜塔腊氏被册封为皇后，于嘉庆二年二月初七日去世。孝和睿皇后钮祜禄氏，系礼部尚书恭阿拉的女儿，仁宗为皇子时是侧福晋，仁宗即位后册封为贵妃。孝淑皇后去世后，奉太上皇高宗旨意晋封皇贵妃。嘉庆六年，由皇贵妃册封为皇后。道光二十九年十二月十一日（1850年1月23日）去世，终年74岁。钮祜禄氏生两子：即绵恺、绵忻。女一，殇。

仁宗有14个子女，5子9女，但长大成人的仅仅5人，不到一半。皇长子穆郡王，生于乾隆四十五年（1780），母和裕皇贵妃刘佳氏，时为藩邸福晋，二岁即殇，未命名，嘉庆二十五年八月追封。皇二子即是宣宗旻宁，于乾隆四十七年八月初十日出生在皇宫撷芳殿，原名绵宁，继位后改名旻宁。皇三子惇恪亲王绵恺，生于乾隆六十年，母孝和睿皇后钮祜禄氏，时为皇子侧福晋。嘉庆二十五年七月宣宗即位，进封惇亲王，道光十八年卒，谥曰恪。皇四子瑞怀亲王绵忻，生于嘉庆十年，亦孝和睿皇后钮祜禄氏所生。嘉庆二十四年正月，封瑞亲王。道光三年（1823），命在内廷行走。道光八年七月去世，谥曰怀。皇五子惠端亲王绵愉，出生于嘉庆十九年，母恭顺皇贵妃钮祜禄氏，时为如妃。嘉庆二十五年七月，封惠郡王，在内廷行走，上书房读书。道光十九年，进亲王。同治三年（1864）十二月去世，穆宗亲临致奠，赐银五千治丧，谥曰端，称惠端亲王。

仁宗长女，其母为简嫔关佳氏，时为藩邸格格，乾隆四十五年（1780）四月十一日生，乾隆四十八年十一月初一日卒，年仅4岁，未封，无名。皇次女，其母为孝淑睿皇后喜塔腊氏，时为皇子嫡福晋，乾隆四十五年四月三十日生，乾隆四十八年八月初十卒，年仅4岁，未封，无名。皇三女，庄敬和硕公主，其母为和裕皇贵妃刘佳氏，时为藩邸福晋。乾隆四十六年十二月十七日生，嘉庆六年十一月嫁蒙古科尔沁部博尔济吉持氏索特纳木多布济，封庄敬和硕公主。嘉庆十六年三月十二日卒，时年31岁，葬于今海淀区复兴门外公主坟东侧。索特纳木多布济，系科尔沁郡王齐默持多尔济之孙，乾隆四十八年袭父爵，封为郡王，嘉庆四年正月命于御前行走，娶公主后荐授御前大臣，嘉庆二十五年（1820）受顾命，道光五年（1825）七月初十日卒，晋赠亲王，无嗣，以从子僧格林沁为嗣。皇四女，庄静固伦公主，其母为孝淑睿皇后喜塔腊氏，时为皇子嫡福晋。乾隆四十九年九月初七日生，嘉庆七年封庄静固伦公主，是年十一月嫁给蒙古科尔沁部博尔济吉持氏玛尼巴达喇，嘉庆十六年五月初七日卒，时年28岁，与两月前去世的庄敬和硕公主同葬于今复兴门外公主坟。玛尼巴达喇，嘉庆四年袭封土默特贝子，历任前锋统领、蒙古都统，道光五年授御前大臣，道光八年加郡王衔，道光十一年封贝勒，道光十二年十一月初九日卒。皇五女慧安和硕公主，其母为仁宗逊嫔沈佳氏，时为藩邸格格。乾隆五十一年十一月十一日生，乾隆六十年五月卒，嘉庆二十三年三月追封为慧安和硕公主，嘉庆八年十月，葬于清西陵内张各庄公主园寝。皇六女，其母为华妃侯佳氏，时为皇子颙琰侧福晋。乾隆五十四年六月十二生，乾隆五十五年殇，未封，无名。皇七女，其母为孝和睿皇后钮祜禄氏，时为皇子侧福晋。乾隆五十八年六月二十六日生，乾隆六十年六月殇，未封，无名。皇八女，其母为恭顺皇贵妃钮祜禄氏，时为如贵人。嘉庆十年二月八日生，十一月即殇，未封，无名。皇九女慧愍固伦公主，其母为恭顺皇贵妃钮祜禄氏，时为如嫔。嘉庆十六年正月二十五生，嘉庆二十年五月殇，嘉庆二十年五月追封为慧愍固伦公主，嘉庆二十年九月葬于清西陵内张各庄公主园寝。

仁宗一生，很多地方效仿父祖，但有人认为其“巡幸五台诸举，颇思规访前代，然核厥内容，实为清室由盛而衰之枢纽”。而其致衰的原因，最重要的是和珅之坏纪纲，以及白莲教之伤元气。嘉庆中衰之现象，其重要表现便是“吏治之大坏”。雍正一朝，及乾隆之初，君相英察，吏不敢因缘为奸。至和珅柄政，而官常日替；嘉庆即位，和珅虽戮，而积习已成，不可挽救。印鸾章氏曾列举嘉庆一朝的重要案例，如四年（1800）八月，以编修洪亮吉上书成亲王，指斥乘舆，遣戍伊犁，将军保宁希旨，将䩄以法，赖朱珪言，始释回；又八年八月，和孝公主府长史奎福，控额驸丰绅殷德诸款，鞫讯全虚，以挟私诬告拟斩；又九年六月，吏部书吏舞弊，将告病治中赵曰濂虚选运同，事觉，尚书侍郎等多被议褫职；又十年六月，大学士刘权之徇私保荐纪昀婿袁旭军机章京，为侍郎英和所劾，权之降编修；又十一年九月，直隶官员，串通藩司书吏王丽南等私雕假印，事发，分别治罪；又十四年正月，广兴前往山东、河南审案，威吓婪索，讯实处绞，动帑办差之藩司并谪戍；又是年六月，淮安府县王伸汉、王毂毒毙查赈委员，王伸汉、王毂伏法；又二十二年二月，福建知县朱履中禀揭原管道府得受陋规一案，藩司李赓芸自裁，派熙昌、王引之往鞫，总督汪志伊、巡抚王绍兰均革职，知府涂以辀坐勒供凌逼远戍。其吏治之败坏有如此者。然则宦途蒙蔽失实，请谒公行之风，盖断自嘉庆朝始[①]。所列种种，不一而足，终致国将不国，每况愈下。

① 郝秉键：《清通鉴》第12册，第5406~5408页。

四

『回疆』七载平定 内外交困沓至

SHUDU QINGSHI
JIA DAO ZHONGSHUAI

七载定『回疆』

新疆地区自高宗平定大、小和卓叛乱后，稳定了差不多40年，一直到和卓后裔张格尔再次叛乱，经清廷七载用兵，终于再次平定，维护了国家西北版图的完整。

平张格尔乱

乾隆二十三年（1758）五月，清军经过艰难进剿，平定了南疆大和卓布拉尼敦、小和卓霍集占之乱。大、小和卓带着妻子亲信逃亡域外，小和卓霍集占与巴达克山汗廷发生激烈冲突，兵败身死。为了取得清廷的谅解，巴达克山汗素勒坦沙斟酌再三，交出霍集占的首级，并称布拉尼敦已被杀死，但尸首被人偷偷转移了，不知道具体位置。霍集占无子嗣，布拉尼敦则子女颇多，3个大儿子随同逃出，只剩下已离异的小妾所生的幼子萨木萨克，留在回疆，据说被当地人收养。获此奏报，高宗即命将此子妥送京师，貌似宽大优容，实则是作为人质，严密监视控制。

多年之后，高宗方得知在京师的萨木萨克并不是真身，那名小孩只是碰巧与布拉尼敦的小儿子同名，且年龄相仿，而真正要找的萨木萨克，事变后不久即在保姆和家人护送下逃出了城。

萨木萨克共有三子，长子玉素甫，次子张格尔，三子巴布顶。萨木萨克一心念着进犯回疆。嘉庆二年（1797）十一月，喀什噶尔参赞大臣等奏，萨木萨克和其长子玉素普欲前来滋扰喀什噶尔城，霍罕（即浩罕汗国）伯克（首领之意）那尔巴图闻讯带兵前往堵截。那尔巴图承袭其父额尔德尼伯克之位后，能“继尔祖恭顺之忱”，带兵协剿，深得清廷嘉许，受赏赐珊瑚珠、锦缎等物。随之，喀什噶尔参赞大臣长麟奏请，600名在伊犁官兵赴喀什噶尔加强守备，防止萨木萨克父子再来滋扰。清廷以“回疆要地，固不可好大喜功，亦不可过于畏葸”未允。此后一段时间，南疆比较安宁。

张格尔成年后，“诵经祈福，传食诸部”，网罗徒众，编练武装，伺机叛乱。张格尔本名为“和卓·亚海亚”，张格尔为尊称，全称为“张格尔和卓”，意为“世界之和卓”。适因清驻防喀什噶尔参赞大臣斌静作威作福，横征暴敛，奸宿回妇，致当地回众不满，张格尔终于在嘉庆二十五年（1820）八月乘机作乱。

张格尔叛乱时，正值仁宗大丧之期，清廷对此未予重视，只有乌什办事大臣巴哈布带300兵急忙赶赴喀什噶尔防堵。九月初七日，喀什噶尔参赞大臣斌静奏称：在图舒克塔什卡伦（哨所）外，冲巴嘎什爱曼布鲁特比苏兰奇，串通萨木萨克之子张格尔，纠集徒众约300人滋事。经色普征额率兵追杀，毙50名，俘虏80名，其余人逃溃出卡。新即位的宣宗认为苏兰奇等受清廷恩惠，不至于谋反叛清，因而对于南疆回部出事并无思想准备，非常惊讶。所以一方面谕伊犁将军庆祥：此事恐斌静不能办理，色普征额亦仅能带兵，未能筹画全局，调度得宜。命令庆祥接旨后，即日选派得力兵将，星夜兼程，驰赴该喀什噶尔平叛。另一方面，要求讯明谋叛情由，按律严办。其余胁从之犯，不可株连，妄加杀戮，致令各回众相率惶惧，别滋事端。至于此次苏兰奇等滋事，究因何起衅，是否如斌静所言，系内地官兵因事激变，令庆祥详细察访，据实参奏。斌静始终未将张格尔叛乱原因说清楚，让宣宗起了疑心，甚至怀疑张格尔是否确有其人。后庆祥于十一月二十七日上奏，以张格尔与苏兰奇勾结谋反，并无内地官兵激变、枉杀情事，张格尔等已经逃出。宣宗方始清楚事情真相，于是将斌静革职拿问，并要求庆祥联络布鲁特、安集延等，捉拿张格尔[①]。

道光四年（1824）十月，张格尔再次入卡滋扰，被击退。五年，帮办大臣巴彦巴图率清军前往，张格尔闻风而逃。清军行军400里未遇敌，竟以当地百姓充数，杀良冒功，激起百姓不满，张格尔乘机杀回。道光六年六月，张格尔发起攻势，两月后攻陷喀什噶尔，英吉沙尔、叶尔羌、和田也相继陷落，新疆西部四城全部陷入敌手，局势急剧恶化。

宣宗以长龄为扬威将军，起用老将杨遇春等，率大军开赴南疆。道光七年四月，清军一举收复了喀什噶尔，随即乘胜进军英吉沙尔、叶尔羌、和田，南疆失而复得。但张格尔等逃脱，企图纠集人马再犯。道光七年十二月二十七日，张格尔误以为清军已经撤离，率骑兵300余人、步兵200余人，乘岁末之机，仍由开齐山潜入卡内，行至阿尔图什回庄，遭黑山派回众持械拦截。张格尔见势不妙，复原路退回，行至喀尔铁盖山，清将杨芳带官兵追上，分路进剿，毙敌200余名。张格尔率前队反扑失败，向山沟逃脱。清军乘胜追击，再歼敌300人。张格尔仅率10余人逃上山巅，负隅顽抗。清军拥上，张格尔见势不妙，欲拔剑自刎。清总兵胡超，都司段永福，锡伯马甲讷松阿、舒兴阿，兵丁杨发、田大武等，将张格尔生擒[②]。

① 房德邻、王开玺：《清通鉴》第12册，第5416~5417页。

② 房德邻、王开玺：《清通鉴》第13册，第5594页。

长龄以八百里加急向京城红旗报捷。道光八年正月初六日，副都御使诚瑞，副都统吉勒通阿、祥云保率官兵2000人启程，班师回朝，槛送张格尔赴京。中途，转由镶红旗蒙古都统哈朗阿押解。二十三日，长龄奏报先行到京。宣宗大赏前敌将帅，认为：如果在克复喀什噶尔时，即将逆首张格尔生擒，则长龄等之功绩勋业，当与兆惠、阿桂相媲美。现迟至十月之久，始将该逆擒获，功已稍次。只是该将军等督率官兵，不畏艰险，于卡外临阵生擒巨憝，槛送京师。所有参与平叛的将领、官兵争先用命，长龄等督率有方，封威勇公，世袭罔替，并授为御前大臣；杨芳封果勇侯，命在御前侍卫上行走；杨遇春、武隆阿和总兵胡超、总管额尔古伦、都司段永福等将领，也各有升赏。

同日，宣宗又以八百里加急谕命钦差大臣那彦成，迅速驰赴喀什噶尔，与扬威将军长龄交接，负责办理新疆一切善后事宜。二十五日，宣宗以用兵以来，各军机大臣辅佐运筹军务有功，命将大学士曹振镛晋加太傅；吏部尚书文孚晋加太子太傅；户部尚书王鼎赏戴花翎；兵部尚书玉麟晋加太子太保；工部尚书穆彰阿晋加太子少保，即在军机大臣上行走。翌日，大学士托津着赏还紫缰，大学士、两江总督蒋攸铦加太子太傅，其他各部尚书皆交部议叙[①]。

道光八年（1825）五月初十日，经过5个月数千公里的长途跋涉，都统哈朗阿等解送张格尔到北京。次日，在太庙、社稷坛举行献俘仪式。哈朗阿等解俘将校，押解俘囚张格尔自天安门入，至太庙街门外，俟承祭王至，使张格尔北向跪伏。承祭王入，行礼毕。之后，社稷街行献俘礼。十二日，宣宗到午门楼受俘。哈朗阿等解俘将校，将张格尔预先解至午门外之西，大乐鼓吹，金鼓大作。宣宗升座，解俘将校行礼毕，令张格尔北向跪伏。兵部尚书

① 房德邻、王开玺：《清通鉴》第13册，第5594~5595页。

跪奏平定回疆，生获张格尔，谨献阙下请旨。宣宗命王大臣会同刑部严讯。刑部尚书跪领旨，兵部司官以俘囚张格尔交刑部司官，自天安门出，王公百官行庆贺礼。十四日，宣宗至廓然大公殿，廷讯张格尔罪状毕，谕内阁将张格尔即行磔枭示众，命协办大学士、尚书富俊，尚书明山，侍郎钟昌、奕经等前往监刑[①]。

十九日，宣宗命绘画平定回疆剿擒逆裔功臣，扬威将军、大学士、威勇公长龄，参赞大臣、原提督、果勇侯杨芳，参赞大臣、陕甘总督、一等男杨遇春，喀什噶尔参赞大臣武隆阿，钦差大臣、直隶总督那彦成等40名功臣之像绘于紫光阁。同日，复命将军机大臣、大学士曹振镛，吏部尚书文孚，户部尚书王鼎，兵部尚书玉麟等人绘像于紫光阁。宣宗分别为之作序，以彰显前敌将帅、军机大臣的功业。历时七载的张格尔叛乱终于平定。此役清廷征调各地军队36000余人，耗银1100万两[②]。

① 房德邻、王开玺：《清通鉴》第13册，第5595~5596页。

② 房德邻、王开玺：《清通鉴》第13册，第5596页。

盐政、漕运、河工三大政

明清两朝，盐政、漕运和河工，都是重要的国计民生大政。

陶澍改革盐政

清代食盐的生产、运输和销售，沿用明代制度，一直由官府垄断，实行专卖，称为“纲盐”。但盐官和官方特许的盐场、运销商互相勾结，形成盐业特权利益集团。管理亏损，报效皇室，各种损耗，以及贪官奸商的中饱私囊等费用，无不转移到食盐生产者和消费者身上，致使盐价昂贵，产销停滞，私贩蜂起，清廷虽严刑缉私，也防不胜防。政府税收大减，官民两害。在此情况下，清政府从中央到地方，不断有人提出整顿盐政的措施，其中以两江总督陶澍的“票盐”制改革最为有名。

陶澍（1779—1839），字子霖，一字子云，号云汀、髯樵，湖南安化人。嘉庆七年（1802）进士，任翰林院编修。后升御史、给事中，疏劾吏部重签，河工冒滥，及外省吏治积弊等。曾巡中城，断久拖不决的案件800起。

巡南漕，革除陋规，请疏浚京口段大运河。二十四年（1819）出任四川川东道，快刀斩乱麻，审决狱讼积案。请减盐价，私绝课增。总督蒋攸铦推荐陶澍治行排名四川第一。历任山西按察使、安徽布政使。道光三年（1823），擢安徽巡抚。五年，改调江苏巡抚。道光十年，署两江总督加太子少保，不久实授，任内督办海运，剔除盐政积弊，兴修水利，设义仓以救荒年。实心爱民，深得百姓拥戴，《陶澍访南京》等故事，民间久久传颂。用人能尽其长，依靠王凤生、俞德源、姚莹、黄冕诸人之力，在治理水利、漕运、盐政等大政方面，卓有成效，"垂百年之利"。宣宗赞称他"实心任事，不避嫌怨"，是当时有名的能臣。陶澍见义勇为，胸无城府，左宗棠、胡林翼皆识之未遇，结为姻亲，后俱为名臣。病逝于两江督署，卒赠太子太保衔，谥文毅。所著有《印心石屋诗抄》《蜀辅日记》《靖节先生集》《陶文毅公全集》等。

道光十年（1830），刚刚上任两江总督的陶澍，即着手整顿两淮盐务。"时淮盐败坏，商困课绌，岌岌不可终日"，澍疏陈积弊，请大删浮费，以为补救。议者多主改法课归场灶，清廷派户部尚书王鼎、侍郎宝兴等赴江南调查。陶澍与之商议，谓"除弊即以兴利，无事轻改旧制"，与王鼎、宝兴等合疏胪陈利害，条上十五事。王鼎等复请裁盐政归总督管理，宣宗允之。"澍受事，缴还盐政养廉五千两，裁减衙门陋规十六万两有奇，凡淮南之窝价，淮北之坝杠，两淮之岸费，分别减除。"每年合计节约银数百万两，分设内外二库，正款贮内库，杂项贮外库，杜绝挪垫。又"革总商以除把持，散轮规以免淹滞，禁粮船回空带芦盐，及商船借官行私，令行禁止，弊肃风清"。淮北地区尤其疲累，则采取预先借款，官督商运，然后再仿照山东、浙江的票引兼行之法，在海州（今连云港）所属中正、板浦、临兴三场，择要隘设局给票，注明斤数运地，无票越境以贩私论处。"仍留畅销之岸，江运八州县、湖运十一州县，归商运。"一地两制，区别对待。陶澍又在淮南盐区裁减浮费、议减窝价[1]。

道光十二年（1832）五月，陶澍亲自到海州调查，最后与幕僚魏源等拟定《淮北票盐章程》，主要内容五项，分别为：一、由盐运司刷印三联空白票式，一为运署票根，一留分司存查，一给民贩行运。民贩纳税请票时，该大使于票内填注民贩姓名、籍贯、运盐引数及所欲行销之州县，按道里远近，立限到岸，听其销卖，票与盐不准相离。这实际上就是后来的发票制度。二、盐每400斤为一引，场盐价格六钱四分，抽税照一般商税酌减三分之一，即交银七钱二分，再征收其他费用（如委员薪水、缉私经费等）五钱二分，共计一引收银一两八分，此外不得另有需索。三、滞岸各州县所招徕之民贩，由该州县发给赴场买盐之护照，上面载明姓名、年貌和籍贯。海州附近居民及各省客民到海州贸易者就近在海州请领护照。四、民贩买盐出场后，须经卡员查验，然后到指定口岸销售。盐包以净100斤为一包，每引4包，到认销口岸后，向当地州县衙门缴票。五、各口岸衙门及胥役兵丁不得再行陋规向民贩索取，如有违反，即行究办。该章程奏准后，定于七月实行。

淮北改行票盐之后，效果极佳。“招徕民贩运销，减繁重之科则，省驳扛之周章，设局以综理之，设卡以稽查之，其法简易而便民，故初行之时，获利数倍。于是远近闻风而来者若骛趋焉。”[2]票盐制实施半年多，销售大增，又推广于江运、湖运各口岸，减价裁费，商贩争趋，而“窝商蠹吏、坝夫岸胥，一旦尽失其中饱需索之利，群议沸腾。言官摭浮言，屡事弹劾”。但宣宗很明白陶澍忠诚任事，越发倚重，群臣屡请恢复盐政专营垄断，均未同意。陶澍很感动，干劲更足，力排众议，毅然坚持，终获成效。自道光元

① 赵尔巽等：《清史稿》卷379，《陶澍传》。

② 陶澍：《陶云汀先生奏议》卷14，《票盐备览·跋》；转引自房德邻、王开玺：《清通鉴》第13册，第5687~5688页。

年至十年，“淮南行六纲，淮北仅行三纲”。陶澍改革之后，从十一年至十七年，“淮南已完六纲有余，淮北率一岁行两纲之盐，尽完从前滞欠，且割淮南悬引”，两淮共完正、杂银2640余万两，库贮盈余实存300余万两。陶澍也受到清廷的充分肯定，两届京察，均褒奖优叙。陶澍晚年打算继续推淮北之法于淮南，但“已病风痺，未竟其施，然天下皆知票盐减价敌私，为正本清源之计。后咸丰中乃卒行之”[①]。

陶澍深知盐政垄断的症结所在，所以坚定在淮北改行“票盐”制度。商人向官府交纳一定的盐税后，官方便发给盐票，凭盐票自由买盐、自由贩卖。这样，减少了中间环节和各级官吏的层层盘剥，盐价降至一半而商人仍有利可图，私盐贩卖不禁自灭，政府收入大增，经济效果非常突出。魏源为陶澍最得力的助手，他总结“票盐”制经验，撰写《淮北票盐记》《筹鹾篇》等，提出一整套完整的改革方案，供政府推行。此后，历任两江总督陈銮、林则徐、璧昌、李星沅、陆建瀛等，遇有盐政要务，都请魏源商议谋划。陶澍、魏源的盐政改革取得了很大的成功。

漕运积弊

漕运是明清时期关系国计民生和吏治的大政。明清两代，中央政府每年把征自江南、浙江、江西、湖广、山东、河南等省的粮米，通过水运为主的方式运往北京或其他指定地点，即所谓“漕运”。所运粮食，供宫廷、官员、军队所需，或做民食调剂之用。明清以来，南粮北运一直通过运河，朝廷设有漕运总督等官员管理。

清代漕运仍沿用明代的卫所制，各省的粮船，按省分帮，每省又按地区

① 赵尔巽等：《清史稿》卷379，《陶澍传》。

分为若干分帮。各分帮由卫所1至2名千总领运，称为“运弁”。每条船由1名运丁、9名驾驶技术熟练的水手承运。粮帮水手多来自北方直隶（今河北）、山东等省的破产农民，他们终年受雇在船，无家可归，收入甚低。如江淮泗、嘉白等十帮，在漕船重运时，头工可获银六两五钱，舵工五两二钱，水手四两；而当漕船回空时，舵工仅给银一两七钱，水手一两三钱。粮船运行有季节性，每年约有半年时间无事可做，水手们只得外出打零工以糊口，艰难度日。

清嘉庆、道光年间，各级官吏把持盘剥，地方豪强敲诈勒索，情况越来越严重，漕运之弊积重难返。嘉庆朝时，黄河决口频繁，致运河河道严重淤塞，河运漕粮越来越困难，迫使清廷寻求河运之外的途径。嘉庆年间，漕粮河运改海运争论兴起，但因既得利益者和保守官僚阻扰未成，所谓“利不百不变法也”。此后，“终仁宗之岁，无敢言海运者”。道光四年（1825），江南涨水，洪泽湖决口，运河淤塞，漕运中断，情况危急。朝廷上下对此展开大讨论，“争言济漕之策”，有主张借道黄河的，有主张加固堤坝的，“发言盈廷，罔所适从”。

于是，宣宗在道光五年（1825）二月初五日，谕令军机大臣等，提议实行海运。拟将江苏之苏、松、常、镇，浙江之杭、嘉、湖等府属所征漕粮，经海上运至山东、直隶、奉天各口岸卸货[①]。宣宗令两江总督魏元煜、漕运总督颜检、江苏巡抚张师诚、浙江巡抚黄鸣杰等发表意见。大臣们大多认为海运阻碍很多，难于实行，而英和、贺长龄等大臣和魏源、包世臣等则支持海运，但属于少数派。所以，继续沿用引黄济运或盘坝接运的老办法，但成效越来越差。五月，协办大学士英和奏请雇商船海运漕粮，提出具体措施，解决漕运困难，宣宗很高兴，谕令各督抚速议。同时，调整人事，促进海

① 陈桦：《清史编年》第8卷，《道光朝》，第89~90页。

运。以安徽巡抚陶澍为江苏巡抚，原巡抚张师诚改任安徽；以山东巡抚琦善为两江总督，原总督魏元煜为漕运总督，陕西巡抚伊里布为山东巡抚，大学生、前任两江总督孙玉庭和原漕运总督颜检赴京。

陶澍到江苏赴任后，与幕僚魏源等人一道，积极落实漕运改海运改革。由陶澍奏请苏、松、常、镇、太五府州漕粮160余万石归海运。陶澍亲赴上海，筹雇商船，体恤商艰，所以群情踊跃。道光六年正月，琦善奏，海运漕粮，现到商船900只，足运80余万石。三月，陶澍奏，初次试行海运，截止二月二十一日止，共兑过正耗米112万2000余石，极为顺利[①]。所征漕粮，“至夏，全抵天津，无一漂损者，验米色率莹洁，过河运数倍。商船回空，载豆而南，两次得值船余耗米十余万石，发部帑收买，由漕项协济天津、通仓之用，及调剂旗丁，尚节省银米各十余万”。事后，获得清廷表扬褒奖，赐花翎。次年，陶澍和总督蒋攸铦合疏陈海运章程八条，希图纾解漕运危机，但未通行。又以“绅衿包完漕米，横索陋规，为漕务之害”，奏请惩办。学政辛从益与陶澍意见不合，争之。澍再疏言：“陋规日增，势必取偿小民。若预计有司不减浮收，置陋规於不问，非釜底抽薪之计。”仍执前议，治包抗从严[②]。

陶澍与魏源等实行漕运改海运，官府不再垄断，由商人承办落实。如此，海运不经河闸，不经层层中饱和馈送，利国利民，于官于商均有好处。商人办海运，还将江浙之货附于漕船，运往北方；而奉天的大豆等物，也可运往南方，促进南北物资交流，降低物价，繁荣商业。魏源撰有《筹漕篇》《道光丙戌海运记》等文，所编《皇朝经世文编》亦收录漕运改革方面的文章。

---

① 陈桦：《清史编年》第8卷，《道光朝》，第105~106页。

② 赵尔巽等：《清史稿》卷379，《陶澍传》。

道光二十七年九月，两江总督李星沅奏请，江苏定额漕粮，河、海并运，苏州、松江、太仓两府一州漕白粮米，改由海运。又以江苏漕务疲困，请将常、镇、徐、扬等府仍由河运。宣宗谕称：办理全漕，自当以河运为主，如有酌量变通之处，所属漕船如何轮流减歇，着通盘预筹。不久，星沅议奏海运章程五条，主要内容包括：一、交仓米数应分别实征筹补，以备稽核。二、缓征兵粮局恤等米，亦应筹补。三、天津、通仓经费，因行筹补。四、沙船雇定编号停泊受兑，并将应募各商拟照前案奖励。五、各州县驳船固宜体恤，避窦尤宜严防。章程交有关部门商议。十月，漕运总督杨殿邦对海运提出异议，请缓办，其言称：漕粮为“天庾正供”，凡在船丁、舵人等，以及沿途居民，赖以生活者不下亿万。若改海运，必令万余游民无船可运，致使生计艰难，颠沛流离，无所依靠，等到流为匪类，从而绳之以法，也特别可悯。并且水手们桀骜难驯，让他们聚集在京畿重地天津等处，熟习北洋沙线，其流弊更大。又现在洋面情形不及从前恬靖，间常有盗劫之案发生。宣宗令大学士、军机大臣会同户部迅速议奏。此后，仍然河、海并运。

河工大政

黄河是中华民族的母亲河，造福华夏子民。但水灾频仍、黄河泛滥也是朝廷和百姓深感头痛的问题，因此，治理黄河，历朝均视为大政。清朝时期，设河道总督专门管理治河事务。

嘉庆朝时，黄河决口累计达10余次，平均两三年一次，黄河下游两岸百姓深受其害。同时，黄河泥沙大量进入京杭大运河，导致河道淤塞，日积月累，最后使漕运大船无法通行，严重影响国计民生。河患水灾频仍有其自自然原因，历来治理黄河的方法很多。但到了道光时期，魏源不以为然，他认为情况变化了，“下游固守，则溃于上；上游固守，则溃于下”。这样头痛医头，脚痛医脚，无济于事。他主张因势利导，使黄河人工改道，北流入海。指出这是迟早会发生的自然趋势，而通过人力预先改道实为上策，如果黄河崩决，自然改道，则后果不堪设想。魏源的设想，自然在当时无法实行。在嘉庆、道光之际，一次小的整顿也很困难，何况黄河人工改道，工程浩大，财政不足，清廷根本无力承担 。官吏贪污不作为，也无法根除。治水过程中，魏源撰写了筹河、水利、堤防等很有思想的文章，但终不为所用。咸丰五年（1855），即魏源临终前二年，黄河果然如他所预料，在铜瓦厢大决口，改道入海，下游人民损失惨重。

但治河更重要的还在于治理人祸。治河官吏侵蚀河工经费，各种贪腐案频发，而地方豪强垄断水利工程，则常常造成“豆腐渣”工程，时修时废。康熙时治河，实事求是，嘉庆之时，“官吏则视为利源，国家则成为漏卮”[1]，“无一岁不虞河患，无一岁不筹河费”，年复一年，“糜帑无算”，可是河患依然如故。如嘉庆十六年（1811）正月，仁宗以南河工程近年来耗银4000余万两，“谓无弊窦，其谁信之”？怀疑其中有贪污行为，就派户部尚书托津和顺天府尹初彭龄等前往查办。托津等人知道，此案涉及面很广，牵一发而动全身，未敢触动河工的深层弊端，奏陈“所发银两，与各工所领数目，均属相符，是银款出入尚无虚捏情弊”，敷衍了结。仁宗也未予深究。 所以，久为幕客、见多识广的魏源认为，“欲兴水利，必先除水弊。除弊如何？曰：除其夺水夺利之人而已”。很有见地！

治河工程还与治理漕运、改革盐政等息息相关，与黄河相连重要支流、湖泊等的治理也大有关系。江苏北部在黄河最下游，频遭水患。苏南地处太湖地区，也经常水泄不畅。道光五年（1825），陶澍由安徽改调江苏巡抚，为此上疏言：“太湖尾闾在吴淞江及刘河、白茆河，而以吴淞江为最要。治

① 郝秉键：《清通鉴》第12册，第5407页。

吴淞以通海口为最要。”于是以海运节省银20余万兴工，择贤任事，至道光八年竣工。又以长江以南运道，徒阳运河最易淤阻，而练湖为其上游，孟渎为其旁支。陶澍自巡查漕运时，条奏利害，至是先疏浚徒阳河，再依次开展治理刘河、白茆、练湖、孟渎诸工程。后在两江总督任，与巡抚林则徐合力悉加疏浚，吴中称为数十年之利。

有论者认为，“河患之见告”也是嘉庆朝走向中衰的重要特征。嘉庆朝的财政开支，除军需以外，河费也是一大宗。“如嘉庆六年（1801）六月，京师大雨，宫门水深数尺，永定与桑干两河并溢，停止木兰秋狝，褫隐匿不奏之直隶总督姜晟，效力河干；又八年九月，东河衡家楼河溢，命刘权之、那彦宝往勘，并开衡工捐例；又十年六月，直隶永定河决，遣那彦宝驰往修筑；又十三年三月，以南河频溢，命大学士长麟、戴衢恒往勘；又十四年二月，命福康安子德麟自行捐资修理南河要工；又十五年二月，以河工敝坏，漕运滞阻，命试办海运；又十七年八月，以河工礼坝急难堵合，则诏以河督陈凤翔荷枷工次，旋谪戍乌鲁木齐；又二十四年七月，直隶永定河溢，命吴璥、那彦宝往筑；又是年八月，河南兰仪北岸河决，命吴璥、琦善会同堵修，则河患之频仍有如此者。”[①]数字之下，所言非虚。

① 郝秉键：《清通鉴》第12册，第5406页。

睁眼看世界的三先贤

近代中国对西方表示极大关注与重视的士大夫中，林则徐算是第一人，魏源和徐继畬也是其中的佼佼者。

“睁眼看世界的第一人”

林则徐（1785—1850），字少穆，别字元抚、石麟，晚号俟村老人、七十二峰退叟等，福建侯官（今属福州）人，生于乾隆五十年七月二十六日。其父宾日，秀才出身，教书为业；母陈帙，勤苦持家。林则徐4岁随父读书，7岁学作文，13岁获府试第一，14岁中秀才。就读于家乡鳌峰书院7年，书院山长郑光策（1755—1804）讲求经世致用之学，注重节气，要求非常严格。学者陈寿祺（1771—1834）的文章和学风对他影响甚大。

林则徐20岁时中举人，之后两次赴京城参加会试，均落第。由于家境一般，林则徐只好和其父一样，在外做文书幕僚，挣钱维持生计。先是应厦门海防同知房永清之请，任书记，参与办理洋船贸易，这是林则徐学习政事的开始。不久，再被福建巡抚张师诚招入幕中，司笔札4年，代写文书、奏折，深受张的赏识。林则徐得益于这段经历，开始参与地方事务处理，对海防、军事、民政和水利诸事均有涉猎，为日后从政积累了相关知识和经验。

嘉庆十六年（1811），27岁时的林则徐第三次赴京参加会试，中二甲第四名进士，朝考获第五名，被选为翰林院庶吉士。林则徐这次会考的房师是名儒沈维鐈。座师是曹文植之子曹振镛，二曹人称“父子宰相”。林深得两位老师有名于时的赏识，此后认真研习满文和经世致用之学。嘉庆十九年授编修，充国史馆协修。林则徐在京十年，历任江西乡试副考官、会试同考官，云南乡试正考官，江南道监察御史等职。期间加入宣南诗社，结交龚自珍、魏源、黄爵滋等青年才俊，相互砥砺，精研水利，著有《北直水利书》。

嘉庆二十五年（1820），林则徐任浙江杭嘉湖道，他办事认真，讲求实际。一年中，悉心办理海塘水利，很有成效，获得宣宗的称赞。随后署浙江盐运使，帮助浙江巡抚帅承瀛整顿盐政，革除弊政，所定规章悉被沿用遵循。道光三年（1823）任江苏按察使，时因大雨成灾，田禾房屋被淹，松江一带饥民聚众将变，他亲赴灾区开仓济民，并上奏减免赋税。道光十年六月，林则徐任湖北布政使，十一月调河南，翌年七月初任江宁布政使。同年秋调任河东河道总督，一年数迁。林则徐关注民生疾苦，时人称贤，名满天下。“儿童走卒、妇人女子，皆以公所莅为荣。辄曰：‘林公来，我生矣’。至以公所行政，播诸歌谣，荒村野市，传之以为乐。”道光十二年，调任江苏巡抚。之后的五年内，两署两江总督，任内与两江总督陶澍积极配合，公正办事，大力改革，深受百姓好评。并且采取措施，禁食鸦片，初有成效。道光十七年正月，升湖广总督，严禁鸦片。翌年冬，授钦差大臣，赴广州禁烟。

宣宗以守成、扎实作为治理国家的宗旨，林则徐的干练、认真最符合他的思想。林则徐在河道总督任上查验河防各厅准备防堵的料垛，他逐一翻检，有疑便拆，按束称斤。宣宗对此大为感叹，认为向来河工查验料垛，从未如此认真。如果官吏都能如此勤劳，治理黄河的种种弊病就将不复存在。在其两份奏折上朱批，赞其“认真”“勤劳”。林则徐在湖广总督任上督修江汉堤防，宣宗收到他亲赴江堤组织防汛的奏折后，也有朱批赞赏。当时官场贿赂公行，林则徐为官清廉，自律严苛，尤为难得。

林则徐与当时一般的官僚不同，他视野开阔，注意探求域外情况，开风气之先，被誉为近代中国“睁眼看世界的第一人”。为采访外国情报信息，在到达广州后，他四处延揽通晓外文的人才，收集外国报刊资料，并据此编译成《澳门新闻纸》。从到广州后直到被革职的这两年时间里，一直坚持翻译西方书报。

林则徐组织编译的《四洲志》是我国首部较系统介绍世界的地理志书。《四洲志》是根据《世界地理大全》的内容编译整理而成，《世界地理大全》1836年才在伦敦出版，为英国人慕瑞所著。林则徐认为此书很重要，组织翻译，编辑成《四洲志》。书名沿用佛教经典旧称。《四洲志》对亚洲、欧洲、非洲、美洲四大洲30多个国家的地理、历史、政治等做了概况介绍。魏源后来编纂《海国图志》即以此为蓝本。

林则徐还组织摘译西方报刊上专门评议中国的各种言论，辑成《华事夷言》。又摘译瑞士人瓦特尔（即滑尔达）所著国际法著作，编成《各国律例》，摘译英国人池尔洼所著《对华贸易》，等等。林则徐通过这些翻译成汉文的西方著述和资料，掌握“夷情”，并据此制定对敌策略。被革职后，他还向新来广州赴任的靖逆将军奕山提建议，特别强调：从外国报刊书籍所译，其中所得夷情，实为不少，制驭准备之方，多由此出。他还请人翻译西方关于大炮瞄准法等书籍，以学习外国的先进军事技术，改进清朝军队的武器，提升其作战能力，并将此大炮瞄准法应用在广东防务上。

林则徐了解“夷情”的目的是“尽得西人之长技，为中国之长技”，以抵御外来侵略。魏源后来在《海国图志》中提出“师夷长技以制夷”，即源于此。当时有外国评论嘲讽中国官府，全不知外国之政事，又不询问考求，故至今中国仍不知西洋。“中国人果真要求切实见闻，亦甚易，凡老洋商之历练者，及通事、引水人，都可探问，无如骄傲自足，轻慢各种蛮夷，不加考究。”但对林则徐则评价甚高：“惟林总督行事，全与相反，署中养善译之人，又指点洋商、通事、引水二三十位，官府四处探听，按日呈报，亦有他国夷人，甘心讨好，将英吉利书籍卖与中国。林系聪明好人，不辞辛苦，观其知会英吉利国王第二信，即其学识长进之效验。”①林则徐在当时提出学习西方资本主义国家的长处，他主张睁眼看世界的思想，对当时一般闭目塞听、抱残守缺的封建官僚有很大的影响。他是清王朝由盛转衰、中国封建社会开始崩溃之际，真正睁眼看世界的第一人，也是中国近代向西方学习先进技术的先行者、开风气者。

魏源与《海国图志》

魏源（1894—1957），名远达，字默深，别字墨生、汉士，号良图，晚年信佛，于是称“菩萨戒弟子魏承贯”，湖南邵阳金潭（今属隆回）人。父邦鲁历官江苏海州惠泽司巡检、宝山县（今上海宝山）主簿等职，负责刑名、钱粮、水利等事务，得以结识江苏巡抚陶澍和林则徐、贺长龄、梁章钜等数任江苏布政使，邦鲁的这段经历让魏源有机会早早地接触这些著名的经世派人物，开阔了眼界，对其思想的形成有一定影响。

魏源幼入私塾，读书刻苦，手不释卷。性沉默寡言，爱独坐深思。15岁

① 《澳门月报》，载中国史学会主编、齐思和等编：《中国近代史料丛刊·鸦片战争》第2册，第526页。

时考中生员，开始潜心研读王阳明心学。嘉庆十八年（1813）选拔贡，次年随父入京，被侍郎李宗瀚延馆于家。随胡承珙学习汉学，跟姚学塽学习宋学，又向举贡生时的座师汤金钊请教阳明心学，一时名满京师，名士相与结纳。嘉庆二十四年（1819），中顺天乡试副贡生。道光元年（1821）再试，仍然未能入正榜。道光二年三试顺天乡试，考中第二名举人。旋赴古北口，受馆于直隶提督杨芳家，考察山川关隘。道光五年，入湘籍江苏布政使贺长龄幕，编辑有清一代经世致用文章，纂成《皇朝经世文编》。留意经济之学，又入湘籍江苏巡抚陶澍幕府，与其商筹漕运改海运、兴修水利等政事。

道光六年（1826），魏源与龚自珍同赴礼部试。时刘逢禄为会试同考官，得浙江、湖南两卷，以为必是龚、魏卷，极力推荐，可被荐者竟是他人，龚、魏竟双双落第。逢禄感慨万端，作《题浙江湖南遗卷》诗，深表痛惜，从此世以"龚魏"并称。同龚自珍一样，魏源对乾嘉之际沉迷于训诂考据、繁琐无用的学风十分反感，批评其专事寻章摘句，禁锢天下聪明智慧，使尽出于无用之一途。他们倡导明末清初顾炎武、黄宗羲等人的经世致用之学。魏源认为不能固守古法，主张变革。他列举从唐代"租庸调"制至"两税法"，再到明代"一条鞭法"等历代赋税制度变化，说明改革越彻底，进步就越显著。魏源还猛烈抨击八股取士的科举制度，批评"专以无益之画饼，无用之雕虫，不识兵农礼乐工虞士师为何事"的"科举兔册"之人来遍任六官之职，治理四方之民。针对嘉道时期推崇楷法工整取士的风尚，他作诗调侃道："小楷书，八韵诗，青紫拾芥惊童儿；书小楷，诗八韵，将相文武此中进。""从此掌丝纶，从此驰馹铎。""从此考枢密，从此列谏官，尽凭针管锈鸳鸯。""雕虫竟可屠龙共，谁道所养非所用！"魏源反对科举制度，但又只能以此获取官职，来实现自己经世致用的抱负。因此，仍不断地参加会试。

道光八年（1828），魏源以举人身份捐资为内阁中书舍人，以此能够阅读内阁史馆的典籍档案，熟悉典章制度。道光十一年以父丧，居乡守孝三年。魏源的经济才干深得两江总督陶澍赏识，他协助陶澍在盐务、漕运等方面提出了一系列的改革措施，并予以实施，成效卓著，两人因此名扬天下。道光二十四年，知天命之年的魏源终于考中礼部会试第十九名贡士，但因试卷文稿草率，被罚停殿试一科，次年才补中三甲进士，以知州用，先后赴江苏东台和兴化县任知县。兴化地处江北，临近运河和高邮、洪泽两湖，时有水涝灾害。魏源在出任兴化知县时，高邮湖将决，他亲率民卒护堤保稻，终于保住了大堤，百姓遂将当年收成称为“魏公稻”。道光二十六年，魏源以母丧丁忧去官。守制结束后，又南游广东，并至澳门、香港，得有机会与外国人接触，深感生平所未见。北归途中，游经广东、广西、湖南、湖北和江西、安徽、江苏7省，行程8000里，历时半年。道光三十年，又出任江苏海州分司运判，协助两江总督陆建瀛改革盐政。

鸦片战争爆发后，魏源从扬州赶至宁波前线，在钦差大臣伊里布军中参与审讯俘虏的英军军官安突德。从其口供中，魏源对西方的人文地理有了一些了解。翌年，他结合其他英俘的口供，撰成《英吉利小记》，后收入《海国图志》。道光二十一年，魏源在两江总督裕谦幕中协助筹办浙江防务，亲历中国军民英勇抵抗英国侵略战争，也见识了英军的坚船利炮。鸦片战争期间的经历，让魏源的思想为之一变。魏源认识到鸦片战争中方失败的一个重要原因，是统治者对世界情势的懵懂无知，他在《道光洋艘征抚记》中描写道：“承平恬嬉，不知修攘为何事，破一岛一省震，骚一省各省震，抱头鼠窜者胆裂之不暇，冯河暴虎者虚骄而无实。”魏源根据自己任内阁中书舍人以来积累的大量资料，撰写了《圣武记》14卷，历述清初以来的重大军事行动，反映出他对富国强兵的强烈期望。

道光二十一年（1841）六月，林则徐被遣戍伊犁。途经镇江时，两人相会，促膝长谈。林则徐把他在广东抗英时所编译的《四洲志》，和搜集的有关西方枪炮、地理图样等外国资料，以及粤东奏稿等，一并交给魏源，嘱其钩稽贯串，编撰成书。此后，魏源结合历代史志，包括明代以来的岛志、近日所得“夷图、夷语”等大量资料，于道光二十二年底编成《海国图志》50卷，4年后扩充至60卷。咸丰二年（1852），再补充了葡萄牙人玛吉士的《地理备考》和美国人高理文的《合省国志》等，扩展为100卷，予以重刊。《海国图志》是中国第一部较系统介绍世界各国地理、历史、经济、文化和军事等内容的著述，它的刊刻问世，对国内有识之士开拓眼界、了解世界起了重要的促进作用。咸丰八年，兵部侍郎王茂荫曾奏请将此书广为刊印，亲王大臣每家一册，并令宗室八旗作为教材学习。该书在日本影响广泛而深远，自道光三十年第一部《海国图志》传入日本，至明治维新前的10多年间，共传入10余部、翻刻达20种以上的不同版本，对日本的风气开通、维新改革，起了不容忽视的重要作用。

在《海国图志叙》中，魏源开宗明义地提出了学习西方先进技术以抵御外侮的重要思想，“是书何以作？曰：为以夷攻夷而作，为以夷款夷而作，为师夷长技以制夷而作”。对诸如“夷兵不可敌”、视西方科技为“奇技淫巧”的观点进行了批评。“师夷长技以制夷”思想的提出，解放了部分国人的封闭思想，使魏源成为继林则徐之后近代中国睁眼看世界的又一思想先驱。

魏源提出了“师夷长技以制夷”的内容和具体措施，认为“师夷”目的是为了“制夷”。认真研究夷情是基础，“欲制外夷者，必先悉夷情始”，“不善师外夷者，外夷制之”。特别要认清夷之长技是“有用之物，即奇技而非淫巧”，所谓“长技”，“无非竭耳目心思之力，以利民用”。具体的长技内容有三：战舰、火器、养兵练兵之法。“师夷长技以制夷”的具体措施：第一，购买西方坚船利炮，并在国内设厂制造。并建议在广东虎门外设置船厂、火器局，延请法国、美国等“夷目”分携工匠前来司造船械。这样，“我有铸造之局，则人习其巧，一二载后不必仰赖于外夷”。第二，发展对外贸易，学习西方技艺。魏源以道光二十七年情况为例分析，外国输入中国的货物（不包括鸦片）值银2014.8万元，而中国出口的货物值银3509.3万元，假使没有鸦片进口，中外贸易明显是有利于中国的。在进口物品中，根据中国的具体国情，他主张进口大米、武器及发展工业所需的重要物资。第三，培养掌握西方技术的人才。改变单纯以科举词章取士的制度，如能造西方战舰、火轮船、大炮、水雷等新式器物，即可给以科甲出身。第四，设立译馆，翻译介绍西方书籍。林则徐在广东设译员翻译《澳门月报》等外文书报的举措，深获魏源赞赏。在《西洋人玛吉士地理备考序》一文中，他说：西方有“明礼行义，上通天象，下察地理，旁彻物情，贯串古今者，是瀛寰奇士，域外之良友”，值得我们学习。据统计，《海国图志》一书中所引的西方著作就达20种之多。

“师夷长技以制夷”的思想主张，近代中国各个阶层的先进人物多所吸取遵循。王韬在《漫游随录·扶桑游记》说：“师长一说，实倡先声”。他们懂得，“盖船厂非徒造战舰也。战舰已就，则闽广商艘之泛南洋者，必争先效尤，宁波上海之贩辽东、贩粤洋者，亦必群就购造”。军事工业除造战舰外，“量天尺、千里镜、龙尾车、风锯、水锯、火轮舟、自来火、自转碓、千斤秤”等等，“凡有益民用者”，都可以制造。并且提出“沿海商民有自愿仿效厂局以造船械，或自用或出售者听之”的主张。后来的洋务运动中所办军事工业、民用工业，甚至民营工业的种种发展方向，魏源都早有构思，许多写进了他的著述中。在《海国图志》中，魏源甚至还介绍了欧美资产阶级政治制度，他写到，美国总统以4年为一任，期满更代，“总无世袭终身之事”；选官举贤自下而上公举，“可不谓公平”？魏源的推介，甚至对几十年后的戊戌维新思潮也产生了影响。与龚自珍相比，魏源较多地接触了西方资本主义，在政治见解上比龚氏开阔许多，如果说龚自珍开出的是改良中国的“古方”，那么魏源开出的就是“洋方”，在抨击封建君主专制弊害方面，魏源则远不如龚深刻而犀利。

和鸦片战争时期的士大夫相比，魏源对沿海人民反侵略斗争的伟大力量认识较深。他主张利用沿海民众与海上渔民练成兵卒，抵抗侵略，对中华民族战胜侵略者也充满必胜信心，认为中国人的聪明才智并“不亚西土”，只要“集众长以成一长，则人争效力”，就能“风气日开，智慧日出”，不仅可以战胜西方的侵略，而且可以赶上甚至超过西方。

咸丰元年（1851），魏源补授江苏高邮知州。咸丰三年，太平军定都江宁，攻克扬州，距高邮仅40里。魏源以知州先办团练，镇压了湖西太平庄义军。三月，被督办江北防剿事宜的杨以增以迟误文报奏劾而遭革职，文宗在上谕中斥责魏源玩视军务。不久，钦差大臣周天爵又延魏源入幕参谋军务，因攻打安徽宿州捻军有功，奉旨复官。但魏源已无心官场，以年逾60而辞归。

魏源奉母至孝，曾于道光十五年在扬州购园一处，迎母亲居住，取名“絜园”。魏源著述甚丰，以园内有“古微堂”书屋，其集称为《古微堂集》《古微堂诗集》，另著有探讨学术、评论政治的著作《默觚》《元史新编》《禹贡说》等。鸦片战争以前，魏源主要是抨击社会黑暗现实，关心国计民生大政，改良社会政治风气，提出了颇具积极意义的政策措施。其晚年则举家避兵兴化，不问政事，唯手订生平著述，且潜心佛学，翻译《无量寿经》等。咸丰六年，出游至杭州，寄住僧寺，闭门谢客。咸丰七年（1857）三月初一日，魏源逝于杭州，享年64岁。

徐继畬究心“洋书”

徐继畬（1795—1873）字健男，号牧田，又号松龛，山西五台人。幼年随父读书于京师，18岁中举，执教家乡崇实书院，勤攻经史，道光六年（1826）始中进士。父亲去世后，照例丁忧居家，出任教席，闲暇精研史地之学。服孝期满，回京师任翰林院编修，补都察院陕西道监察御史。道光十六年九月，外放广西浔州知府，一年后擢升福建延建邵道。不久，又署汀漳龙道。道光二十年夏，英国侵略军进攻厦门，继畬驰驱海岸前线，加强防守。又撰写《鸦片之害与禁治之方》，痛斥鸦片为一大祸害，主张杜来源，绝兴贩，严吸食。二十一年二月，继畬严密布置漳州沿海防守事宜。七月，英军攻陷厦门，漳州与厦门仅一水之隔，势甚危急，继畬积极调兵、募勇、练兵、拦港，人心逐渐安定。他感叹道："二百年全盛之国威，乃为七万里之外逆夷所困，致使文武将帅，接踵死馁，而曾不能挫逆夷之毫末。"

鸦片战争后，徐继畬升任两广盐运使、广东按察使。道光二十三年四月授福建布政使。按《南京条约》规定，五口通商，厦门开市，继畬移驻厦门，办理通商事务，与英国领事等交涉，这让他更加留心世界大势。他特地向译员美国传教士雅裨理了解外国的历史、地理，有空就同他晤谈，了解了世界各国的大致情况。道光二十四年，再至厦门，托人购得世界地图2册，每与外国领事会晤时，则详细询问西国状况，并参照中国资料，编成《瀛寰志略》2卷。

徐继畬于道光二十七年（1847）正月，任福建巡抚，而且一任就是5年，其中还两次代理闽浙总督。在福建任上，继畬更加究心"洋务"，"每晤泰西人辄披册子考证之，于域外诸国地形、时势稍稍得其涯略，乃依图立说，采诸书之可信者衍之为篇，久之积成卷帙，每得一书，或有新闻，辄纂改增补，稿凡数十易，自癸卯（道光二十三年）至今（道光二十八年），无阅寒暑，公事之余，惟以此为消遣，未尝一日辍也"。徐继畬在"公事"之外的时间几乎都用到《瀛寰志略》的撰写上，历经5年，正好与任福建巡抚的时间相始终，终于完成了这部中国人"开眼看世界"的著作。该书共分10卷，总分图集44幅，分装6册。《瀛寰志略》成为近代中国人系统介绍世界各国情况的开拓性著作之一。

在《瀛寰志略》卷9中，有一篇结合中国历史颂扬美国开国总统华盛顿的文字，其文说："按华盛顿异人也，起事勇于胜、广（陈胜、吴广），割据雄于曹、刘（曹操、刘备），既已提三尺剑，开疆万里，乃不僭位号，不传子孙，而创为推举之法，几于天下为公，骎骎乎三代之遗意。其治国崇让善俗，不尚武功，亦迥与诸国异。余尝见其画像，气魄雄毅绝伦。呜呼！可不谓人杰矣哉！米利坚合众国以为国，幅员万里，不设王侯之号，不循世及之规，公器付之公论，创古今未有之局，一何奇也！泰西古今人物，能不以华盛顿为称首哉？"浙江宁波府的基督教徒和美国传教士录下这段文字，并镌碑赠送美国首都华盛顿纪念塔，至今徐继畬对华盛顿的评价仍保存在该塔第十级内壁上。

鸦片弛禁两难

清道光年间，时值西方资本主义的起飞和快速发展期，尤其是英国，走在最前，发展最快，实力最强。英国以所属东印度公司为基地，通过非法的鸦片贸易，打开了中国的大门。

外输鸦片快速增长

自19世纪20年代起，鸦片走私快速增长，输入者主要是英国。嘉庆五年（1800）至十六年（1811），英国鸦片输入年平均数为3974箱，美国为42箱。嘉庆十七年至道光元年（1821），英国鸦片输入量年平均为4264箱，美国为230箱。到道光十八年，英国鸦片输入量增加到40200箱，按每箱鸦片重约100至120斤计算，总的鸦片质量达400万斤以上[①]。在宣宗当政的前18年中，鸦片输入量增加了10倍，导致中国白银大量外流，总数达2亿元左右，严

① ［美］马士：《中华帝国对外关系史》第1卷，第238~239页。

重影响了清政府的财政经济状况，也极大地威胁了清政府的统治。鸦片大量输入，也极大损害了中国人民的身心健康。

鸦片驰禁与否

早在嘉庆朝，清廷屡次诏令各地禁止鸦片，但反而愈演愈烈。宣宗即位后，决心清除此“风俗之害”，严厉查禁鸦片烟毒。越来越多的内外大臣对此深感忧虑，纷纷上书朝廷，陈明厉害。鸦片问题严重困扰清政府，时禁时弛，痼疾难消。道光十六年四月二十九日（1836年6月12日），太常寺卿许乃济奏，“鸦片烟例禁愈严，流弊愈大”，故“请变通办理，弛禁鸦片，仍准其以货易货”[①]。许乃济的弛禁主张得到部分广东官吏和士绅的支持，但也遭到一些官员的反对。湖广总督林则徐在任上，面对日益严重的鸦片吸食问题，坚决推行严禁政策。道光十八年闰四月初四日（1838年6月2日），鸿胪寺卿黄爵滋上《严塞漏卮以培国本疏》，痛陈鸦片的种种祸害，主张严禁鸦片，重治吸食行为。黄爵滋认为鸦片屡禁不止、愈演愈烈的原因在于以往的禁烟方法不当，称言：若禁于海口，因稽查员弁贪图从中获利，谁肯认真查办？况且沿海万里，随处都可出入，防不胜防。但禁止通商，不仅损失了粤海关关税，而且贩卖鸦片烟的外国商船停泊在大洋之中，也自有奸民为之搬运，“故难防者，不在夷商而在奸民”。如果查拿烟贩，严治烟馆，无奈关津胥吏、衙役兵丁、世家大户不肖子孙、地方官幕友家人从中层层阻挠，也难以奏效。若以内地种植替代进口，然“食之不能过瘾”，非但外来鸦片烟未绝，反而内地又生一害。因此，他主张制定一项新法：限期一年戒烟，以后查获吸食者诛[②]。黄爵滋遇

① 陈桦：《清史编年》第8卷，《道光朝》，第313页。

② 中国第一历史档案馆：《鸦片战争档案史料》第1册，第254~257页。

事敢言，宣宗对他评价甚高，故把他放在有上奏权的鸿胪寺卿这个位置上，以鼓励言官，广开忠谏之路。他这份奏折，在禁烟方法上，要求改变以往重查“夷商”、重防海口、重查拿烟贩和烟馆的老方法，将禁烟的重点直接对准吸食鸦片者，涉及面显然将更加广泛。黄爵滋的新主意，与他三年前严禁海口的态度正好相反。正在为白银大量外流而困扰不已的宣宗拿不定主意，于是将此奏折下发各地将军督抚，令他们各抒己见，妥议章程，迅速具奏。

宣宗收到了29份来自各地将军、总督、巡抚的回奏。其中，湖广总督林则徐、两江总督陶澍、署四川总督苏廷玉、东河总督栗毓美、湖南巡抚钱宝琛、安徽巡抚色卜星额、河南巡抚桂良、江苏巡抚陈鑾的上奏，同意黄爵滋吸烟者诛的意见。其余的上奏者仅主张对吸食者加重处罚，但总体不赞成杀头。所有奏折都主张加强对贩烟、售烟的缉拿重治，多数主张还是将禁烟的重点放在查禁海口，直隶总督琦善、盛京将军宝兴、陕西巡抚富呢扬阿、湖北巡抚张岳松、浙江巡抚乌尔恭额、河南巡抚桂良、广西巡抚梁章钜、江苏巡抚陈鑾甚至直指广东。湖北、浙江、河南三省巡抚言词尤为激烈。他们认为，禁烟必须正本清源，鸦片的来源既然在广东，就要在广东切断毒源。

为什么会有如此多的地方将军督抚大员不同意黄爵滋严禁鸦片的意见？以往论者多认为，这是直隶总督琦善为首的弛禁派的花招。最近的论者研究认为与琦善并无直接关系[①]。在当时的政治气氛中，官员们以揣摩皇帝旨意为能事。当宣宗已经明显表露其倾向时，大臣们不敢拂逆皇上的旨意。因为宣宗在将其收到的各将军督抚议复的奏折交大学士、军机大臣等议奏后的第五天，将主张弛禁的太常寺少卿许乃济的官衔，由正四品降为六品，即行退休，以示惩儆。此时若有大臣再敢主张弛禁，危险可以想见。多数人不同意黄爵滋的意见，是因为害怕此举可能会给他们自身带来危险。按清朝法律的

① 茅海建：《天朝的崩溃：鸦片战争再研究》，第86~88页。

规定，杀人须经县、府、省三级审理，省一级判结后，需缮写揭贴13份，分送刑部、大理寺、都察院等有关衙门，同时以题本报皇帝，由内阁票拟交刑部等核议具奏，最后由皇帝勾决。如果吸食者诛，必然会给地方官增加巨大的工作量，并且此类案件的审理，很可能牵涉到巨室富户，又会卷入巨多麻烦。因此，他们主张加强查处贩烟、售烟之外，将禁烟之责推向沿海，推到广东一省则更好，其余省份就可卸肩免责。

到九月初六日（10月23日），宣宗已经收到28份议复的奏折，但仍然下不了决心，于是下令大学士、军机大臣会同有关部门讨论，提出意见。而军机大臣等的议复，迟迟未决，拖延至次年六月十二日才进呈。3天后，宣宗批准。这封长达2万余字的新法律，规定在一年半后，对仍然未戒烟的瘾君子将采用死刑，据称宣宗对此持积极支持的态度。但由于接踵而至的战争，此法从未施行，形同虚文。在禁烟问题上，宣宗作为一国之君，初期游移不定，立场并不稳固。后来，他发现鸦片烟毒已经侵入皇室高层，才下决心召林则徐进京，打算严厉禁烟。但还是拖拖拉拉，过了好几个月，才授予林则徐钦差大臣，南下督办禁烟。朝廷内外，许多官员本来就不赞成严禁鸦片，因为鸦片贩运为他们带来许多好处，而主张禁烟的多数官员也是寄希望于用一种比较省力的办法来解决问题，靠他们自我革命消除自身的痼疾显然已经不可能。外国鸦片贩子走私的毒品能够接运入口，再行销各地，离不开各级官员的包庇受贿、暗中保护，而这些官员许多本身就是鸦片烟“瘾君子”，但是从来没有一个比较显要的官员因此而受到惩治。尽管按照清朝的法律，贩卖鸦片是充军、流放的重大罪行。皇帝和官员们对于外国情况知之甚少，认为情况最糟糕时，只要停止贸易、略施威吓，就可使外国商人再不敢私贩鸦片，从而一劳永逸地禁绝鸦片。这样，白银外流的问题、国家财政经济问题也会迎刃而解。宣宗在决心禁烟时派林则徐到广东，其动机也就在此。

虎门销烟两万箱

道光十八年（1838）九月初八日，获悉庄亲王等吸食鸦片，烟毒侵入皇室，宣宗很震撼！于是诏令各地查禁鸦片：凡属贩运鸦片、开设烟馆的，都应从重惩办；文武官员、军民人等吸食鸦片、不知悔改者，也一起查拿，分别办理。并令大学士穆彰阿等大臣议定禁烟章程。该月二十二日，宣宗得悉直隶总督琦善奏称，在天津搜获鸦片烟土82口袋，重13万1500两。这是自雍正七年（1729）清政府禁烟以来，一次查获烟土最多的案件！琦善还奏明，鸦片来自广东。

林则徐入京

道光十八年九月二十三日（11月9日），即宣宗获悉烟毒侵入皇室半月、查获史上最大量鸦片的第二天，宣宗迅即诏令林则徐入京觐见。显然，宣宗心中早有林则徐。林则徐公正清廉、办事认真，官声颇佳。仁宗去世前两个月，林外放为浙江杭嘉湖道。此后，一路升迁，由按察使，布政使，东河总督、巡抚，至道光十七年（1837）升任湖广总督。还在道光二年，林则徐第一次见到宣宗，在召对中宣宗嘉勉道："汝在浙省虽为日未久，而官声颇好，办事都没有毛病，朕早有所闻，所以叫汝再去浙江，遇有道缺都给汝补，汝补缺后，好好察吏安民罢。"林则徐再请皇帝指示，宣宗说，"照从前那样做就好了"[①]。此后，宣宗还多次褒奖林则徐。道光七年，林丁母忧结束后进京，升陕西按察使，因离家乡远，迎养父亲不便，召对时面有难色。宣宗说，"朕知汝于江浙熟悉，但此时西方有事（指平定张格尔），且先去。"果然，8个月后，回疆平定了，宣宗擢升林则徐为江宁布政使，以便迎养林父[②]。林则徐与宣宗的关系于此可见一斑。

林则徐对待查禁鸦片烟的态度，也是认真而坚决的。道光十八年五月初七日（6月28日），林则徐上《筹议严禁鸦片章程》六条，极力赞同黄爵滋的主张，提出禁烟的具体办法，并附戒烟药方，建议朝廷颁行各省推广。八月初二日（9月20日），再上《钱票无甚关碍宜禁吃烟以杜弊源》奏折，痛陈鸦片泛滥对社会经济和国家财政的严重危害，认为如再不推行严禁政策，采取果断有效措施，"数十年后，中原几无可以御敌之兵，且无可以充饷之银"。林则徐在其所管辖的湖北、湖南两省，大力开展禁烟运动，成效显著。当他收到宣宗指示对黄爵滋奏折发表意见的谕旨后，迅速行动，起获烟膏烟土1.2万余两。宣宗在上谕中称赞他："所办甚属认真，可见地方公事，果能振刷精神，实力查办，自可渐有成效。"九月下旬，林则徐奉命离鄂赴京觐见宣宗前夕，他在湖北所获烟土烟膏达2.45万两，收缴烟具数千件。同时，他更注重劝戒，给吸食者提供戒烟药方，定以期限，吸食者纷纷自行戒烟，有吸食成瘾达30年每日需吸一两鸦片而居然戒断的。许多吸食鸦片者在

① 中山大学历史系编：《林则徐集·日记》，第93页。

② 中山大学历史系编：《林则徐集·日记》，第111页；中山大学历史系编：《林则徐集·奏稿》上册，第11、12、24页。

戒绝后获得新生，他们的父母妻子对林则徐衷心感谢，有的老人、妇女在路旁叩头称谢，并称他们的儿子、丈夫久患烟瘾，服药戒断后，红光满面，身体逐步强壮。林则徐成为主张严禁鸦片的代表性人物。

鸦片烟毒的长期大肆泛滥，将动摇清王朝的统治根本，林则徐的上奏和严禁鸦片的实效，也促使宣宗下定决心严禁鸦片。宣宗选择林则徐主持广东禁烟，是有其理由的。后来林则徐在广东的禁烟、销烟表现，也证明宣宗的眼光没有错。林则徐确实是能担当此重任的最佳人选。

林则徐由湖广总督衙署驻地湖北武昌启程，于道光十八年十一月初十日（12月26日）抵达京城。在京期间，宣宗8天中8次召见林则徐，每次二到三刻，两人密谈的时间累计在4小时上下，以示对禁烟问题的高度重视和对林的特别倚重。同月十五日（12月31日）宣宗特颁给林则徐钦差大臣关防，命其前往广东查禁鸦片，“查办海口事件，所有该省水师，兼归节制”[①]。十一月二十三日（1839年1月8日）正午时分，钦差大臣、湖广总督林则徐在京城拜别了众宾客后，启用钦差关防，“焚香九拜，发传牌，遂起程”[②]。由于是钦差大臣，礼仪优渥，规格崇高，林则徐一行由正阳门出彰仪门，一路南行，于翌年正月二十五日（3月10日）抵达广州。

林则徐领导这场禁烟运动，任务无疑极为艰巨。京城内外，大小臣工，各怀心思。首席军机大臣、大学士穆彰阿对于林被授钦差大臣，很感意外。临行前，林则徐好友、时任礼部主事龚自珍作《送钦差大臣侯官林公序》一文深情送别，建言禁毒十事，并提醒道：京城中一班反对禁烟的人士会发难，其为“迂诞书生”，皆系“天下黠猾游说，而貌为老成迂拙”之徒，并且此类人物“粤省僚吏中有之，幕客中有之，游客中有之，商贾中有之，恐

① 中国第一历史档案馆：《鸦片战争档案史料》第1册，第424页。

② 中山大学历史系编：《林则徐集·日记》，第316页。

绅士中未必无之”。切望林则徐此行能够真正禁绝鸦片，“使中国十八行省，银价平，物力实，人心定”[①]。加上英国侵略者和中外鸦片烟贩子的破坏捣乱，危险无处不在。但这些都没能阻拦林则徐南行禁烟的决心。在告别其病中的业师工部左侍郎沈维鐈时，他说：死生命也，成败天也。苟利社稷，敢不竭股肱以为门墙辱？有如“知其不可为而为之”的豪迈。后来林则徐在致其亲家、时任河南河陕汝道的叶申芗的信时回忆，“侍戊冬在京被命”，“惟时圣意亟除鸩毒，务令力杜来源。所谓来源者，固莫甚于英吉利也。侍思一经措手，而议论者即以边衅阻之，尝将此情重叠面陈，奉谕断不遥制”[②]。早已将一己之祸福荣辱置之度外。后来，林则徐充军伊犁前作《赴戍登程口占示家人》诗，中有“苟利国家生死以，岂因祸福避趋之”，实际上就是他当时领旨南下时的真实心理写照。

广东查禁鸦片

林则徐抵广州后，认识到单纯严禁吸食已不足禁绝鸦片，关键要严禁广东沿海鸦片烟贩的猖狂走私。查禁走私，就是从源头上遏制鸦片的输入。两广总督邓廷桢、广东巡抚怡良、广东水师提督关天培等地方军政大员积极支持配合，严堵鸦片来源。林则徐主要抓三项重点工作：调查鸦片走私情况，限令外国鸦片贩缴出烟土并具结，将缴获的全部鸦片予以销毁；招徕各方面人才，搜集和翻译西方国家的书报，掌握各方面“夷情”；整顿海防，增设炮台，训练水师，招募水勇，组织民众，为抵御外来侵略积极战备，准备迎击来犯之敌。

① 龚自珍：《龚自珍全集》，第169~171页。

② 杨国桢：《林则徐书简》，第150页。

离开北京，经过直隶、山东、安徽、江西到广东南行的两个月路途中，林则徐注意访问调查各方面的人物，问询了解广东鸦片走私的情况，初步形成了查禁鸦片的措施。如途经安徽舒城时，他邀约曾任广东香山县（今中山）令的田小泉晤谈，认真听取其在知县任上缉获鸦片万余斤的经验；经过江西赣州时，向曾任粤海关监督豫堃幕僚的郭桂船问询，并通过郭向《粤海关志》主编梁廷枏索要海事文献图册，了解诸国禀件禁令及沿海要隘、诸县界域道里、墩营炮械等资料。林则徐初步掌握了外国鸦片贩子与广东海关、水师、行商等勾结舞弊的种种内幕。为及早拘拿中外案犯，他行至江西泰和县时，即将在京和一路密查暗访到的重要奸商头目名单，飞札广东布政使和按察使两司，要求迅速予以捉拿。

到达广州后，林则徐入住越华书院，迅速与两广总督邓廷桢、广东巡抚怡良、广东水师提督关天培、粤海关监督豫堃等会面，商议禁烟办法。颁布《禁烟章程十条》《晓谕粤省士商军民人等速戒鸦片告示稿》《颁查禁营兵吸食鸦片条规》《札发编查保甲告示条款转发衿耆查照办理》《札各学教官严查生员有无吸烟造册互保》《批司道会详核议设局收缴鸦片章程》等[①]，展示了钦差大臣林则徐严厉禁烟的快速行动和坚定决心。几天内，在两广总督邓廷桢配合下，迅速查办历年包庇鸦片走私、贪污受贿的督标副将韩肇庆，严惩与外国鸦片贩狼狈为奸的行商。此时，宣宗也不断表达坚决支持严厉禁烟的态度。正月二十七日谕令林则徐、邓廷桢、怡良，严饬水师调集师船，追捕在外洋寄碇的鸦片烟趸船，同时令将“其窑口烟馆各犯，著通饬各属，搜拿净尽，以绝根株”。3天后，宣宗又谕令沿海各省，协力同心，驱逐贩卖鸦片之外国船只。“遇有该夷抛泊该处海口，即行随到随逐，勿令片刻

① 中山大学历史系编：《林则徐集·公牍》，第51~56、62页；陈锡祺等：《林则徐奏稿、公牍、日记补编》，第23~25页。

停留。”[①]

二月初四日（3月18日），即到达广州城刚8天，林则徐即与两广总督邓廷桢、广东巡抚怡良等共同传谕十三行行商，颁发《谕洋商责令夷人呈缴烟土稿》《谕各国夷人呈缴烟土稿》，对外宣示严禁鸦片的政策，表明严禁烟毒的意志。谕贴历数多年来中国行商与外国鸦片烟贩相勾结，从事种种舞弊不法行为，责令他们转告外国鸦片烟贩遵照规定，限期呈缴所有鸦片，并出具中英文字合同甘结，声明："嗣后来船永不敢夹带鸦片，如有带来，一经查出，货尽没官，人即正法，情甘服罪。"林则徐同时声明，如能不夹带鸦片，可以照常贸易。但严厉警告他们："倘执迷不悟，犹思捏禀售私，或托名水手带来与尔无涉，或诡称带回该国投入海中，或乘间而赴他省觅售，或搪塞而缴十之一二，是皆有心违抗，怙恶不悛。虽以天朝柔远绥怀，亦不能任其藐玩，应即遵照新例，一体从重惩创。此次本大臣自京面承圣谕，法在必行。且既带此关防，得以便宜行事，非寻常查办他务可比。"林则徐并表示："若鸦片一日未绝，本大臣一日不回，誓与此事相始终，断无中止之理。"[②]向中外庄严宣告严禁鸦片的决心。

按照林则徐的部署，限这些广州的外国商人3日内回禀答复。粤海关暂停颁给外商离开广州的红牌，一些清兵也在外国商人居住的商馆附近秘密巡逻。3天过去了，外国商人们并没有遵令。加之大鸦片商人颠地等唆使鼓动，鸦片烟贩徘徊观望，拒缴鸦片。他们以为林则徐这还是老套路，只是在索要贿银，不真当一回事。但林则徐却是来真的，不单把矛头对准行商，也逐步转向外国商人。初七日，林则徐通过行商传令，他将于次日去行商会所，将一二名行商开刀问斩。结果外国商人同意交出鸦片1037箱。初八日，

① 中国第一历史档案馆编：《鸦片战争档案史料》第1册，第499、801~802页。

② 林则徐：《谕各国夷人呈缴烟土稿》，载《信及录》。

林则徐下令传讯颠地，但对方未予理睬。初十日，英国驻华商务监督义律（C.Elliot）由澳门潜入广州，并唆使颠地等乘夜逃出城，被侦知截回。于是，林则徐采取果断措施，照历来洋人“违抗封舱”旧例，宣布将停泊在广州黄埔港的外国商船暂行封舱，停止贸易。同时封锁商馆，谕令行商不准为外商雇佣搬运工和租赁船只，各商馆中的中国买办人役等一律撤出，断绝商馆内外通信联系以及食物等一切给养。商馆周围通道，设兵防守，不许洋人出入。致使城内洋人商馆与黄埔、澳门和洋面趸船信息完全断绝。也就是说，林则徐将位于广州城外西南角的约6.6万平方米的商馆区，连同里面的外国商人全部禁闭起来。这样，外国鸦片商无处可逃，外国鸦片商人囤积的鸦片烟无处可销，除非缴出，没有别的办法。面对林则徐毫不妥协的强硬手段，三天后，同被禁闭在商馆的义律被迫屈服，以英国女王陛下政府的名义，责令英商交出鸦片。所有鸦片共有20283箱，计每箱装整土烟40个，每个重3斤，每箱应重120斤，总数不下二百数十万斤。义律“敬禀钦差大人”，“遵照钦差大人特谕”，愿负责呈交英商趸船的全部鸦片。最后截至四月初六日，以英商为主的外国趸船鸦片烟贩，前后共缴鸦片19360箱又2115袋，比义律原许诺应缴20283箱之数，溢收1000袋有余，其重量达237万余斤[①]。

林则徐得到义律承允后，于十五日开始恢复对商馆区的供应，送去牛羊等食品。二十八日，林则徐与邓廷桢同抵虎门，广东水师提督关天培本驻扎在此，趸船22只陆续驶至虎门珠江口外，正通过驳船将鸦片运至岸上收贮。为安抚洋商，凡缴出1箱鸦片者，赏茶5斤，所需茶叶10万余斤，由林则徐安排采办。二十九日，林则徐收到义律缴来的第一批鸦片，准许中国雇工们回商馆区工作。20天后，林则徐认定缴烟工作能如期完成，便撤销了对商馆的封锁，除颠地等16名大鸦片商外，其他外国人都准许离开广州。四月初十

① 收缴鸦片烟数，据林则徐奏报，见《筹办夷务始末（道光朝）》第1册，第169页。

日，当缴烟工作结束时，林则徐要求被扣的16名外国鸦片商人具结，保证以后不再来中国，经义律提议，颠地等人均具结。两天后，义律和其他的外国商人全部离开广州。

查缴英商鸦片的过程中，林则徐、邓廷桢等把情况奏报给宣宗，中有林则徐呈进谕令各国洋商呈缴鸦片示稿。内称，本大臣既带关防，得经便宜行事，若鸦片一日未绝，本大臣一日不回，誓与此事相始终。宣宗于三月十九日谕批："览及此，朕心深为感动，卿之忠君爱国，皎然于域中化外矣！"①根据林则徐等人的奏报："至本年三月底，广东计获烟犯一千六百名，烟土、烟膏四十六万一千五百二十六两九钱八分，烟枪四万二千七百四十一枝，烟锅二百一十二口。兹自四月初一起，至五月十八日止，据各属文武先后报获烟案一百四十起，贩卖、煎熬、吸食人犯共一百九十二名，烟土一万二千七百七十三两七钱九分，烟膏二百一十二两五钱八分五厘，烟枪一千二百四十五枝，烟锅三十六口。民间自首一项，共收缴烟土十六万九千三百零七两五钱五分，烟膏四千六百零五两五分，烟枪二万六千零五十枝，烟锅三百一十六口。"②

林则徐、邓廷桢奏请宣宗，提出将所缴鸦片，用原箱解运北京验明，再行销毁。宣宗同意了他们的意见，但随后采纳监察御史的建议，以路途遥远，谕令林则徐等将所缴呈的鸦片烟不必解京，在当地会同文武兵弁，就地目击销毁，让沿海居民、在粤洋人"共见共闻，咸知震詟"。林则徐、邓廷桢得旨后，与关天培等妥商筹划：择定东莞县虎门海滩开阔地方，挖掘两个大池，引盐卤水入池，然后投入鸦片烟土浸泡，让石灰和烟土发生反应而销溶。

① 中国第一历史档案馆编：《鸦片战争档案史料》第1册，第525~526页。

② 文庆等修：《筹办夷务始末（道光朝）》第1册，第193页。

道光十九年（1839）四月二十二日（6月3日），钦差大臣林则徐在广东巡抚怡良、粤海关监督豫堃等陪同下，登上虎门海滩的观礼台，鸣响礼炮，正式开始了虎门销烟的伟大壮举。由于鸦片烟土数量很大，整个销烟过程持续到五月十五日（6月25日）。除留下各类鸦片样品6箱解往北京外，将其余收缴的鸦片烟土全部运至虎门海滩。在林则徐、邓廷桢、怡良、关天培等官员监督下，当众销毁。共计销毁烟土19179箱（含美国烟贩1540箱），2119袋；以斤计，则为2376254斤。其销烟之法，先于虎门“海滩高处，挑挖两池，轮流浸化。其池平铺石底，纵横各十五丈余尺，四旁拦桩钉板，不令少有渗漏。前面设一涵洞，后面通一水沟。池岸周围，广树栅栏，中设棚厂数座，为文武员弁查视之所。其浸化之法，先由沟道车水入池，撒盐成卤。所有箱内烟土，逐个切成四瓣，投入卤水，浸泡半日。再将整块烧透石灰，纷纷抛下，顷刻便如汤沸，不焚自燃。复雇人夫多名，各执铁锨木爬，立于跳板之上，往来翻戳，务使尽化。俟至退潮时候，启放涵洞，随浪送出大洋，并用清水刷涤池底，不任涓滴留余”①。以虎门销烟为标志，林则徐领导的禁烟运动取得了伟大胜利，表明了清政府和中国人民反对鸦片祸害的决心。

林则徐虎门销烟的壮举，举国震惊，举世震惊。虎门销烟时，来观看的沿海居民站满了海滩，外国商人和传教士等亦获准参观，其中有自澳门驾船来的美国商人金、传教士裨治文、船长弁逊等，金还携带了家眷前来观看。林则徐当场接见了这些美国人，并向他们阐明中国的禁烟政策：禁烟不影响正常贸易，但永远不可夹带鸦片，走私鸦片仍将严惩，正经商业贸易仍然给予优惠，不受牵累。实际上，林则徐的政策是双管齐下，既实施严厉的禁止鸦片贩运、销售和吸食的政策，同时鼓励愿意遵照规定的外国商船进行正常贸易，与专事鸦片走私及抗拒具结的鸦片烟贩予以区别，主张奉法者来之，

① 中国第一历史档案馆编：《鸦片战争档案史料》第1册，第593~595、610~611页。

抗法者去之，这无疑是正确的。

对于钦差大臣林则徐究竟如何处理已经呈缴的鸦片，当时在广州和澳门的外国人揣测颇多，一般都认为林则徐等官员会将这些鸦片私吞，中饱私囊，即便销毁，大部分鸦片也会被偷走、失踪。大家各怀心思，都希望亲眼见证林则徐怎样销毁鸦片。虎门销烟后，中外观者无不为为销烟的认真彻底而信服、赞叹。美国人裨治文（E.C.Bridgman，1801—1861）将其见闻写成文字，刊载在他主编的《中国丛报》上：环绕我们的场面全都是令人高兴的，给人印象相当深刻。我们反复考察过销烟的每一过程。他们在整个工作进行时的细心和忠实的程度，远出于我们的臆想，我不能想象再有任何事情会比执行这个工作更为忠实的了。通过自己的亲眼所见，他认为，不得不相信这是一个事实[①]。曾在广州兴办印刷厂并任《中国丛报》编辑的美国传教士卫三畏（S.W.Williams，1812—1884）在其1848年出版的《中国总论》中也写道：中国的君主宁愿销毁害民之物，而不愿用之谋利，来装满自己的腰包，是世界史上仅见的事。他断言，鸦片是在最彻底手段下被销毁的，全部事务的处理，在人类历史上也必将永远是一个最为卓越的事件[②]。林则徐的禁烟举动，赢得了原来对他抱怀疑态度的外国人的尊敬，他的对手和敌人也不得不承认他是一位伟人。后来，英国人在伦敦建世界名人蜡像馆，特为林则徐塑了一尊蜡像。光绪三年（1877），清政府首任驻英公使郭嵩焘前往参观，副公使刘锡鸿陪同参观，他著文描写所见林则徐蜡像情形："前有小案，摊书一卷，为禁鸦片烟条约。上华文，下洋文。夫文忠办禁烟事，几窘英人，然而彼固重之者，为其忠正勇毅，不以苟且图息肩也，可谓知所敬。"[③]林则徐的禁烟运动和虎门销烟，青年马克思也注意到了，他在《鸦片贸易史》

---

① 广东省文史研究馆译：《鸦片战争史料选译》，第165~169页。

② 卫三畏：《中国总论》第2卷，第504~505页。

③ 刘锡鸿：《英轺纪行》，第66页。

中写道："中国政府在1837年、1838年和1839年采取了非常措施，这些措施的顶点是钦差大臣林则徐到达广州和按照他的命令没收、焚毁走私的鸦片。"①中华人民共和国成立后，中央人民政府在天安门广场建立了人民英雄纪念碑，纪念碑基座四个方面上共设计了8幅大型浮雕，其中第一幅大型浮雕就是由林则徐主持的虎门销烟的生动场景。

严禁鸦片烟章程

就在林则徐在华南主持销烟之际，道光十九年（1839）五月初二日，由宗人府宗令敬敏领衔奏上《严禁鸦片烟章程》三十九条。五月初五日（6月15日），宣宗谕令将此章程纂入则例，永远遵行，并迅速刊刻，发各直省将军督抚等遵照实行。《严禁鸦片烟章程》三十九条内容如下：

一、沿海奸民开设窑口，囤积鸦片者，首犯斩枭，为从同谋及接引护送之犯，并知情受雇船户，绞监候。该管官知情故纵者，革职，失察者分别议处。二、沿海兵弁受贿故纵者，绞立决。知情徇纵者，俱发往新疆，官弁充当苦差，兵丁为奴。失察者，官弁分别议处，兵丁杖徒。三、合伙开设窑口并合伙兴贩者，以造意者为首，余俱为从论。四、寄囤洋船烟土，照开设窑口从犯治罪。五、官役拿获贩烟吸食之犯，得财卖放者，与犯同罪。赃重者，计赃以枉法论。失察之官，分别议处。六、监获禁卒传递鸦片者，发极边烟瘴充军。其解役有犯者，发近边充军。七、兵役借查烟之机，肆行抢夺者，发边远充军。赃一百二十两以上者，为首，绞监候。失察官分别议处。八、鸦片烟案内流罪以上人犯，告称留养者，概不查办。九、事未发自首者，免罪。闻拿投首者，减一等。首后复犯，加一等治罪。十、吸食之案只

① 《马克思恩格斯选集》第2卷，第28页。

准官弁访拿，不许旁人讦告。十一、开设烟馆，首犯绞立决，从犯及知情租屋者，发新疆给官兵为奴。兵役包庇，与犯同罪。十二、栽种罂粟，制造烟土，及贩烟至五百两者，或兴贩多次者，首犯，绞监候；为从，发极边烟瘴充军。兴贩一二次，数不及五百两者，为首，发往新疆给官兵为奴；为从，发极边足四千里充军。兵役贿庇，与首犯同罪。知情租给房地之业主，受雇船户，一年以外者，发边远充军；一年以内，杖流；半年以内，杖徒。州县官知情故纵者，革职，永不叙用。失察之官分别议处。十三、栽种罂粟尚未制烟售卖，及收买烟土烟膏未售卖者，为首，发极边烟瘴充军；为从，杖流。十四、吸烟人犯，均予限一年六个月，限满不知悛改，无论官民，概绞监候。十五、平民吸烟，在一年六个月限内者，杖流。如系旗人，销除旗档，一体实发。十六、在官人役及官亲幕友，一年六个月内在署吸烟者，照平民加一等治罪，该管官知情故纵者，革职，失察者，降调。十七、职官吸烟，在一年六个月限内者，发往新疆充当苦差。十八、兵丁在限内吸烟者，发近边充军。该管官知情故纵者，革职；失察者，分别议处。十九、开设烟馆，栽种罂粟，制烟兴贩，首从各犯，除现拟死罪外，其余俟一年六个月后，均拟绞监候。二十、吸烟人犯虽经改悔戒绝，但存有烟灰者，杖一百。二十一、制卖鸦片器具者，照造卖赌具例分别治罪。二十二、同居子弟有吸烟者，家长照不能禁约子弟为窃例治罪。二十三、职官因吸烟发往新疆者，概不准各城大臣因事保奏。二十四、宗室觉罗吸烟者，发往盛京，严加管束。如系职官及王公，均革职革爵，发往盛京，永不叙用。如犯在一年六个月限满后者，照新定章程，加重拟绞监候，宗人府会同刑部进黄册请旨。二十五、太监内有从前吸食者，限一月内自首免罪。再限三个月内，令总管太监认真搜查。如有收藏烟具者，从重治罪。如三个月限满，半年以内，有在禁门以内各值房吸食者，均拟绞监候；在外围值房吸食者，枷号六个月，发极边烟瘴，永远枷号，遇赦不赦。失察之总管首领及同屋太监，奏请分别降革治罪。如系首领吸食，均照禁门以内新拟罪名办理。陵寝首领太监等有吸食者，照外围办理。其王公门上及各大臣宅中之太监等有吸食者，交慎刑司永远枷号不赦。如半年以后仍有吸食者，在宫门以内者，斩监候；外围等处及陵寝当差，及王公门上、大臣宅中，并已为民太监等，绞监候。二十六、夷商住澳住行，卖货完竣，即饬遵照定限起程，如逾限久留，照违制律治罪。二十七、官兵查拿鸦片遇有大伙拒捕者，准放鸟枪，格杀勿论。二十八、销毁烟土，令督抚亲验真伪。二十九、沿海各省洋船进口，督抚派公正大员，实力搜查。三十、各省海关监督对洋船带烟进口，知情故纵者，革职；失察者，分别议处。三十一、各省拿获烟犯，将由何处购买，何人包庇护送，及经过地方，逐一根究，分别惩治。三十二、承审吸烟人犯之官员，徇情开脱，照故出人罪例治罪。三十三、职官虽吸烟已戒，仍令休致。三十四、无论拿获邻境本境之囤积兴贩各犯，均给予议叙，仍分别送部引见。三十五、访获吸烟者，亦准酌请议叙。三十六、在京各衙门及外省督抚，如将吸烟人员列入京察卓异，即将原保举官议处。三十七、京城地方责成步军统领衙门、顺天府五城随时访察。三十八、各省认真编查保甲，如牌长有受贿情弊，一体惩办。三十九、地方官于朔望宣讲时，务将吸食鸦片之害，明白宣示众人[①]。

五月十三日（6月23日），军机大臣穆彰阿等议覆林则徐《夷人携带鸦片烟土入口治罪专条》，拟定章程，称："此后洋人如带有鸦片烟入口图卖者，为首照开设窑口例，拟斩立决；为从同谋者，从轻拟绞立决。由督抚审明，交地方官督同该国官长，将各犯分别正法。起获烟土，全行销毁。""所带货物，概行入官。""以奉文之日为始，予限一年六个月，如

① 陈桦：《清史编年》第8卷，《道光朝》，第378~381页。

于期限内将烟土全数呈缴者，免治其罪。”[①]随后林则徐奏请将《专条》中“入口”二字改为“来内地”，从之。

此后，各地纷纷出台各种禁烟细则和地方章程，推动禁烟运动深入发展。浙江巡抚于六月初六日奏定禁种罂粟章程。广西巡抚梁章钜于八月十三日奏定查禁栽种罂粟章程，令各府厅州县仿照保甲，实行十家连环保结制度。“按户编查，给予门牌，注明并无栽种罂粟，煎熬贩卖之人。”同时“责成保邻墟长随时稽查。如十家内有违例私种，或租给客民栽种，著准其自首，给予奖赏；倘知情不首，即著将九家并地保墟长一并究治”[②]。每年冬初发布严禁告示，每年二月、八月查办两次。《严禁鸦片章程》在七月底甚至被要求颁发至新疆西、南、北各城，令各处将军、都统、参赞、办事大臣、领队大臣等严格要求所属官员，切实遵照执行。应该说，清廷上下，对严禁鸦片各环节的政策法律都有严格规定，处罚不可谓不严，但实际上基本上并未落到实处，因为英国侵略大军已经来到家门口，无暇他顾了。

① 《清宣宗实录》卷322，文庆等修：《筹办夷务始末（道光朝）》第1册，第182页。

② 陈桦：《清史编年》第8卷，《道光朝》，第385~386页。

五

首次鸦片战争
君民共抗侵略

SHUDU QINGSHI
JIA DAO ZHONGSHUAI

英军四千远道来犯

道光二十年（1840）五月，由英国兵船16艘，载炮540门，武装轮船4艘，运输舰28艘，陆军4000人，组成的“东方远征军”抵达中国广东海面[①]。为了维护鸦片贸易，英国不惜发动对中国的侵略战争，史称鸦片战争，亦称第一次鸦片战争。

英国蓄谋侵华

钦差大臣林则徐迫使英国驻广州商务监督义律和英国商人交出鸦片后，这些英国人先从广州退往葡萄牙人控制的澳门暂住，后转往停泊在九龙尖沙嘴附近海面的船上，英商的贸易活动全部停止。“义律代表鸦片商人缴出鸦片，并不意味着将遵循中国的法令，而是将鸦片商人的货物变为英国政府的

① ［美］马士：《中华帝国对外关系史》第1卷，第296页。

财产，图谋以此为由向中国发动战争。”[①]虎门销烟前后，义律多次向英国政府报告，请求派军队来华，准备发动侵略战争。

时任英国外交大臣巴麦尊（Palmerston，1784—1865）是一个对强权和霸权极为醉心的人物，在对外事务中历来采用炮舰政策。他在道光十九年七月二十二日（8月29日）和八月十四日（9月21日），分别收到义律被禁闭期间和林则徐准备销烟之前发出的两批报告，他通过其他渠道也得知了中国正在发生的事件。此时，英国的鸦片商人集团和以棉纺织业主等为代表的工商业集团，也纷纷向政府进言，鼓噪战争。在巴麦尊的强力督促下，八月二十四日（10月1日），英国内阁会议第一次讨论中国问题，经过长时间的辩论，最终通过决定，派遣一支舰队前往中国，并训令印度总督予以合作。巴麦尊随即秘密训令义律，告知内阁决定，让其做好战争准备。九月二十八日（11月4日），巴麦尊致函英海军部，要求派出远征军赴中国。同日再次训令义律，告以英军将于次年4月（农历三月）左右到达中国，并告义律撤出广州英国人，尽量搜集对英军有用的情报。此后，巴麦尊收到义律在虎门销烟过程中发出的第三批报告。十二月十二日（1840年1月16日），英国维多利亚女王在国会发表演讲，攻击林则徐的禁烟运动，声称严重关注深为影响英国臣民利益和她的荣誉尊严的这一事件。

巴麦尊于道光二十年正月十八日（2月20日）发出致远征军总司令兼全权代表懿律和全权代表义律的详尽训令，及《巴麦尊外相致中国宰相书》。三月初六日（4月7日）起，英国议会下院辩论对华战争军费案和广州英国鸦片商人赔偿案，经过3天的激烈辩论，最后以271票对262票的微弱多数，通过了内阁的提议。有报道说，巴麦尊在关键时刻朗读了一封广州商人的来信，该信由30名颇具影响的伦敦商人共同签名，为巴麦尊赢得这一微弱多数票不无功劳。内

① 茅海建：《天朝的崩溃：鸦片战争再研究》，第113页。

务大臣罗素在议会为英国开战辩护：为商务监督及女王陛下的臣民所忍受的暴行与虐待要求赔偿，为英国商人们在恐吓与暴力之下所受到的损失要求赔偿，为英国商人们的人身和财产获得保证，使今后免受暴虐与残忍的待遇，并能够在正常的情况之下经商。巴麦尊否认英国政府支持非法的鸦片贸易，称派兵只是为了保护贸易安全和英国公民的安全。四月初九日（5月10日），英国议会上院几乎未经讨论，便一致同意通过了该决议案。

表面看来，英国议会迟至道光二十年（1840）三月初才开始讨论英国内阁的提案，但显然，在足足半年多前，也即道光十九年（1839）八、九月间，英国政府就已经作出远征侵华的决议。按当时的航海条件，从中国广东沿海至英国伦敦传递书信、文件需时约4至6个月。就是说，英国政府的侵华决定，是根据义律的第二批报告（1839年6月中旬）以前的形势而做出。也就是说，钦差大臣林则徐在虎门销烟之际，当国人为之欢呼、为之精神振奋时，英国放出的战争恶魔已经出现，正步步逼近中华大地。

林则徐知道义律和英国商人们不会甘心，但他没有想到，英军的舰队正在从英国本土及其殖民地南非和印度源源不断地驶往中国。宣宗和大臣、百姓也不会料到，战争迫在眉睫了。

其实，英国入侵中国，蓄谋更早。通过成功进行工业革命，英国迅速跃升为的世界第一强国。乾隆五十八年（1793），英国政府派遣马戛尔尼使团到北京，以庆祝高宗80寿辰为名，提出：开放宁波、舟山、天津等地为商埠，割让舟山附近的岛屿与广州附近的地方，减免英国货物税率，允许英国传教士在中国自由传教等。这些要求，自然均遭到处于鼎盛时期的清王朝的严词拒绝。嘉庆十三年（1808），13艘英国兵舰侵扰我国广东沿海地方，闯入虎门，被清朝水师击退。嘉庆二十一年，英方狂妄扬言：“如果我们要和中国订立一个条约，这个条约必须是在刺刀尖下，依照我们的命令写下来，并要在大炮的瞄准下，才能发生效力。”[①]道光十四年（1834），在中英关系史上是重要的一年，马克思说：这一年“在鸦片贸易史上，标志着一个时代”。英王威廉四世下令取消了英国东印度公司对华贸易的垄断权和管理权，从而使鸦片贸易完全向英国私人企业开放，鸦片走私此后也就更加便利、猖獗，更加肆无忌惮，标志着英国政府直接对中国进行殖民掠夺政策的开始。

同年六月十九日（1834年7月25日），英国政府委派的驻华商务总监督律劳卑（William John Napier，1786—1834）到达广州，根据外交大臣巴麦尊的训令，其来华目的有：推销鸦片，开辟商埠，取得海军据点等。律劳卑不按规章办事，清朝两广总督卢坤下令停止与英国通商。律劳卑恼羞成怒，竟以武力威胁，派出两艘兵舰强行驶入虎门，进抵黄埔，轰击炮台。两广总督卢坤和广东水师提督因疏于防备而被革职。而律劳卑也于九月初九日病逝于澳门。

道光十七年（1837）至十八年，英国发生经济危机。英国资产阶级为了摆脱困境，加紧对外扩张，夺取新的市场。中国严禁鸦片后，英国资产阶级及鸦片贸易集团觉得机会来了，鼓噪英国政府发动对华侵略战争，以获取中国巨大的市场。他们致书英国政府：“中国方面的无理举动，给了我们一个战争的机会，这对我们是很有利的，因为这可以使我们终于乘战胜之余威，提出我们自己的条件，强迫中国接收。这种机会也许不会再来，是不能轻易放过的。”并称“大不列颠现在极应当以武力向中国要求‘恢复名誉’了”[②]。英国政府认为这是发动对华战争的最好借口，随即召开内阁会议，讨论武装侵略的问题。外交大臣巴麦尊称：对付中国的唯一办法，“就是先

① 广东省文史研究馆译：《鸦片战争史料选译》，第48页。

② 《英国蓝皮书》，载中国史学会主编、齐思和等编：《中国近代史料丛刊·鸦片战争》第2册，第661~662页。

揍它一顿，然后再作解释”[①]。

虎门销烟后，广州海口并没有被封锁，林则徐仍然支持正常的贸易。各国商船只要不夹带鸦片，并且具结认可后也不带鸦片，均可进港。半年之中，共有45艘美国商船和17艘其他国家的商船具结进口。但中英局势并未如林则徐所希望的，逐渐和缓，反而以更激烈的形式进行。林则徐要求义律敦促英商以“货即没官、人即正法”的格式具结，否则不许通商。义律不仅阻挠具结，而且下令英船不得驶入广州港。英国商人们急于将货物脱手，又不敢违抗义律的禁令，只能将货船继续停泊在海上。这时，珠江口外新到数十艘英国商船，林则徐命令缴出船上的鸦片，义律拒绝。

林维喜事件

五月二十七日（7月7日），林维喜事件发生。当天，一群英国水手登岸来到新安县九龙尖沙嘴村，酗酒行凶，捣毁庙宇，打伤村民。其中村民林维喜被殴，伤重致死。林则徐督促英国人交出凶手，交由清朝官府审判处死，义律回绝，拒绝交出凶手。七月初四日，义律在英船上自立法庭，邀请中国官员旁听，为林则徐严词拒绝。义律声称按照英国法律，判处5名滋事行凶的黑人水手监禁3至6个月，罚金15至20镑。判决指定这5名犯人应在英国监狱服刑，而被指控犯有杀人罪的那名英国水手头目，则不予受理。义律不准英商具结，也不交出杀人真凶，实际上是要在中国行使“治外法权”，即所谓的领事裁判权。林则徐与之斗争，实质上是主权之争，不容英方损害中国独立的司法与审判权。时义律在澳门，林则徐依据嘉庆十三年（1808）处理英国兵头都露厘等强占澳门事件的成例，以义律拒不交凶，断绝澳门英人的柴米食物，撤退买办

① 《近代史资料》1958年第4期。

和工人。并派兵进驻香山（今中山），驱使英人离开澳门。

澳门当时由葡萄牙人统治，葡方总督在此压力下，根据林则徐的命令，宣布驱逐英人。自七月初九日起至十八日，义律和英人57家相继离开澳门，寄居于尖沙嘴一带洋面的货船及潭仔空趸船上。宣宗得此事奏报后谕示："该大臣等现在禁绝柴米食物，撤其买办工人，自应权宜妥办，不可稍示以弱。至该夷等既以淡水为养命之源，务当稽查汉奸，毋许私行接济。"并指示，"该国大小船只，游弋洋面，迹有可疑者，均著驱逐出境。俟该夷等悔罪畏服，并将凶犯交出，彼时该大臣等再行酌量办理。威德并施，或可一劳永逸"①。在此情况下，林则徐仍表示，只要英国人交出凶手，其商船具结不再贩运鸦片，广州仍然向英国商人开放，而不愿进口者即可回航，不予追究。林则徐还派员谈判，但义律以谈判拖延时间，等待增援军队到来，谈判无果而终。

林则徐、邓廷桢还顺势自香山赴澳门考察外情，在望厦村附近新庙会见葡萄牙驻澳门总督委黎多，"谕以安分守法，不许囤聚禁物，不许徇庇奸夷"，委黎多表示愿意遵守法令，驱逐"卖烟奸夷，亦属分内当为之事"。通过巡视，钦差大臣林则徐和两广总督邓廷桢核实了四月间由佛山同知、署澳门同知和香山知县等派员编查澳门户口的确数，计华民1772户7033人，西人720户5612人（内英人57户）；其租给英人房间，自英人离澳后一体关闭，澳门已无英人踪迹；澳门"西洋夷楼实无存贮烟土情事"②。在中英双方因为林维喜事件致关系僵持之际，林则徐和邓廷桢不辞辛劳，巡察澳门，不仅是对澳门总督在此次中英冲突中的立场和态度的褒奖，也有利于获取来自西方的感受和第一手资料。

---

① 《清宣宗实录》卷325；文庆等修：《筹办夷务始末（道光朝）》第1册，第212页。

② 林则徐：《巡阅澳门情形折》，《林则徐集·奏稿》第2册，第681~682页。

此时，一艘名为“窝拉疑”（Volage）号的英国兵船由印度驶抵中国洋面。该舰装有28门舰炮，属巡洋级兵舰，由士密（H.Smith）率领，故中方史料称之为“士密船”。义律上年被迫同意缴烟后数次报告英国外交大臣巴麦尊主张发动战争，三月中旬又致信英印总督奥克兰勋爵，请求他派遣兵舰到中国武力示威。奥克兰勋爵接信后于六月中旬下令英军东印度防区总司令马他伦，让马他伦于六月中旬派出“窝拉疑”号先行，同时致信巴麦尊表示将亲率装有74尊舰炮的“威里士厘”（Wellesley）号巡洋舰开赴中国。“窝拉疑”号于七月二十三日（8月31日）到达广东尖沙嘴洋面，名为保护在华英商和其他西方国家的商船，实系义律蓄意把中英两国间由禁烟争端拖向武装冲突的一个步骤，也是义律和英国政府准备发动大规模侵华战争的一个信号。

林则徐得知“窝拉疑”号抵粤的情报后，“尚不知真假”，对其严重性认识不足。究其原因，一来情报尚未核实，更重要的是他和邓廷桢在主观上对英国殖民主义者侵略本性的认识不足，尤其对义律和英国政府敢于挑起战争缺乏应有的思想准备。尽管他早对南下禁烟可能导致边衅有所虑及，在处理缴烟过程中也曾多次与邓廷桢、关天培等磋商海防布置，亲临视察，积极准备，但他不想通过武力解决问题，也不认为英国会轻易发动大规模战争。他对义律阻挠破坏禁烟的行为有看法，但同样对义律“必能悔改”有所期待。基于此，林则徐和邓廷桢都认为，事态不太可能发展到不可收拾的地步，即使偶有小规模的武装冲突，只要加强沿海和广州内河设防就完全可以应付。所以，他在致广东巡抚怡良的信件中，信心十足，即使再有续来，而内河亦不过各处有防，即无意外之患。林则徐、邓廷桢错误估计了义律和英国政府的态度，自然对新到英国兵船潜藏的严重后果认识不足，所以钦差大臣和总督按预定行程继续在澳门的巡察行程。

但义律知道，威力巨大的英国新兵船的到来将很大程度上改变中英双方的攻防态势，因而更加有恃无恐。七月二十四日（9月1日），义律致函葡萄牙驻澳门总督，要求他准许英商和家属仍回澳门居住，表示他目前已有足够的力量提供对澳门的武力保护。澳门总督拒绝了这一请求，理由是他必须保持严格的中立。10余天后，义律再次提出同样的要求，结果又一次碰了钉子。这说明，中国政府加强对澳门的管理是完全必要和有益的，林则徐、邓廷桢的巡察也起了作用。但“窝拉疑”号的到来，打破了中英关系因具结和交凶争端而形成的僵持胶着局面①。早已想使用武力的义律和急于在殖民征服事业中跃跃欲试的“窝拉疑”号士密舰长，决定利用坚船利炮向中国水师发动攻击。

钦差大臣林则徐和两广总督邓廷桢、广东水师提督关天培等加强了各处要塞及重要位置的防范。同时，在七月二十三日（8月31日）在“窝拉疑”号抵达广州洋面的当天，向民众发布告示：“本大臣、本部堂晓谕所有沿海乡村绅耆、商人及居民等，效忠邦国，群策群力，购买器械，聚合丁壮，以便自卫。如见夷人上岸滋事，一切民人皆准开枪阻止，勒令退回，或将其俘获。夷人为数甚少，自不能敌众。夷人上岸觅井汲水，应加拦阻，不准其钦（饮）用。但若夷人并未上岸，尔等不得擅自登舟驾近夷船，徒生枝节，违者当于严惩。”②

告示发布后，广东百姓纷纷组织沿海村民聚义团练，武装自卫，不准英人上岸滋事，实施“坚壁清野”政策。香港民众甚至采取水中放毒的方法，断绝英人觅井汲水。林则徐的意图，本来是想把英国人完全孤立在海上，以迫使义律妥协，同意具结和交出凶手。但义律变本加厉，于七月二十五日在香港发出《为反对水中放毒给中国人民的通知》，恫吓武装起来的中国民众，威胁说中国如果停止供应，水中放毒，必将发生冲突，表示将以武力进

① ［美］马士：《中华帝国对外关系史》第1卷，第272页；沈渭滨：《道光十九年——从禁烟到战争》，第271页。

② 广东省文史研究馆译：《鸦片战争史料选译》，第205页。

攻解决供应问题[①]。

九龙之战

当钦差大臣林则徐和两广总督邓廷桢等还在由澳门回程的途中时，义律和士密就迫不及待地向九龙洋面的中国师船开火。七月二十七日（9月4日）下午，英国驻华商务监督义律和“窝拉疑”舰长士密等乘装备14门火炮的“路易莎”（Louisa）号英舰，另率“珍珠”（Pearl）号武装小艇和“窝拉疑”号所属小船等，前往离英船停泊地4英里的九龙湾。广东水师大鹏营参将赖恩爵率3艘师船一字排开，“处在一座相当令人生畏和配备齐全的炮台下面”巡逻。

赖恩爵（1795—1848），字简廷，广东新安县大鹏城（今深圳龙岗大鹏镇）人。行伍出身，家族以武功有名于时，有“三代五将”之誉，父英扬以功累官至浙江定海镇总兵，叔父信扬官至福建水师提督。恩爵少时随父出征，历任把总、千总、守备、都司、游击等职，至道光十八年（1838）补海门营参将。翌年以熟悉家乡情况，调大鹏营参将。以抗英有功授副将，升南澳镇总兵。广东水师提督关天培牺牲后，接其任。后因病卒，宣宗谥封其为“振威将军”。

义律的军舰停靠至赖恩爵的中国师船旁边不远处，派传教士郭士立带2名士兵驾小艇，携义律致九龙中国官员的信函等文件，前往中方师船会见清廷官员，交涉所谓采购食物等问题。

郭士立（Gutzlaff，1803—1851），又名郭实腊，普鲁士人。道光三年（1823）年入荷兰教会学习后，受教会派遣到东南亚传教，后离开荷兰教

① 胡滨译：《英国档案有关鸦片战争资料选译》（上），第446~447页。

会，与英国传教士、商人和外交官建立广泛联系。道光十一年来华，到过天津、辽东半岛，在澳门入乡随俗，行医传教，受到传教士马礼逊的接待。郭以亲身经历证明，可以冲破清廷禁令到广州以外地区进行传教或贸易，中国大门可以由此打开。次年与东印度公司间谍林赛一道，乘阿美士德号进行间谍侦察。之后又乘大鸦片烟商查顿的商船，三度北上到达牛庄（今辽宁营口），沿途大肆贩卖鸦片。据其三次航行经历，写成《1831—1833年在中国沿海三次航行记》一书，鼓吹打开中国大门，为西方殖民者侵略中国提供理论与实践依据。郭在华活动长达20余年，后曾参与侵占定海等地和《南京条约》的签订。

郭士立与赖恩爵交涉时称："此地驻有几千名英国人，他们被剥夺了正常的食物供应。如果这种情况继续存在下去，必将经常发生冲突。贵官员们将对这些后果承担责任。"[①]郭对交涉经过回忆道："当我们乘坐一艘双桨小快艇来到第一艘帆船旁边的时候，士兵们举起了他们的木制长矛。不过，在我使他们相信我手无寸铁而且为了和平的目的独自前来以后，他们对于过早地表现抗拒一事感到羞愧。经过一些漫谈之后，他们告诉我，船上没有军官。不过，虽然那位发言人穿着老百姓的普通衣服，但在我看来他似乎是一位水师军官。他告诉我说，帆船不能够接受和传递公家的文件，但如果我必须口头上传达任何事情，他将很愉快地听取我的要求。于是，我说明我们前来的原因，并向他表示我们必需获得食物供应，因为这么一支巨大的船队不可能没有食物而继续存在。他接受了那份包含列举我们所抱怨事情的文件，并且很仔细地阅读它，但他说，他不能够自行负责地办事并允许人们离开，可是他十分愿意将此事报告给他的上级。"[②]接下来郭士立向接待他的清方

① 胡滨译：《英国档案有关鸦片战争资料选译》（上），第447页。

② 胡滨译：《英国档案有关鸦片战争资料选译》（上），第447~448页。

人员称，在他们获得供应品之前，他们不能离开这个地方。但他随后意识到，“除非将此事正式告诉住在附近地方的钦差大臣的代表，并从全权代表本人那里获得许可”，才可能解决问题，即回去向义律复命。经数小时交涉未果，义律决定绕过广东水师，自行派人乘坐小艇，强行上岸购买食物，但官府命令百姓收回了食物。

义律“感到极为愤怒，从舢板、快艇和其他的一艘船只对那三艘帆船开了火”，他自己也毫不讳言“对开第一枪负有责任”。中国水师船被迫还击。双方进行了近半小时的射击，英方因缺乏弹药而撤退。一位英军士兵给家人的信中写道：下午二时，义律给官员送过一个通知去，告诉他们说，如果在半小时以内还不准备好供应品，他就要轰击水师兵船。半小时过去了，没有送来供应品，于是士密舰长就命令附属快艇开火，这命令立刻被执行了（附属快艇船头有18磅炮一尊）。于是水师兵船拼力张起网绳，就在一半手枪射程的距离以内和我们搏斗起来。我们的炮是备好了火药和炮弹的，第一炮打过去以后，他们所有的炮都对我们展开了骇人的轰击，并且打的相当准（每只水师兵船有炮10门，他们把所有的炮都搬到和我们接战的这边船舷上来了）。“路易莎”号有10门旋回炮和4门3磅长筒炮，附属快艇船头有18磅炮一尊，“珍珠”号有6磅炮6尊，水师兵船上的炮火，感谢上帝！是不够充足的，被压制下去了，否则就不会有人生还来叙述这幕历史了。我们的主帆被打中了19炮。我可以向你发誓，我们在偏舷上的辰光是不快活的，所有的人都必须为火炮奔忙。炮台也向我们开火，打得顽强而相当准确，因为路易莎号悬有长旒，所以炮台上所有的炮火都打向这只小艇，绝少有炮弹落到“珍珠”号甲板上去的。“路易莎”号的司令官战斗得很优异，打到四时半，计发炮104发，弹药打完了，不得不退出战斗，这使我大为高兴，可是水师兵船一经发现这样情况，立即扬帆向我们尾追而来，等到他们追到我们的时候，我们已备好了44副弹药，于是我们把小艇的右舷转向来船，“珍珠”号则以左舷船头相向，如此，我们就以三面船舷的炮火把他们打得落花流水。我们第四次装备弹药以后，一炮接一炮地打去。甲板上的尖叫声音是骇人的，但是我并不害怕，这是我有生以来使人类流血的第一个日子，我希望这也就是最后一天[①]。可以清楚看出，英舰遭到中国水师船炮的猛烈打击。战斗到五时，英军援军抵达。“威廉要塞”号（Fort Williams）、“窝拉疑”号、“剑桥”号3艘舰船先后到达。“剑桥”号船长道格拉斯（Douglas）率16名英水手驾船靠近“路易莎”号，从后面攻击广东水师战船。“水师人员随即转到船尾，把他们的火绳枪架在主帆上向道格拉斯船的人群中心做咬定目标的射击，有几个人应声而倒。当他们靠近水师船尾的时候，道格拉斯已被打穿了胳臂。”[②]到六点半，英舰撤出战斗。

此战结束后，钦差大臣林则徐和邓廷桢、关天培合奏《为英领义律率船偷袭已予反击及葡人代为转圜折》，称：“七月二十七日午刻，义律忽带大小夷船五支赴彼，先遣一支拢上师船，递禀求为买食。该将（赖恩爵）正遣弁兵传谕开导间，夷人出其不意，将五船炮火一齐点放。有记名外委之兵欧仕乾，弯身料理军械，猝不及防，被炮子打穿胁下殒命。该将赖恩爵见其来势凶猛，亟挥令各船及炮台弁兵，施放大炮对敌，击翻双桅飞船一支，在旋涡中滚转，夷人纷纷落水，各船始退。少顷，该夷来船更倍于前，复有大船拦截鲤鱼门，炮弹蜂集，我兵用网纱等物设法闪避，一面奋力对击。瞭见该夷兵船驶来帮助，该将弁等忿激之下，奋不顾身，连放大炮，轰毙夷人多名，一时看不清楚，但见夷人急放三板下海捞救。时有兵丁陈瑞龙一名，手

① 严中平辑译：《英国鸦片贩子策划鸦片战争的幕后活动》，载庄建平主编《近代史资料文库》第4卷，第125~126页。

② 严中平辑译：《英国鸦片贩子策划鸦片战争的幕后活动》，载庄建平主编《近代史资料文库》第4卷，第126~127页。

举鸟枪，毙一夷人，被回炮打伤阵亡。迨至戌刻，夷船始遁回尖沙嘴。”尖沙嘴距离参将赖恩爵率师船“查禁接济，防护炮台”的九龙山口岸20余里。该奏折将九龙之战描述为一场巨大的胜利，中方损失极小：“是日接仗五时之久，我兵伤毙者二名，其受伤重者二名，轻者四名，皆可医治。师船间有渗漏，桅篷亦有损伤，均即赶修完整。嗣据新安县知县梁星源等禀报：查夷人捞起尸首就近掩埋者，已有十七具。又渔舟迭见夷尸随潮漂淌，捞获夷帽数顶，并查知假扮兵船之船主得忌喇士（即道格拉斯）手腕被炮打断，此外夷人受伤者，尤不胜计。”[①]

林则徐以为“英夷欺弱畏强”，凭广东师船即可使“奸夷胆落”。林则徐与邓廷桢随即向外国商人货船发布告示称：“义律竟敢纠集大小夷船至九龙，开火袭击巡洋舟师，从午至戌刻，多次进犯，伤我官兵。由于彼先来寻衅，本大臣、部堂惟有谕饬集结强大水陆官兵，联合歼除，制其死命。试问，夷兵众多焉能及我万一？夷人枪炮虽属锐利，其弹药岂能长期使用而不消耗？若其冒险进埔，将立被焚烧为灰；若其敢于登岸，则许一切民人将其捕杀，该夷安能不惧？”告诫商人们“各宜速即自行离散”，否则“势将玉石俱焚”[②]。

远在北京深宫的宣宗接到林则徐的捷报后，立即朱批：“既有此番举动，若再示以柔弱，则大不可，朕不虑卿等孟浪，但诫卿等不可畏葸。”并谕称：“我兵先后奋勇，大挫其锋，该夷等自必畏慑投诚，吁求免死。惟当此得势之后，断不可稍形畏葸，示以柔弱。”指示林则徐等“相度机宜，悉心筹画。如果该夷等畏罪输诚，不妨先威后德，倘仍形桀骜或佯为畏惧，而暗布戈矛，是该夷自外生成，有心寻衅，既已大张挞伐，何难再示兵

① 中国第一历史档案馆编：《鸦片战争档案史料》第1册，第680页。
② 广东省文史研究馆译：《鸦片战争与林则徐史料选译》，第110页。

威！”[①]九龙之战英方没有占得便宜，中国军队的英勇奋战，击退了英军的挑衅。此战充其量只是英军挑起的试探性战斗，可视为鸦片战争的前奏战。但九龙之战不是中英双方的真实军事实力，战斗中，英方最具战斗力的“窝拉疑”号因无风而过早停了下来，致其大炮射程不够，未能加入战斗。但该役使林则徐等大员乃至宣宗都产生了严重的轻敌思想。

澳门谈判

义律迫于压力，不得不主动致函澳门同知蒋立昂，要求谈判。林则徐以义律言词颇为恭顺，让蒋转告义律同意谈判，但提出和谈的前提条件：呈缴新运到鸦片，交出林维喜案件凶犯，空趸船即行离去，被驱逐出境的英国鸦片贩子即行离境，按规定样式进行具结，并告知何时可接到英国国王的回信。随后谈判在澳门举行，来回反复，林则徐最关心的交凶、具结都没有进展。林则徐对义律避重就轻的拖延战术很不满，九月初二日（10月8日）提出：具结一事，简化手续，今后“将具结与搜查二事，合而为一，通融办理。其情愿照式具结者，即准照常贸易，不必再行搜查。未具结者，须将该船提至沙角搜检”。经空舱逐一搜验，“如有鸦片，即将夹带本犯照例正法，船货全行入官；果无鸦片，仍准贸易”。而如果“不照式具结，又不遵照起空听候搜检，是其船内明有鸦片，断不能容其走私，限三日内统行驱逐回国。如三日后仍尚逗留，定即驾驶火船，将该船烧灭除害”[②]。同时，林则徐提出敦促再限十日内交出林维喜命案行凶水手等要求。

九月初五日（10月11日），“担麻土葛”号（Thomas Coutts）从孟买出

① 中国第一历史档案馆编：《鸦片战争档案史料》第1册，第703页。

② 林则徐：《信及录》，《会谕义律分别准驳事宜由》，载中国史学会主编、齐思和等编：《中国近代史料丛刊·鸦片战争》第2册，第323页。

航到达澳门。次日，船主弯喇（Optain Warner）递禀帖澳门同知请求进黄埔贸易。九月初八日，弯喇第一个与林则徐签署了遵例不敢夹带鸦片甘结："具甘结夷人弯喇，乃'担麻士葛'船之船主，今到天朝大宪台前具结。远商之船带棉花、沙藤、胡椒货物来广东贸易。远商同船上之伙长水手俱禀遵天朝新例，远商等并不敢夹带鸦片。若查验出有一小点鸦片在远商船上，远商即甘愿交出夹带之犯，必依天朝正法治死。连远商之船货物亦皆充公。但若查验无鸦片在远商之船，即求大宪恩准远商之船进黄埔，如常贸易。如此良歹分明，远商甘愿诚服大宪，此结是实。天朝大国十九年九月初八日，船主弯喇。"[①]弯喇具结后，次日即驶进黄埔贸易。林则徐认为弯喇值得信赖，便将致英国女王第二封信交给他带回国，该书信发表在《泰晤士报》上，弯喇船长不辱使命，名声大噪。"担麻士葛"号英船具结进港贸易，示范意义很大，林则徐信心大增，义律则大为紧张。林则徐收到义律要求谈判信当天，即命广州知府余保纯赴澳门与之谈判。

余保纯，江苏武进人，嘉庆朝进士。嘉庆十一年（1806）任广东高明县知县，后官番禺知县，南雄州知州，道光十八年（1838）以知府补用。林则徐赴广州禁烟，以随员与外人折冲，颇获林赏识。自是与义律谈判，擅作主张，与义律达成协议，允许英商及其家眷全部返回澳门居住，所有英国船只可以不具结听候搜检后开舱贸易。

义律立马发布告示，这让林则徐和先期具结进港贸易的商船主处于难堪境地。林则徐得悉义律所为后，怒斥余保纯，下令立即驱逐所有返澳英人，强调重开贸易的前提不变，仍然是"缴烟、交凶、遣空趸奸夷三事"。九月二十三日（10月29日），义律答复林则徐，事实上完全拒绝了林则徐的条件

① 林则徐：《信及录》，《洋商译呈英夷弯喇船遵例不敢夹带鸦片结》，载中国史学会主编、齐思和等编：《中国近代史料丛刊·鸦片战争》第2册，第331页。

与要求，澳门谈判再次宣告破裂。当日，从爪哇运米而来的“皇家萨克逊”（Royal Saxon）号申请具结贸易，英国商人们也越来越不满意义律的策略，纷纷准备效法“担麻士葛”号，遵式具结贸易。而在此期间，英国以外的其他国家商人先后有47艘船只具结进港贸易。

穿鼻海战

这时，距九龙之战已经过了约两个月，英国商船不顾义律的禁令，按林则徐不准夹带鸦片的新规定请求具结，让义律的策略完全失败。此时，恰逢“海阿新”号（Hyacinth）军舰新到，义律决定对“皇家萨克逊”号诉诸武力，杀一儆百。九月二十七日，义律率“窝拉疑”号、“海阿新”号两艘军舰闯入珠江口，在穿鼻洋面附近阻拦进口的英国商船，令英商船折回。这两艘军舰，威力远超此前和清军交战的舰船，“窝拉疑”号、“海阿新”号分别配炮28门、20门，均从英国控制下的印度调来。“窝拉疑”号舰长士密向广东水师提督关天培递送了致钦差大臣的信件，要求林则徐收回关于具结、交凶手、查拿汉奸的谕令，被林则徐严词拒绝。二十八日（11月3日）晨，关天培派人将原信退还，并按常规率水师在穿鼻洋面巡视，士密却无理要求清军水师驶回沙角，关天培当即回绝。中午，英国商船“皇家萨克逊”号在中方的引水导航下，驶至穿鼻洋面，准备报关入口，士密上前横加干涉，逼其折回。关天培派人查究，“窝拉疑”号竟然开炮攻击中国水师。

侵略者的蛮横无理使广东水师提督关天培忍无可忍，他下达作战命令回击敌人。关天培“亲身挺立桅前，自拔腰刀，执持督阵，厉声喝称：敢退后者立斩！适有夷船炮子飞过桅边，剥落桅木一片，由该提督手面擦过，皮破见红。关天培奋不顾身，仍复持刀屹立，又取银锭先置案上，有击中夷船一炮者，立刻赏银两锭。其本船所载三千斤铜炮，最称得力，首先打中士密船头。查夷船制度与内地不同，其为船主宰者，转不在船尾而在船头，粤人呼为头鼻，船身转动，得此乃灵，其风帆节节加高，帆索纷如蛛网，皆系结于头鼻之上。是日士密船头拨鼻拉索者，约有数十夷人，关天培督令弁兵，对准连轰数炮，将其头鼻打断，船头之人纷纷滚跌入海”。水师提标左营游击麦廷章，与“海阿新”号军舰对阵，他督率弁兵，连击两炮，指挥官兵击中“窝拉疑”号的后楼。“夷人亦随炮落海，左右舱口间有打穿。”“海阿新”号舰“不甚向前，未致受创”。最后，“接仗约有一时之久，士密船上帆斜旗落，且御且逃，哗喻亦随同遁去。我军本欲追蹑，无如师船下旁灰路多被夷炮击开，内有三船渐见进水，势难远驶。而夷船受伤只在舱面，其船旁船底皆整株番木所为，且全用铜包，虽炮击亦不能遽透，是以不值追剿。收军之后，经附近渔艇捞获夷帽二十一顶，内两顶据通事认系夷官所戴，并获夷履等件，其随潮漂淌者，尚不可以数计。我师员弁虽有受伤，并无阵亡。惟各船兵丁，除中炮致毙九名外，有提标左营二号米艇，适被炮火落在火药舱内，登时燃起，烧毙兵丁六名，继已扑灭。又有烧伤之额外黄凤腾，与受伤各弁兵，俱伤妥为医治”[①]。

宣宗收阅林则徐的这封奏折后，对于提督关天培的表现非常满意，朱批赞扬“奋勇直前，身先士卒，可嘉之至”，颁给“法福灵阿巴图鲁”名号，令交部从优议叙。澳门报纸也发表文章，称赞关天培是这次海战中表现出色的“穿鼻英雄”。

关于此次穿鼻海战经过，英方的记载和回忆却大相径庭，义律认为英

① 《钦差大臣林则徐等奏为英兵船阻挠该国商船具结并到处滋扰叠被击退折》，载中国第一历史档案馆编：《鸦片战争档案史料》第1册，第730~731页。

方取得了胜利，他描述道：“当时在中国兵船最右端顶风停泊的那些船舰避开逆风，在前面紧密地排成一行，大风从右舷吹过。这样，他们很容易地冲向中国兵船，给予毁灭性的轰击。侧面的风向使船舰能够从兵船相反的一端实现同样的位置变换，用左舷大炮进行轰击。”“中国人抱着他们一贯的情绪进行回击，但我们自己炮火的惊人效果很快便表现出来。一艘兵船在离‘窝拉疑’号这艘军舰大约手枪射程距离的地方发生爆炸，很可能有一枚炮弹穿过了弹药仓；三艘兵船被击沉；另有几艘显然浸满了水……在不到三刻钟的时间内，他（指关天培）和该中队的剩下船只很悲痛地撤回到他们原先的抛锚地。由于士密舰长无意延长破坏性的敌对行动，或除了击退他们之外确实不想向前推进，所以他没有阻挠他们的撤退，而是停止了轰击并驶回澳门。”①参与此次海战的一位“窝拉疑”号舰军官后来回忆说：“中国船普遍放一二炮，就急行离去。只有水师提督的战船和其余几个船，据着原地，猛力对我方进攻，实在出乎我们的意料之外。从距离看来，中国的炮和火药是很好的，只不能自由地上升下降，炮弹太高，多无效果，只有少数落于船桅或上层甲板之上。‘窝拉疑’号船帆上中了几弹，‘海阿新’号船桅上层甲板也中了炮弹。一个十二磅的炮弹，击中了‘海阿新’号的船桅，又一弹正中了主要横帆，帆桁需要修理。此时‘海阿新’号正与提督的舰船相近，不久就要将它击沉，我方认为惩罚已够，即时收兵。这次战役的结果，是沉了三只沙船，炸毁一只，许多逃脱，其余逃走了。”②英方认定他们的军舰只是受了轻伤，而且没有人员伤亡。一般认为，此战结果双方各有胜负，并非一方占据压倒性优势。在此，我们把中英双方有关的历史材料列出，以利互相对照。

① 胡滨译：《英国档案有关鸦片战争资料选译》（上），第473~474页。

② ［英］宾汉著，寿纪瑜、齐思和合译：《英军在华作战记》，载中国史学会主编、齐思和等编：《中国近代史料丛刊·鸦片战争》第5册，第48页。

官涌之战

在随后的10天内，即从九月二十九日（11月4日）至十月初八日，英军一连6次进犯九龙尖沙嘴以北官涌山梁。驻守该处的中国军队按照钦差大臣林则徐和两广总督邓廷桢、广东水师提督关天培的要求，预先做了军事准备。在清参将陈连升、把总刘明辉等率部反击下，英国人的进攻被击退，英舰被迫退至外洋停泊。战前，林则徐、邓廷桢和关天培商议，为便于控制外洋海面，选择在尖沙嘴和官涌山岗一带扎营防守。关天培调陈连升到官涌山岗，建立防守营盘。官涌营居高临下，便于俯击山下洋面英军武装船，对义律所率英国商船、兵船威胁很大，因此英军多次乘小舢板驶进山脚，持枪爬上山岗刺探营盘工事情况。英军第一次进攻中，官涌守军在陈连升和守备伍通标率领下截击偷袭英兵成功，清军完胜。二十九日夜，数艘英舰再次来攻官涌，陈连升率官兵凭借有利地形，居高临下，向英兵舰进行俯击。

十月初三日，英舰又来袭击，把总刘明辉率部截击，击伤英军数十名。次日英兵舰第四次来攻，守军游击德连用大炮、抬炮一齐轰击，击中英舰。第五次交战发生在初六日晚，英舰再次发动炮攻，清军兵分五路，从五个山梁上重炮还击。此前林则徐增调官兵，齐集官涌，安装6门重炮，起了很大的作用。初八日下午，英兵舰第六次来犯，官涌营盘仍以五路大炮叠轰的方式对付来犯英兵舰，迫其退出官涌洋面。官涌之战，陈连升率领的清军官兵有力地打退了来犯的英舰，林则徐、邓廷桢向清廷奏报：旬日之内，大小接仗六次，俱系全胜。奏报也谈及对待英国商人的政策：苟知悔悟，尽许回头。可见，并未打算同英国决裂。实际上，外国货船遵式具结者，向来可以进黄埔港，即使是英国货船，亦不因其违抗于前，而并阻其自新于后。林则徐派人对已经进口的一艘英商船长当面安慰，而对于因英国兵舰阻拦未能进口的另一般英商船，也拟查明下落，护带进黄埔。此时，林则徐尚不知英国政府将要派远征军侵华。

取缔对英贸易

获悉林则徐、邓廷桢七月二十七日有关九龙山炮战的奏报后，十一月初八日（12月13日）宣宗批示“不可畏葸”，认为勇气可嘉，予以鼓励。但对于林则徐他们的对英商政策，宣宗并不认可，认为“不应如此，恐失体制”。对于准许具结的英商船进口，宣宗也有不同意见：“恭顺抗拒，情虽不同，究系一国之人，不应若是办理。”但鉴于英人自议禁烟之后，反复无常，心怀叵测，“即使此时出具甘结，亦难保无反复情事。若屡次抗拒，仍准通商，殊属不成事体！至区区税银，何足计论，我朝抚绥外夷，恩泽极厚，该夷等不知感戴，反肆鸱张，是彼曲我直，中外咸知，自外生成，尚何足惜！著林则徐等酌量情形，即将英吉利国贸易停止，所有该国船只，尽行驱逐出口，不必取具甘结”。宣宗认为全部取缔与英国的贸易，如此可以压迫英国屈服。但对其他各国“仍准通商，倘敢包庇英夷，潜带入口，一经查出，从重治罪”。对于林则徐一直坚持的交凶一事，宣宗也不愿意多理论了，认为“其殴毙华民凶犯，亦不值令其交出”①。

林则徐虽然与宣宗意见不同，又是钦差大臣，但也不能违抗朝廷旨意，同两广总督邓廷桢、粤海关监督豫堃等会商后，宣布：自十一月初一日（12月6日）起，停止英吉利国贸易。十二月初一日（1840年1月5日）再进一步宣

① 《清宣宗实录》卷328；文庆等修：《筹办夷务始末（道光朝）》第1册，第237页；中国第一历史档案馆编：《鸦片战争档案史料》第1册，第742页。

示：禁止一切英国商船进口。但即使在这以后，林则徐和义律之间还交换过几次信件，可见关系并未完全决裂。直到英国政府派出的侵略大军到达广东海面，情势才发生了根本变化。

有人认为，林则徐不搞虎门销烟、严禁鸦片的激进行动，英国对中国的战争就不会发生。这是极其幼稚的想法，根本上是不可能的。首先，鸦片泛滥，动摇国本，不可不禁，连英国人自己也说鸦片贸易是“恶毒的、有伤道德的交易”。其次，当时英国政府发动战争、以后又扩大战争，除了为鸦片贸易和走私保驾护航以外，还有其更深刻的原因。许多英国的历史著作力图证明，英国当时对中国作战，虽然因中国方面禁鸦片烟而引起，但并不是为了保护鸦片贸易，而是为了要求在所谓“平等”地位上进行正常的贸易。这是明显的强盗逻辑，英国军队强行进入中国这样一个独立的主权国家，否认这个国家有权自行规定自己的对外政策和对外贸易制度，企图用武力来攫取新的符合它自身利益的条约规定，实质是地地道道的炮舰外交、野蛮侵略，这从后来签订的条约的极不平等性结果也可以得到反证。

英国极力鼓吹对中国作战的，主要有两部分人，一部分人是鸦片走私贩子，他们是既得利益者，例如被林则徐驱逐出境的查顿和玛地臣，这些人多年从事对华鸦片走私，大发横财，回国后成了国会议员，玛地臣还受英国女王封为爵士；大毒枭颠地回国后，花费巨金，多方活动，要求英国出兵索取巨额赔偿，受到外交大臣巴麦尊的接见。另一部分人则是开展对华贸易的工商、航运、金融资本家，他们希望在将来的对华贸易中获取更多的利润，但他们首先需要把英国的工业制造品打进中国市场。加之当时英国已经发生资本主义经济危机，生产过剩，英国资产阶级正在全世界到处寻找新的市场，中国自然成了他们觊觎的重要目标。而清政府在对外贸易上的种种限制，使英国工业品不能在中国畅销无阻，因此，这些英国政客和资本家力主用武力撞开中国市场，使中国成为英国商品的倾销地。由此看来，即使没有林则徐严禁鸦片的举措，英国人也会发动战争，只不过制造的是另一个借口罢了。

英国人在鸦片战争以前，就大肆开展殖民活动，占领了世界上许多地方，号称“日不落国”，英国女王的总督派驻世界各地，离中国最近的就是印度。诚如法国作家高第（1849—1925）论鸦片战争所说：要找一作战的借口是很容易的。但是一个信基督教的国家，却在一个所谓野蛮国家的君主努力停止一种很不道德的贸易的行动上，去寻找开战的借口，是不太值得的。英国侵略者在1840年发动战争，直接原因是保护肮脏的鸦片走私贸易，企图用武力强迫中国向西方资本主义就范，从而全面开放从沿海到内陆的全部市场。英国的战争完全是不人道的非正义侵略战争。英国托利党政治家格累斯顿（Glad Stone，1809—1898）反对巴麦尊的侵华战争，他在议会辩论时说：“我不知道而且也没有读到过，在起因上还有比这场战争更加不义的战争，还有比这场战争更加想使我国蒙受永久羞耻的战争。”在广州上空迎风招展的英国国旗，“那面国旗的升起，是为了保护臭名远扬的走私贸易”①。

在当时的中国，林则徐无疑是头脑比较清醒的一个，他和广东水师提督关天培等在东莞虎门的珠江口外海面，设置木排铁链，购买西洋大炮，添置炮台、炮位，加强珠江口两岸的布防。同时，林则徐命令关天培等率水陆官兵认真操练。他也看到沿海人民对英国侵略者的同仇敌忾，认为“民心可用”，招募渔民、蛋户加以训练。根据当时的军事形势，林则徐认为必须采取“以守为战、以逸待劳”的作战策略。这些应对战争的防御性准备，都是非常必要的，说明林则徐对英方有相当认识。

① 贺尔特：《在中国进行的鸦片战争》，第99~100页；转引自《剑桥中国晚清史》上卷，第212页。

英舰封锁珠江口

道光二十年正月十八日（2月20日），英国政府任命海军少将乔治·懿律（George Elliot，1784—1863）为全权公使兼远征军总司令，同时任命他的堂兄、时任广州商务监督义律为副使。三月，英国议会正式通过4000人的派兵侵略中国议案。随着战争的不断扩大，侵略军后来逐步增至15000人。

此时，清廷进行了一次重要的人事变动，命林则徐、邓廷桢两人互换位置。这样，林则徐任两广总督，使其名实相副，道光二十年（1840）正月初一日正式接任。实际上林则徐自接任上年去世的陶澍为两江总督后，一天都没有到任。而邓廷桢则接替林则徐，改任两江总督，旋改督云贵，未及赴任又很快调任闽浙总督。此时福建、浙江的海防也日渐吃紧了。鸦片禁运后，仍然有英国商船雇佣渔船小艇走私鸦片，林则徐在深夜用火攻办法，于正月二十七日烧毁走私鸦片烟土船23只，抓获烟贩多名。英国舰队到达广东海面，随即宣布封锁珠江口，禁止所有船只进入广州内河。林则徐移驻虎门，校阅水师，并张贴告示，动员人民，准备作战。懿律和义律根据英政府的训令，避免在广东拖延，率舰队主力北上。

定海陷落

六月初四日（7月2日），懿律率领的英国侵略军在厦门海面与新任闽浙总督邓廷桢辖下水师发生冲突，但未大动干戈，继续北上。几乎与此同时，初五日，另一支由5艘军舰、24艘轮船组成的侵华英军，由伯麦（Gordon Bremer，1786—1850）率领，乘浙江沿海防务空虚，进攻舟山群岛。水师提督张朝发中炮落水身亡，水师溃散。3天后，英军登陆，击溃中国守军，攻占岛上的定海县城，定海知县姚怀祥投湖殉国。英军入城后，成群结队，大肆抢劫，居民财物、粮食、牲口等被洗劫一空。遇有抵抗，枪杀刀砍，致尸横遍野。一个曾参加这次作战的英国军官说：军队登了岸，英国旗就展开。从这一分钟起，可怕的抢劫光景就呈现在眼前。只有当已经没有什么东西可拿的时候，才停止抢劫。

英军攻陷定海后，一部分英军驻守定海，其余继续北上。往宁波、镇海投递书信，遭拒。英国向杭州湾北岸的乍浦开炮，遭清军回击，乃退走。七月十四日（8月11日），懿律偕同义律、伯麦等率威里士厘号等9艘兵舰到达天津海口拦江沙外停泊。

清廷剿抚两手不定

清廷调兵遣将，正准备在浙江进剿，收复定海，英国兵船却很快到了天津，迫近京畿要地了。朝廷上下因而十分紧张，此时，从宣宗以下至各大臣，都想好言相劝，安抚这些不速之客尽快南下，否则待在首都的他们终日如坐针毡，太难受了。然而所谓“抚”，差不多是屈服和投降的别名。

天津议和

直隶总督琦善在天津接待了英国兵船。懿律把《英国外相巴麦尊致中国宰相书》转交给琦善，由他转呈宣宗。内中无理指责中国政府查禁鸦片，驱逐英国商民，断绝中英贸易，要求赔偿烟价、中英官员平等相待、割让一岛或数岛为英商根据地、索还商欠、赔偿军费。宣宗阅后，主意大转，认为英国兵船并不是来挑衅的，而是因为林则徐等在广东查禁鸦片办理不善，这帮外人才北上告状，请求昭雪伸冤。巴麦尊的照会实际上明白宣示：要求按价赔偿所有被林则徐没收销毁的鸦片；要求割让一个或几个岛屿；为此要封锁中国海口，占领某些地方，不达目的，不能停战；中国需负担英国此次出兵费用，等等。

宣宗于是谕示琦善，拒绝割让海岛，倘欲催讨烟价，则以当日呈缴之烟，原系违禁之件，早经烧毁。既已呈缴于前，即不得索价于后。英国劳师远征的出兵费用，宣宗连提都没提。但宣宗又称：上年林则徐等查禁烟土，未能仰仗大公至正之意，以致受人欺朦，措置失当。兹所求昭雪之冤，大皇帝早有所闻，必当逐细查明，重治其罪。现已派钦差大臣驰至广东，秉公查办，定能代伸冤抑。该统帅懿律等，着即返棹南还，听候处理可也。琦善收到宣宗的上谕后，在致懿律的照会中，把宣宗的这些话原本照抄："上年钦差大臣林等查禁烟土，未能仰体大皇帝至公正之意，以致受人欺蒙，措置失当，必当逐细查明，重治其罪。惟其事全在广东，此间无凭办理，贵统帅等应即返棹南还，听候钦差大臣驰往广东，秉公查办，定能代伸冤抑。"[1]琦善明白这是想把责任都推给林则徐、以惩办林则徐来搪塞懿律。巴麦尊的照会还未公开指责中国的禁烟运动，而宣宗和琦善却明确视林则徐在广东的禁烟措置失当，实际是宣告禁烟行动的失败，担负禁烟重责的林则徐、邓廷桢等官员成了有罪之人。琦善还奏称："天津切近京畿，凡盐漕铜船皆由此来，最为咽喉重地。设使边衅一开，该夷狡焉思逞，频相滋扰，致我劳师糜饷，所关匪细。且海道处处可通，如黑沿子庄并无口门之所，该夷尚能乘坐小船，设法上岸，又安得有如许弁兵，旷日持久，无时无处，不加堵御？诚恐防不胜防。"宣宗和琦善等认为，洋人既然到了天津口外，就只能和他们妥协一条路了。英国人曾在白河口附近登陆，不但进抵黑沿子庄，还到了山海关。据说是听闻山海关地方，向多古迹，是以前往观看。英国人问当地官员："该处只有弓箭，并未见有炮位。"该官员答："此系密防，岂能令尔

[1] 文庆等修：《筹办夷务始末（道光朝）》第1册，第368、380~388页。

望见。”琦善将此事也上奏宣宗，并称：“该夷所恃者大炮，其所畏者亦惟大炮。山海关一带，本无存炮，现饬委员等，在于报部废弃炮位内，检得数尊，尚系前明之物，业已蒸洗备用。”英舰到广东海面后，宣宗就曾多次下诏，令沿海各省督抚严加防范，各省督抚也纷纷上奏报告，已做了准备，但从琦善的上奏看，实际上根本未落实，海防之空虚，令人震惊！琦善很清楚明朝的废炮吓不倒洋人，他是以此证明在他的辖区如此近畿重地竟然完全没有防御能力，以此告诉宣宗，我们没有本钱和英国人开战。在白河口，琦善同懿律有过数次书信来往，并同义律进行过两次会谈，英方坚持赔偿鸦片烟价等无理要求。琦善答应一定从重惩处林则徐，对其余问题则含糊应付：烟价及行商之事，可到广东商量。在琦善的安抚下，懿律所率英兵舰，在天津海面停留了1月有余后，于八月二十日（9月15日）离开白河口，全数南去浙江定海。

英国人表示，在他们的要求未得到满足前，决不放弃已经占领的定海县城。派往浙江的钦差大臣伊里布和在广东的林则徐的积极备战完全不同，一心寄希望向英国人求和，不做任何备战布置，还配合英国人向当地居民发出安民布告：务须各安耕读，自保身家，如果夷人并不向尔等扰害，尔等亦不复行查拿。英方于是宣布浙江休战，除留下少数兵力外，全军移向广东。

罢免林则徐

求“抚”气氛高涨，皇帝已不信任林则徐。九月初三日（9月28日），宣宗申斥林则徐、邓廷桢等，称他们“误国病民”：“乃自查办以来，内而奸民犯法不能净尽，外而兴贩来源并未断绝。甚至本年英国船只沿海游弋，福建、浙江、江苏、山东、直隶、盛京等省纷纷调征，糜饷劳师，此皆林则徐等办理不善之所致。林则徐、邓廷桢著交部分别严加议处。”[1]把英国侵略军沿海骚扰，说成是林、邓“办理不善”的结果。原本就反对严禁鸦片的朝廷大员们更大肆中伤、攻击林则徐为首的禁烟派和抵抗派。林则徐被罢免后，“抚夷”有功的直隶总督琦善接任两广总督，在广州和义律谈判，此时英国全权代表懿律已因病回国。琦善和伊里布一样，完全不做任何作战准备，只想在谈判中拖延时间，诱使对方降低要求。义律则决定再度使用武力。而被革职的林则徐仍然上奏称，为海防长久之计，应不惜经费，“制炮必求极利，造船必求极坚”，并请求“带罪前赴浙省，随营效力，以赎前愆”。对此奏文，宣宗加上了“无理，可恶”“一派胡言”等批语，可见早前对林的信任已经荡然无存！

① 中国第一历史档案馆编：《鸦片战争档案史料》第2册，第400~401页。

二将军血溅虎门

道光二十年十二月二十五日（1841年1月7日），上午8时许，英军1461人在20余艘军舰协同下进攻虎门沙角和大角炮台，清军设在珠江海口的第一道防线遭袭。此时林则徐、邓廷桢已被革职，钦差大臣琦善到达广州，一改林则徐、关天培的做法，下令撤除海防，并按英国人的要求将兵船裁减三分之二，遣散了全部招募来的水勇，拆除了防务设施，甚至炸毁了海防大炮。这种自毁门户的倒行逆施，使关天培痛恨不已，但却束手无策。琦善完全寄希望于和谈，消极避战，未做实力防御。此时，虎门防卫设施薄弱，力量不够。

驻守靖远炮台的广东水师提督关天培，驻威远炮台的总兵李廷钰也只有数百兵力，自顾不暇，无法前来支援。仅仅2个小时，英军便占领了各制高点，并居高临下，攻击沙角炮台。清军守将陈连升临危不惧，身先士卒，用扛炮和地雷炸死炸伤敌军多人，率领600余守岛官兵，与数倍于己的英军殊死搏斗，最后全部壮烈牺牲，儿子陈举鹏一同殉国。

陈连升（1775—1841），湖北鹤峰人，土家族，出身行伍。幼习武，曾参加镇压川、楚白莲教起义及湖南、广东两省少数民族起义。嘉庆间任千总、守备等职。道光间迁广西左江镇都司、广东连阳营游击。道光十八年（1838）升广东增城营参将。道光十九年在官涌之战中抗击英舰进犯有功，再擢广东三江协副将。林则徐赴粤禁烟，调连升守虎门沙角炮台，把守虎门第一道防线，责任重大。他带领三江和惠州兵勇，在沙角埋下许多地雷，以应对不时来犯之敌。陈连升率兵多次驱退英兵舰。这时他已年逾花甲，自知力量不够，但仍然战斗至最后一滴血。张维屏有诗赞连升：英夷犯粤寇氛恶，将军奉檄守沙角。奋前击贼贼稍却，公奋无如兵力弱。凶徒蜂拥向公扑，短兵相接乱刀落。乱刀斫公肢体分，公体虽分神则完。公子救父死阵前，父子两世忠孝全。

《穿鼻草约》

沙角、大角炮台均落敌手。钦差大臣、两广总督琦善立即向英军求和，按照义律的要求，琦善于道光二十一年正月初三日（1月25日），擅自与之订立《穿鼻草约》，草约规定中国割让香港岛给英国，增开口岸通商，赔偿英方鸦片烟款600万银元等。琦善试图以此丧权辱国条款，换取英国撤出沙角、大角炮台，归还浙江定海。义律随之在香港贴出该草约布告。英军于次日即道光二十一年正月初四日（1月26日）正式占领香港。

"痛加剿洗"

道光二十一年正月初五日（1841年1月27日），沙角、大角两炮台失陷的消息传到北京，宣宗大为震怒，随即发布谕旨，要求"痛加剿洗"，向英宣战。再调2000江西兵赴广东。初八日，授奕山为靖逆将军，户部尚书隆文、湖南提督杨芳为参赞大臣，驰赴广东，并调湖北、四川、湖南、贵州兵各1000名援粤。初九日，再添调四川兵1000名，湖北、湖南、贵州、云南兵各500名赴广东。数日之内，遣调约1万军队援粤，反映了此时宣宗抗击英国侵略决心的坚定。

宣宗原以为，已到天津海口的英国军队，既然很容易地就撤往南方，表明已就“抚”，就不应该再要求割地赔款。现在得知，还是要割地赔款，有伤“天朝”体面，岂能接受？于是改变方针，主张和英方开战。1月之内，将主持议和的琦善，以违反“不准接受夷书”之旨，且代为恳求，以及“违旨媾和”，擅将香港给让英国，准其在广东通商，令革职锁拿，查抄家产[①]。

战事重开

义律没有拿到《穿鼻草约》规定的赔款，又获悉清朝政府调兵遣将的消息，就先发制人，进攻虎门炮台。英方由于在华兵力不足，在二月初把留在浙江定海的部队全部撤退。钦差大臣伊里布因而奏报“收复”定海。宣宗认为，已经下了作战诏书，但伊里布一直不敢和敌军作战，不能加以剿灭，“可谓庸懦无能之至”，所以也给以革职处分。

这样，在陶澍已经故去，林则徐、邓廷桢、琦善、伊里布等满汉重臣先后被斥革的情况下，宣宗大胆起用新人。邓廷桢的闽浙总督的职位，由颜伯焘继任；两江总督、钦差大臣则由裕谦接手伊里布。按例，两江总督驻江宁，闽浙总督常驻福州，宣宗担心颜伯焘难以顾及闽、浙两省千里海防线，便命裕谦由江宁移驻浙江，兼顾江苏，为颜伯焘分担责任。两位新总督抗战言论最坚决，在力主“剿夷”的官吏士子中，深孚清望。两人很快走马上

① 《清宣宗实录》卷346；文庆等修：《筹办夷务始末（道光朝）》第2册，第803页。

任，颜伯焘坐镇厦门，裕谦长驻镇海，两处皆为军事要地、海防前线。他们的筹防措施很认真，分别在其防区，建起了坚固的壁垒。他们被宣宗以及朝野官绅视为抵御外敌的长城。

宣宗决心战斗到底。从湖南、湖北、四川、贵州、云南、河南、广西、江西等省调动军队，正源源不断开往广东。靖逆将军奕山系皇侄，可以充分相信；负责广东军事的湖南提督杨芳，号称名将，应该可以有所作为。杨芳从湖南很快到了广州，但也和琦善一样，竭力采取“抚”的办法，以避免作战，因此也受到宣宗的申斥，认为他“只知迁就完事，不顾国家大体”，并训示：“此事更无他议，唯有进剿一法”，“断不准提及通商二字”。随后，奕山和隆文也到了广州。他们在出京前由皇帝“面授机宜”，要他们“一鼓作气，殄灭丑类”。

义律在虎门集结了10余艘舰船，在占领下横档岛后，于二月初六日（2月26日）进攻上横档炮台，同时向威远、靖远、镇远等炮台进攻。广东水师提督关天培亲自在威远炮台督战，炮台守军仅20余人，英军300余人从后山攻入阵地，关天培与游击麦廷章率军与敌人肉搏，负伤数十处，激战持续10小时之久，终因寡不敌众，关天培和400余将士壮烈殉国。

关天培（1781—1841），字仲因，号滋圃，江苏山阳县（今淮安）人。嘉庆八年（1803）考取武庠生，中武秀才。历任把总、千总、守备、游击、参将，道光六年（1826）升副将。次年，升为江南苏松镇总兵。道光十二年署理江南提督。道光十四年（1834）升任广东水师提督。关天培被清廷称为“干济之材”，当时，英国兵舰擅自闯入珠江到达黄埔，原广东水师提督因疏于防备而被革职。这时关天培署理江南提督还不到一年，已过知天命之年，在这样一个背景下，又被派往广东镇守国家的南大门，可见朝廷对他的倚重。为整顿广东武备，把守南疆，关天培此后与虎门结下不解之缘。随着走私鸦片的大量输入，英国军舰在沿海虎视眈眈，不时袭扰，南国已处多事之秋。关天培自知责任重大，在启程前往广东之前，先让妻子把年届八旬的老母，送回家乡淮安府山阳县安顿好，自己只带3名仆从和10件行李箱赴任。关天培作风简朴，不事铺张，到提督署后，自用的3间住宅，下令只准打扫，不许粉饰和添置用具，也不准巡洋官弁擅离职守前来迎接。

关天培上任的第二天起，不顾舟车劳顿，前往视察虎门各炮台，了解海防情况，又视察炮局、军火库、造药所，到教场检查官兵们的训练情况。实地考察后，关天培对虎门的重要地位认识更清楚。虎门位于珠江入海处，是从海上进入广州的咽喉要道，而虎门炮台群是“防范夷船第一要隘”。同时，指出虎门防备上的问题：炮台少，射程短，射击命中率低；守台官兵素质差，平日训练少；近海岛屿之间海面过宽，浅水暗沙涨潮时可以行船，造成防守空隙。关天培非常重视炮台的增建和改建。为革除防务上的弊端，堵塞漏洞，他领导建造了炮垫，以利瞄准；赶制了炮罩，以防炮筒锈蚀。对于近海岛屿之间火力射程达不到的海面，布置了粗长的铁链，以防敌船突入。他革除业务生疏的军官，对留用者加强军事考核，以训练的成效为考核重要依据，提高了炮台官兵的军事素质。关天培还重新部署了虎门炮台的防御系统。虎门从康熙五十六年（1717）起开始设防，先后建有横档（后于炮台前增设月台）、南山、沙角、新涌、蕉门、镇远、大虎、大角等八座炮台，共设炮190门。关天培到任后，为加强海防，在横档背面山麓新建了永安炮台，在永安炮台对面的芦湾山脚建造巩固炮台，并在南山炮台前加筑月台，合称威远炮台。他又督促铸造了9尊3000斤大炮，分置于永安、巩固、蕉门炮台。关天培接任后，虎门炮台先后新增大炮共117门。林则徐赴粤禁烟后，关天培与两广总督邓廷桢商议，又新建了置炮60门的靖远炮台和两道拦江木排、铁链。这样，火力配置更趋完善，形成保卫广州的三道防线：大角、沙角夹岸对峙，是第一道防线；由此上溯7里，有上、下横档岛耸立江中，将水道分开，东航道可通大船，是洋船进入广州的唯一水道，为第二道防线；由此再上溯五里，有大虎山岛，构成第三道防线。

关天培严格规定，各炮台每月要有两天的实弹操练，每年要举行两次水陆联合作战演习。关天培以身作则，经常亲临炮台，督率操练。有一次，横档炮台的大炮施放时被炸坏，炮手受伤，关天培立即赶到炮台，把炮台官兵集合起来，亲自指挥操演，从而消除了官兵们的恐惧心理，终于演放成功。关天培身为武将，也很重文化教育。当时，虎门寨没有村馆乡塾，不能读书，于是关天培创办了虎门义学，自己带头捐钱，延师授业，提高官兵子弟的文化素质。

林则徐被任为钦差大臣赴广州查办鸦片，关天培积极支持禁烟措施，被林则徐“引为知心”，重要的防卫决策几乎都有关天培参与谋划。道光十九年五月，收缴趸船鸦片的工作已近尾声，关天培陪同林则徐视察了威远炮台和刚刚竣工的靖远炮台。新炮台宽63丈，高丈余，设炮60门，台后有半圆形围墙，垛墙炮洞都用三合土夯筑而成，十分坚固。第一道铁链安装于南山与饭箩排巨石之间，长300余丈，系有大木排44排。铁链两头是固定的，中间用大铁锁接口，可以开合，平时能够通行，如有警报则可封锁江面。关天培考虑缜密、部署周详，林则徐赞许有加。虎门销烟开始后，英国的武装挑衅更加变本加厉。关天培率部英勇回击了英军相继对九龙、官涌驻军的武装挑衅，打退了敌军的进攻。

虎门失陷

沙角、大角炮台失守，虎门失去了重要屏障，形势十分险恶。关天培两次派人到广州求援，新任总督琦善却坐视不救，不发一兵一卒，使前线将领徒叹奈何！此时，英国侵略者还占领香港，并测量了内河水道，新的攻势已迫在眉睫。关天培面对外失屏障、内无援兵的绝境，抱定以死殉国的决心。

他把自己的几件旧衣服和几枚脱落的牙齿装在一个木匣内，寄回家中，以示诀别。

道光二十一年二月初五日（2月25日）下午，突破了虎门第一道防线的英军，在没有清军设防的下横档岛登陆，并安设3门大炮。当时，关天培正坐镇第二道防线东岸的靖远炮台，这是一座建在南山上的新炮台，它与对岸的巩固炮台，江中的横档炮台、永安炮台（均建在上横档岛上）控制着东、西水道。关天培深知守住靖远炮台的重要性，他召集炮台守军，宣誓道："人在炮台上，不离炮台半步！"初六日（26日）清晨，下横档岛上的英军炮轰上横档。同时，4艘军舰由西航道驶入，用舰炮轰击上横档，另3艘军舰和3艘火箭船进攻东岸的南山。经过1个多小时的激战，英军占领上横档岛。中午，两艘最大的英舰驶入南山水域，以右舷轰击威远、靖远炮台。不久英军3000余人在南山登陆，猛烈攻击威远、靖远、镇远3座炮台。下午二时许，靖远炮台多处坍塌，守军死伤大半。关天培负伤十多处，鲜血直流，却毫不在乎，他甚至代替牺牲的炮手亲自放炮。这时雨越下越大，大炮火门透水已不能使用，关天培的一名亲随见炮台危在旦夕，想背着提督突围出去，关天培手握军刀，令亲随冲出去，回家转告自己的夫人要好好侍奉老母，他已誓与阵地共存亡。亲随无可奈何地流着眼泪走了。战斗坚持了近一个时辰，炮台被敌人包围，英军蜂拥而上，双方展开了白刃战，关天培在格斗中左臂又被刺伤。最后，侵略者的刺刀刺穿了他的胸膛，关天培最终壮烈殉国。

关天培的英勇献身精神不但激起了中国人民的无限悲愤和怀念，连敌人也不得不表示钦佩，称赞他是"最杰出的元帅"。关天培这位"虎门将军"，林则徐以诗赠他，表示敬意，诗云："功高靖海长城倚，心切循陔老圃知。浥露英含堂北树，傲霜花艳岭南枝。"另有七言律诗讴歌这位老英雄："虎门将军壮缪（关羽）裔，报国丹心指天誓。挥刀赴难惟亲军，一死无地招忠魂。"他在驰骋疆场之时，受到普遍赞誉；他在死后，更受到人们的长久怀念。

广州和约

道光二十一年二月十四日（3月6日），英军又攻占广州东侧的两座炮台，广州城就失去了最后一道屏障。四月初二日（5月22日）英军大举进犯广州，并从南、北、西三面包围了广州城。靖逆将军奕山在毫无切实的军事部署的情况下和侵略军打了一仗，但只打了7天，广州城外炮台全部失陷，1.8万军队溃散。就在英军准备发动攻城时，靖逆将军奕山挂起了白旗。皇侄奕山派广州知府余保纯出城乞降，签订了新的停战条款。四月初七日（5月27日），奕山与义律签订了屈辱的《广州和约》，规定：奕山和中国军队于6天内退出广州城；7天内交付600万元“赎城费”；赔偿英商馆损失30万元。奕山迅速地履行了这些条款，英军在取得赔款后，于四月十九日退出虎门。宣宗批准了奕山的投降行动，自我安慰道：“该夷性等犬羊，不值与之计较”，既然英军已退出虎门，而且也交还了定海，总算面子上过得去，事情就完结了。打败仗的奕山等人未受到任何处分，惩罚反而落到了已革职的林则徐、邓廷桢等人身上，宣宗下令把他们“发往伊犁，效力赎罪”。六月初，宣宗下令，前期为加强防务从外省调派往广东和其他沿海各省的官兵一律裁撤。

三元里百乡民众抗英

朝廷和官员们妥协投降了，广州人民却掀起了一场轰轰烈烈的抗英风暴。

英国人在发动侵略战争之前，就考虑到要利用清政府和中国人民之间的矛盾，为其所用。因为，以少数的远征侵略军去与成亿的中国人敌对，显然毫无胜算。大鸦片贩子安德深知中国人民并不喜欢他们的政府，在战前即向英国政府献计说："对于中国，和对于一切软弱的政府一样，勇敢地施用武力，可以收到意外的效果。用这手段，我们可以恢复我们在中国人民中的威信。但是除非等到中国政府拒绝我们的正义的要求，迫不得已时，不可对一般中国人加以损害，否则便使我们的利益与政策受到损失。"[1]英国政府显然采用了这位大鸦片贩子的策略。英国侵略军初到广东时，特地用中文发布声明书，"向中国人保证，这次远征对于和平居民并无恶意，远征完全

① 英国蓝皮书：《对华贸易有关的英商给政府的呈文》，载中国史学会主编、齐思和等编：《中国近代史料丛刊·鸦片战争》第2册，第663页。

由于林则徐的虐待英人而起，大军所攻击的，仅仅是政府的官员、军官、以及兵士”[①]。对此，清廷官员洞悉其奸，耆英和伊里布在报告上海一带情形时说：英军“张贴伪示：本国与百姓毫无战争，最愿彼此和睦，广开通商之路，但大清官兵不肯议和。此等鬼蜮伎俩，尤令人愤满胸怀”[②]。

但英国侵华战争开始后，侵略军撕开假面，所谓的离间策略也自然不攻自破了。广州城外“十三行”作为与外国商人开展贸易的场所，遭英国侵略者洗劫。侵略者铁蹄所到之厦门、定海、宁波、乍浦、镇江等地，烧杀抢掠，奸淫妇女，如同海盗，人民生命财产受到惨重损失。英军的暴行激起东南沿海地区广大人民的强烈义愤，他们自发地组织起来，英勇地开展反对外国侵略者的斗争。福建厦门近郊的乡民，以抬枪等原始武器，抗击英军，歼敌多人。浙江宁波、镇海、定海等地的“黑水党”，或狙击英军，或用小划艇袭扰、消灭敌人，给侵略者造成很大困扰。江苏太仓等地的农民，伏击英军，杀死敌人，致其不敢上岸。江苏靖江民众，用抬枪击中英舰火药舱，致敌船起火逃窜。台湾台南、台北、基隆等地人民，也多次击溃英国侵略军的进犯。特别是在广东，广州三元里人民的抗英斗争闻名中外，震古烁今，是近代中国人民反侵略斗争的一面光辉旗帜，至今仍然熠熠生辉。

英国侵略军轻易打败了靖逆将军奕山统帅的清军，在英军面前，他们也确实不堪一击。但侵略者在道光二十一年四月初十日（5月30日），在广州城北约5里的三元里，却遇到了他们侵略中国以来的真正对手。先是《广州和约》签订后，英军纷纷由四方炮台下山，窜扰泥城、三元里等乡，肆行劫掠奸淫。初九日，三元里农民韦绍光等击杀施暴的数名英兵，群众聚集到三元古庙，誓师抗英。然后，鸣锣北上萧岗等乡求援。至是，千余英军从四方

① 《英军在华作战记》，载中国史学会主编、齐思和等编：《中国近代史料丛刊·鸦片战争》第5册，第63页。

② 文庆等修：《筹办夷务始末（道光朝）》第4册，第2024页。

炮台出动，扑向三元里，以图报复。但英国军队忽然发现，他们面对着数以千计的对手。一个英国军官这样描写当时的情形："30日上午，一大群一大群的敌人集合在军营的后面，以长矛、盾牌和剑为主要的武器……敌人散布在一哩以上的地面上，大约有5000人之众……两小时以内，敌人增加到7000人以上，露出许多军旗和几枝火绳枪。"[①]原来这些人并非清朝官兵，而是普通百姓，以农民为主。来自三元里、萧岗等附近103乡的民众越聚越多，将英军围困于牛栏岗。民众打着三星旗，用最简单、原始的武器与敌人进行搏斗，侵略者被分割包围在数处地方，不能动弹，难于摆脱。时值大雨，更增添了敌人的困窘。三元里抗英民众给予英国侵略军以重大杀伤，击毙其指挥官毕霞等。英军趁雨逃回四方炮台，万余民众冒雨追击，包围了炮台。同时，广州附近南海、番禺、花县（今花都）、增城等地的民众闻讯也纷纷赶来，民众增至数万人。十一日，被围困于四方炮台之内的英国全权代表义律，只得向广州知府乞援。奕山于是派广州知府余保纯，率南海知县梁星源、番禺知县张熙宁等前往弹压，胁迫民众解散。民众领袖引导群众散开，当天下午，围困解除[②]。

广州作为唯一的通商口岸，民众接触洋人较久，钦差大臣琦善称："粤省民风，浇薄而贪，除业为汉奸者更无庸议外，其余亦华夷杂处，习见为常，且率多与夷浃洽。"[③]靖逆将军奕山则断言"防民胜于防寇"。三元里民众抗英斗争表明，这两位满大人所说大谬，人民的力量一旦发动起来，坚不可摧。

清廷不敢发动民众，只知"借资于民"，就是采用"募勇"和"团练"

① 《英军在华作战记》，载中国史学会主编、齐思和等编：《中国近代史料丛刊·鸦片战争》第5册，第225~226页。

② 陈桦：《清史编年》第8卷，《道光朝》，第434页。

③ 文庆等修：《筹办夷务始末（道光朝）》第2册，第777页。

方法。所谓“募勇”，就是官方出资雇佣壮丁，作为朝廷正规军的辅助。例如钦差大臣林则徐在广州时，曾从渔民、蛋户和滨海居民中募勇五六千人。扬威将军奕经在浙江督军，除从各省调兵11000人外，还另募乡勇22000人。林则徐曾上奏《议覆团练水勇情形折》，他对募勇的看法是：“当防夷吃紧之时，恐此辈被其勾作汉奸，或为盘运鸦片，利之所在，不免争趋。仍惟收而用之，在官多一水勇，即在洋少一匪徒。”[①]浙江道御史殷德泰上奏，请在沿海各省招募水勇，称：“沿海一带，率多利涉之人……其人小利自驱，招之即至，为我用则成水勇，为夷用则为汉奸。”督军浙江的钦差大臣裕谦则说：“浙江之乡勇、水勇，亦不过羁縻匪类，不使内讧而已。”浙江巡抚刘韵珂曾在乍浦招募“游民”为勇，认为他们“性多犷悍，无事之时尚难冀其安分，有警之日，势更易于为匪”，一方面“添兵弹压，以驯其桀骜之气”，另一方面“将游民中之强壮驯良者，挑充乡勇以分其势，如有夷船豕突乍洋，即令协同攻击，似于安内攘外，两有裨益”[②]。均属姑且用之，不敢信任。林则徐认为：“雇用此辈，流弊亦多，权宜虽在暂时，而驾驭必须得法。盖其来从乌合，非比有制之师，而又犷悍性成，每易藉端生事。”所以，“当其招募之时，即令查明亲属，取具的保……临事不藉冲锋，只令备为策应……若辈久处行间，习知虚实，其中亦有所不宜，故又须加意防维，随时稽察。果能遵守纪律，出力向前，则留营酌编入伍，否则酌量资遣，妥为管束，以杜日后非为”[③]。林则徐在鸦片战争中，相信“民心可用”，但对于下层民众中蕴藏的巨大力量，还是认识不足，这当然是受时代的局限性所致。

所谓“团练”，是指乡间地主绅士自己编练的武装力量。镇压白莲教起义，团练即起了很大作用。道光二十一年九月，宣宗谕令：“沿海各处乡

① 中山大学历史系编：《林则徐集·奏稿》，第881页。

② 文庆等修：《筹办夷务始末（道光朝）》第3册，第1217、1266、1314页。

③ 中山大学历史系编：《林则徐集·奏稿》，第882页。

村，均宜自行团练乡勇，联络声势，上为国家杀贼，下即自卫身家。”并以白莲教战争的经验，指出“从前三省教匪滋事，尽有由义勇出身擢至大员者”[①]。期望各地方的地主绅士，仍能如同以前一样出力。但是朝廷在战争方针上的游移不定，让他们无所适从。英国侵略军进入长江、攻陷镇江后，扬州的盐商和绅士派代表向侵略者献银30.5万两赎城，就是明显的例证。广州，南海、番禺、顺德一带农村的地主乡绅在鸦片战争中，通过原有的“社学”组织团练乡勇，参加抗英。这无疑与林则徐的影响有关。三元里的抗英民众，参与者除农民外，还有当地的丝织工人、打石工人，人数近万，辐射也很广，远超团练的范围。有的社学主持者，不但积极参与，并在群众中起到领导作用。说明这些农村中的小地主和绅士，在民族危难来临的时候，尤其是面对侵略者的暴行，当群众自发投身反侵略的斗争高潮中，他们也会表现其斗争的积极性，保家才能卫国。有的社学的地主绅士，因此受到清廷的表彰，有的由此做了官。但参与抗英斗争的普通民众，只流传在当地人民的口碑中。据调查，参加三元里斗争的农民和手工业工人，有的自称“生不到衙门，死不到地狱”[②]，不愿向官府领赏，后来参加了农民起义军。三元里民众的抗英斗争，是近代中国人民反帝斗争的最初萌芽。

魏源对此评价甚高：“三元里之战，以区区义兵，围夷酋，斩夷帅，歼夷兵，以款后开网纵之而逸。孰谓我兵陆战之不如夷者？”他主张利用民众抵抗侵略，“若谓闽粤民兵虽可用，而多通外夷”，为何广东“斩夷酋、捐战舰者皆义民”？为何台湾“两禽夷船”“南澳”“火攻夷船”的也都是义民？显示出对中华民族战胜侵略者充满必胜的信心。

① 文庆等修：《筹办夷务始末（道光朝）》第3册，第1316页。

② 广东省文史研究馆编：《三元里人民抗英斗争史料》，第171页。

定海三总兵力战报国

广州议和后，宣宗心头的石头落地了，但侵略者却不认为战事已告结束。英国政府也不满意义律的所作所为，外交大臣巴麦尊认为：义律率兵到了大沽口却无功撤回，所签《穿鼻草约》获取权益也太少。实际上，道光二十一年闰三月初十日（4月30日），英国内阁召开会议即决定，撤换义律，改派璞鼎查为新任特派全权公使，并兼任商务监督和香港首任总督。

璞鼎查（Henry Pottinger，1789—1856），爱尔兰人。14岁赴印度，第二年参加东印度公司的陆军，两年后获少尉军衔。21岁时，志愿调查印度与波斯的边境地区（即今巴基斯坦、伊朗、阿富汗交界地区），乔装为当地土著马贩子，行程2500余公里。由此名声大振。1840年结束长期的海外生涯，回到英国，受封爵士，任东印度公司陆军少将。巴麦尊选派从印度回国不久的璞鼎查，显然非常看重他在印度的经验、手腕和勇气，相信为英国权益找到了一位“能手”[1]。

①［美］马士：《中华帝国对外关系史》第1卷，第751页。

璞鼎查四月十六日（6月5日）从伦敦出发，一个月后到达孟买，在那里待了10天，与印度当局协调好侵华事宜后，于六月二十四日（8月10日）到达澳门。与他同船到达的，还有英国新任远征军海军司令、东印度舰队总司令海军少将巴加（Willian Parker）。显然，英国政府要进一步扩大侵华战争。

从伦敦到澳门，璞鼎查在途中仅用了67天。这在当时的交通条件下，确是破纪录的速度，令在华的英商船主们大为吃惊。而召义律回国的指令，却在路途走了整整3个月多3天（5月3日伦敦发出，8月8日才到达他的手中），两天后璞鼎查便站在他的面前了。璞鼎查的快速到达，表明了英国此时在轮船技术、地理知识和殖民体系诸方面的进展。这比起林则徐由北京到广州费时61天，琦善费时56天，奕山费时57天，相差无几。若除去璞鼎查在孟买停留的10天，反是英方更快。科学缩短了空间的距离，东、西两个大国越来越近。预示着清朝今后将会越来越快、越来越强地承受到西方的压迫[①]。

璞鼎查接下来展开的军事行动表明，他的进攻速度更快，与义律的风格迥然不同。璞鼎查到达广东的当天，即向两广总督祁塤发出了两道照会，通知中国官方，要求满足去年在白河口提出的全部要求。英国政府认为义律没有照章办事，故被罢斥，璞鼎查接任此职，亦接手了英国政府先前没有被中国兑现的各项训令。此外，巴麦尊还特别指示以下五项：英军重新占领舟山；不在广东进行交涉，谈判地点应在舟山或天津；交涉对象应是中国皇帝授予的全权代表；赔款总额（鸦片、商欠、军费）不低于300万英镑（约合银元1200万）；劝说清政府允许鸦片贸易合法化[②]。

根据巴麦尊的训令及指示，璞鼎查在广州仅作短暂停留。在其到达两天后，璞鼎查召开军事会议，决定了北上的侵略计划。七月初五日（8月21

---

① 参见茅海建：《天朝的崩溃：鸦片战争再研究》，第317页。

② ［美］马士：《中华帝国对外关系史》第1卷，第745~751页。

日），璞鼎查除留一部分英军占领香港外，主力迅速开拔，移师北上，计有军舰10艘、轮船4艘、领航测量船1艘、运输船22艘，载兵2519人。次日，璞鼎查本人亦搭上了北犯的战舰。战火离开广东，向北燃烧。这以后的一整年间，英军在福建、浙江、江苏发动了一连串的侵略攻势。清朝当局手忙脚乱地调兵遣将，布置抵抗。

厦门陷落

英国侵略军接下来的第一个军事目标，是前任全权代表义律未能如愿攻下的福建厦门。此时镇守厦门的主帅是闽浙总督颜伯焘。

颜伯焘，广东连平人。祖父和父亲都是清朝一二品大员。他嘉庆二十年中进士，入翰林院，散馆后充编修。道光二年（1822）外放任陕西延榆绥道，历任陕西督粮道、陕西按察使、甘肃和直隶布政使等职。颜伯焘在平定张格尔之役中办理军需，获得宣宗的好评。道光十七年（1837），升任云南巡抚，时任云南总督为伊里布。两年后伊里布改两江总督，颜伯焘兼署云贵总督。道光二十年，宣宗罢免邓廷桢，调颜伯焘来督闽浙。颜伯焘奉旨后，立即进京请训，三日之内，五蒙召见，"荷诲之周详，实铭心刻骨"。宣宗对他寄予厚望，在其谢恩折上朱批："一切俱应认真整顿，勉力而行，以副委任。"[①]颜伯焘深感圣上的隆恩，在赴任途中经过常州、杭州，分别会见了江苏巡抚裕谦和浙江巡抚刘韵珂，交流意见，协商抗战。时英军久据定海，伊里布按兵不动，激起他的义愤。于是，他与刘韵珂联名上奏，要求启用林则徐，"会同伊里布筹办一应攻剿事宜"。颜伯焘此举表明他将朝廷利益置于个人恩怨之上。正月二十六日，颜伯焘抵福州任所，稍作布置后，便根据宣宗的旨意，前往泉

① 中国第一历史档案馆藏：《军机处录副奏折》，《颜伯焘折》，道光二十一年正月二十九日。

州，部署防务。

泉州以南80公里，即是厦门港，福建水师提督衙署，便设在此地。厦门及其附近驻有水师提标共计五营4300人。但厦门实际上面积仅有109平方公里，非府非州非县，行政区划上隶属于同安县；但却是兴泉永道（管理兴化府、泉州府、永春州）治所，泉州府同知也在此开署，直接治理此地，称厦门海防同知。同安知县为正七品，厦门海防同知为正五品，同安知县自然管不了厦门岛。厦门岛是一个天然良港，一度是清朝对外通商的口岸，清政府对外封闭厦门后，其航运业、造船业，因与台湾的商贸关系而得以维持。民间航运业主和商人，航运和商贸经验丰富，与东南亚、日本等地的经贸往来从未间断。在鸦片战争前，厦门是除以国内贸易为主的上海和以国际贸易为主的广州之外的中国第三大航运业中心，自然是英方梦寐以求的优选通商口岸。

颜伯焘认识到到厦门的重要地位，将全省事务破例交由已委新职的福建巡抚吴文镕代行，本人则全身心地投入到厦门的防卫上。上一年夏天英军发动的两次厦门之战，以及英方欲辟厦门为通商口岸的传言，使他确信厦门必有一战。于是决计亲驻此地，部署防务。此前，在第一次厦门之战后，闽浙总督邓廷桢加强了厦门岛的防御，在厦门岛南岸、鼓浪屿、海澄县（今属龙海）、屿仔尾等地，紧急修建炮墩，共安设火炮268位，在厦门岛南岸一带部署防兵1600余名，另雇勇1300余名协防。颜伯焘不满意那些临时建筑的沙袋炮台，于是和兴泉永道刘耀椿、新任水师提督窦振彪开展了厦门规制宏大的防御工程建设。在厦门岛南岸，用当地最结实的花岗岩材料构筑了长约1.6公里、高3.3米、厚2.6米的石壁，每隔16米留一炮洞，共安设大炮100位。又在石壁以东以西、鼓浪屿岛、屿仔尾兴建了多座炮台。在金门岛以南的大担、二担、青屿、浯屿4个小岛上建造起石堡，即圆型石筑炮台。这样，厦门一带共安设了400位以上的岸炮，共部署了5680名守军；在清军无力设防的地区，另雇勇9274名，各保地方。应当说，就防卫功能看，厦门是当时中国沿海最强大的海防要塞之一。

但这些建设，花费也实在巨大惊人！颜伯焘很快就用掉100万两银子，加上此前邓廷桢花费的10万两和福建巡抚署理闽浙总督吴文镕凑请的40万两，合计防卫工程建设银两已达150万两。这还远远不够，新任福建巡抚刘鸿翱根据颜伯焘的指示，在厦门失守后的第7天，上奏请求再拨军费银300万两①！这些银子是否全部花在工程建设上，却是大有疑问。历来的军务、河工、赈灾，经手官员多中饱私囊，而颜伯焘于此嫌疑最大。道光二十二年初，时任汀漳龙道的张集馨，详细记录了颜伯焘免职回乡路过漳州的情况："前帅回粤，道经漳城。二月杪，县中接上站差信，预备夫马供张。至初一日，即有扛夫过境，每日总在六七百名。至初十日，余与英镇迎至十里东郊，大雨如注。随帅兵役、抬夫、家属、舆马仆从几三千名。"②张集馨还称，颜伯焘在漳州一连四日不走，地方官送其属员程敬50两才离开。此次颜过漳州境，地方官用去1万多两银子，结果诡名在雇勇项目中报销。可见，鸦片战争中的军费许多被虚报贪污了。

花费巨资建造的厦门防卫工事作用甚微，厦门之战很快结束，总兵江继芸率清军英勇抗击，力战阵亡，七月初十日（8月26日），厦门陷落，颜伯焘退守同安。但英军随即退出厦门，仅占据鼓浪屿。

定海三总兵

英军继续北上，进犯浙江舟山定海。葛云飞、郑国鸿、王锡朋三总兵率守兵5600人与英军激战6日，最后全部壮烈殉国。八月十七日（10月1日），

① 中国第一历史档案馆编：《鸦片战争档案史料》第4册，第39页。

② 张集馨：《道咸宦海见闻录》，第65页。

定海再度失陷。

鸦片战争期间，舟山群岛是英军侵华计划中一个主要攻击目标。该群岛位于我国沿海中部浙江省偏北海域，西控钱塘江口和甬江口，北通冀、鲁，南连闽、粤，无论在战略方面还是贸易方面都具有重要价值。1839年10月，英国外交大臣巴麦尊曾经指示义律，要他“占领舟山群岛中的一个岛，或厦门镇，或任何其他岛屿”，并且直言不讳地说：“陛下政府是有意于要永久占有这样地方的。”在舟山群岛中，最大的岛屿是舟山岛，定海县城就位于舟山岛的南部。县城东、北、西三面，山峦环抱，城南约二三里处为道头港，有三个出口，港口南面海中，大小五奎山、大小盘峙山、大小渠山等岛屿星罗棋布。

占领舟山，是英国侵略者第一次用武力侵占中国领土；定海失守，是中国近代史上清政府第一次丧师失地。定海总兵葛云飞，当时因父亲去世正在家守丧。

葛云飞（1789—1841），字鹏起，浙江山阴天乐（今属萧山）人，道光武进士。道光十八年（1838）署定海镇总兵，旋实授。家乡离前线不远。当听到自己的驻防地定海失陷的消息后时，他无限悲愤。家庭的不幸、国家的危难同时袭来，自古忠孝不能两全，葛云飞毅然奔赴前线，投入到抗英斗争中。

葛云飞奉命防守定海对岸的镇海。他提出“先言守，后言战”的方针，认为只有先巩固防地，才可能收复失地。他一面派兵加强海口炮台的防守，一面下令封锁海口，在水底埋设木桩，水面上布列木船、竹筏；并在甬江两岸修筑了三里长的土墙，墙上留有枪眼，以便射击防御。

葛云飞认为，敌人虽已占领定海，却很不安稳。只要把镇海的守备工作做好，就可以一面守镇海，一面分兵进攻定海，把敌军击退。实际情况也确实如此。定海城附近的人民对侵略者实行坚壁清野的措施，定海的街道上几乎很难看到一个中国人，英军很难得到新鲜食物，更没有蔬菜供应。当英军利用汉奸、买办来采购时，又到处被当地百姓捕捉。一位英国军官承认“捕捉买办一事，是一个最严重的打击”。侵略者还时刻会遇到中国乡民的袭击。道光二十年八月二十日（9月16日），一名叫安突德的陆军上尉就在定海城西的山坡上被手持锄头的中国农民活捉。英军派往大陆的侦查和采购人员也多次被击毙或俘虏。在英军占领定海的5个月内，还面临着严重疫病的困扰，竟有5329人次住院，死亡448人。英国占领军在定海的处境的确非常不堪。但清廷派到浙江的钦差大臣伊里布却看不到形势有利的一面，一味妥协求和，并要求葛云飞也参加求和的谈判。葛云飞当即严词拒绝说：“我同英夷不共戴天，怎能相见！”

道光二十一年（1841）正月，英军占领香港，侵略者决定从舟山撤退，既增援香港，也摆脱困境。二月初五日（2月25日）清晨，英军舰船离开定海。随之，定海镇总兵葛云飞、寿春镇总兵王锡朋、处州镇总兵郑国鸿统兵3000，分3批渡海前往接收定海。

王锡朋（1786—1841），字樵慵，顺天府宁河县（今属天津市）人，武举人出身，曾参与平定新疆张格尔叛乱。道光十八年（1838）任安徽寿春镇总兵。鸦片战争初期，曾调往吴淞，协助提督陈化成防守。

郑国鸿（1777—1841），字雪堂，湖南凤凰厅（今凤凰县）人，世袭云骑尉。道光二十年（1840）任浙江处州镇总兵。

当葛云飞等带兵回到定海时，经侵略者蹂躏近半年之久的定海已面目全非了。美丽富饶的舟山岛已经荒芜，以前这里聚集的渔船多达数万艘，现在一艘也不见了。定海城内城外到处一片凄凉景象。饱受苦难的定海百姓此时真有重见天日之感。葛云飞告诫父老乡亲，敌人退出定海，不过是缓兵之计，随时可能卷土重来，大家只有同仇敌忾，齐心协力，才能保家卫国。葛云飞还坚定地表明自己与定海共存亡的决心，他将随身佩戴的两把宝刀展示给大家说：宋朝岳武穆（岳飞）曾说过“文官不爱钱，武将不惜死，天下太平矣！”这句话我非常佩服，一直铭刻在心。这两把宝刀是我到定海后打造的，上面各刻两个字，分别是“昭勇”和“成忠”，这四个字就是我葛云飞誓死报国的决心！

葛云飞回驻定海之后，与王锡朋、郑国鸿等加紧修筑防御工事。不久，驻扎镇海的新任钦差大臣裕谦又加派标兵1800人开往定海，并拔炮50尊、火药数万斤以增强防御力量。三月初六日（3月28日）至十五日（4月6日），裕谦亲临定海与三位总兵一起商定修建东岳山顶炮台和土城。三位总兵动员军民，用了一个半月，把5里长的土城修好了一大半。就在此时，宣宗竟因《广州和约》签订后英军暂时退出虎门，以为战争即告结束，遂于六月十一日（7月28日）下令各省督抚裁减调防官兵。当时定海守军有5600人，准备先撤600人。浙江提督余步云等甚至主张放弃定海。

本来，王锡朋、郑国鸿已接到命令准备撤防，行期不远，葛云飞也准备了薄酒要为两位将军饯别。正在这时，厦门失守的消息传来，三总兵于是相约共同守卫定海。他们几次派人到定海大营要求增援，添兵添炮，加强防御力量。但裕谦营中的文案因不满葛云飞拒送贿赂，竟从中作梗，不发援兵，葛云飞见增援无望，决心以死报国，竭力杀敌。

八月初九日（9月23日），璞鼎查会同海军司令巴加、陆军司令郭富（Hugh Gough）等率战舰7艘、轮船4艘、运输船19艘，载陆军2100余人到达舟山附近海面。守卫定海的三位总兵划分了防守任务：葛云飞负责防守定海城东南半里的关山，该山也称东山或东岳山，他在这里修筑了周长130丈的土城；王锡朋率部防守城西北的晓峰岭，该岭非常陡峭，仅有一险道可通定海县城；晓峰岭下为小竹山，滨海有竹山门，为西路要冲，由郑国鸿率兵防守。当时，从小竹山到定海城东青垒头山，还横筑了一道长四百余丈的土城。应该说，防守措施还是很到位的。

定海之战

八月十二日（9月26日）上午，葛云飞接到英军来攻的报告，即会同王锡朋、郑国鸿两位总兵一起号令全军：城亡与亡，不离定海半步！下午，英军船舰聚集黄牛礁一带，巴加和郭富乘船闯入竹山门察看地形。葛云飞自土城发炮，击断英船头桅，英军逃逸。次日凌晨，英军3艘火轮船、1艘三桅船逼近城南土城开炮，葛云飞指挥还击，直至中午，敌人也未敢靠岸。八月十四日，英舰“摩底士底”（Modeste）号、“哥伦拜恩”（Columbine）号、“复仇神”（Nemesis）号连樯驶进，攻击晓峰岭下清军的坚固军营，发炮弹三四百发。王锡朋率守军隐于岩石之中，没有伤亡。傍晚，英军舰只绕至定海城南面水域，占据港口对面的大小五奎山。八月十五日，英军在3艘军舰、2艘武装轮船炮火的掩护下，在大小五奎山上构筑炮兵阵地，安置了3门大炮，其中1门可放68磅炮弹，2门可放24磅炮弹。葛云飞开炮遥击，打坏五奎山上英军帐篷5顶，英舰也发炮还击。十六日，英舰从小竹山东南吉祥门驶入，进攻东港浦和晓峰岭、竹山，傍晚又驾驶小船企图登陆，均被击退。

定海守军在葛云飞、王锡朋、郑国鸿3位总兵率领下，打退了英国侵略者的多次进攻，但清军的防守压力也越来越大。当时，连日下雨，守军往来于泥淖之中，衣服湿透，不敢稍息，昼夜血战，十分疲劳。更为严重的是，粮食、弹药、兵员消耗很大，得不到补充。相反，英国侵略军却掌握着进攻的主动权，他们白天轮番攻击，晚上回船休息，保持了比较旺盛的精力。另外，英军还不断调来增援部队，进攻的船舰也由29艘增至40多艘，火力很强，而清军使用的只是台炮、鸟枪等旧式火器，甚至弓箭、刀矛等冷兵器，双方战斗力的差距越来越大。

八月十七日（10月1日）拂晓，漫天大雾，已奋战了5昼夜的清军极为疲急，英军趁机分成2个纵队强行登陆：左路纵队2个团，分别是55团、18团，约1500人从舟山岛北面海上进攻，袭取晓峰岭；右路纵队1个团，即49团，加上水兵、海员乘2艘军舰攻击南海岸，从东港浦登陆，仰击关山炮台。英军主力舰队则驶入定海城南海域，用舷侧炮配合大小五奎山上炮队的大炮猛烈轰击清军的防守工事。从北路进攻的英军第55团利用舢板首先在西山头登陆，王锡朋指挥守军下山迎战，向敌人猛烈射击，一位英国军官形容说："他们的火绳枪和抬枪的火光使满山像燃火一般。"清军前队阵亡，后队继进，敌人几次进攻都被击退，有记载说："我兵所用抬炮至于红透，不能装打，犹拼命死战。"指挥官王锡朋手持短剑与冲上来的敌人展开白刃格斗，砍杀数人，一条腿被弹片打断，仍奋力拼杀，最后牺牲于英军的乱刀之下，晓峰岭失守。

之后，英军左路纵队从小路南下进攻竹山门，郑国鸿的部将李跃渊力战捐躯。郑国鸿两处负伤，还高举军旗督战，高呼：军人战死沙场上是光荣的！终因伤重而牺牲，英勇殉国。

在舟山西北、西南进行激战的同时，定海镇总兵葛云飞也率部奋勇抗击从南面登陆的英军右路纵队。竹山门失陷后，英军左路纵队一个团带着两门轻炮，沿土城东进，抵达关山炮台南端，两面夹击守军。葛云飞见英军突然从西面出现，立即指挥部分官兵掉转炮口射击。由于连日下雨，地面泥泞，大炮陷在泥潭里，无法掉头。葛云飞见形势危机，立即率领身边200余名将士与敌人展开近身肉搏。此时他身上已是伤痕累累，不下数十处。最后葛云飞被一颗子弹穿透胸膛，壮烈牺牲。中国守军的英雄壮举使敌人为之惊叹，他们承认葛将军和他的部下"作了一次很体面的抵抗"，一个侵略者曾这样写道：他的僚属和我们的军队短兵接战，却英勇地与他同时殉节。高地上的旗手选了一个最显著的地位，站着摇旗，丝毫不怕落在他四旁从轮船打来的炮弹。最后，"弗莱吉森"（Phlegethon）号的一颗炮弹把他打倒，另一个人赶紧取其位而代之。

定海三总兵壮烈牺牲了，他们敢于同强敌血战到底的精神没有给国家丢脸，没有使民族蒙羞，他们的事迹至今仍然让炎黄子孙热血沸腾。葛云飞的老母亲听到儿子战死沙场的消息后，悲痛异常，但却为养育了这样一个爱国将领而自豪，她欣慰地说：“吾有子矣！”

定海、镇海之役是中英鸦片战争中一次重要战役，这次抗战的一个显著特点是领导保卫战的统帅和将领坚决御敌，壮烈殉难。在定海有三总兵的牺牲，在镇海则有钦差大臣裕谦的殉节。八月二十六日（10月10日），英军攻镇海，总兵谢朝恩战死，浙江提督余步云临阵逃脱，两江总督裕谦自杀殉国。

裕谦（约1795—1841）字鲁山，八期蒙古镶黄旗人，是清朝开国功臣的后裔，世袭诚勇公封爵。他虽然出身宦官世家，却依然读书应试，22岁时中进士，起初做京官，后来改任地方官。在官场上，裕谦可谓一帆风顺，历任湖北知府、道台，江苏按察使、布政使、巡抚，道光二十年（1840）署理两江总督。他和林则徐互引为知交，书信往来不断。鸦片战争爆发后，裕谦锐意主战，在满蒙权贵中是首屈一指的抵抗派人物。林则徐被革职查办，裕谦上书宣宗，盛赞林则徐“兵民所悦服，逆夷所畏惮”，并冒着政治风险，密折保奏，请求重新起用林则徐。同时，他由宝山赶赴上海，认真整顿东南防务，检阅军队，重建炮台，新造抬枪，选练精壮。英军攻陷沙角、大角炮台后，裕谦又上书痛斥琦善，历数他“张皇欺师”“驰备损威”“违制擅权”“将就苟且”“失体苟且”“失体招恤”五大误国罪行，声讨其卖国行为。

道光二十一年正月十九日（2月10日），宣宗命裕谦代伊里布为钦差大臣，兼程驰赴镇海军营，会同浙江提督余步云专办攻剿英军事宜。7天后，裕谦来到镇海，提出“以守卫战，以御为剿”的战略方针。当时，英军已撤出定海，裕谦得知英军已占领香港，估计可能继续北上，立即派浙江按察使周开麟、江苏候补知府黄勉、宁波知府邓廷彩等星夜渡海，会同葛云飞、郑国鸿、王锡朋三位总兵，一面抚恤难民，一面据要防守。裕谦铸造了5000斤以下铜炮55尊，同时命镇海炮局研制铁炮。在炮局工匠和管理人员的共同努力下，终于首次铸成8000斤重大铁炮。裕谦又亲临定海巡视达10天之久，与三总兵积极筹备防务，决定建炮台，筑土城，扎营寨，募水勇，在定海配炮70余门。闰三月十三日（5月3日），裕谦正式任两江总督，下旬奉旨起程赴江宁（今南京）接任。由于裕谦的极力推荐，林则徐也奉调到浙江前线，会同余步云主持镇海军务。

裕谦到任两江总督之后，又于五月二十六日（7月13日）从江苏赶回浙江，部署防务。一到镇海，他就找林则徐商议，但当天下午，林则徐流放伊犁的谕旨送达镇海军营，裕谦失去了一个得力的抗英帮手。

六月二十一日（8月7日），裕谦接到裁撤防军的谕旨，但他认为沿海防务不可懈怠，立即奏请缓撤。七月初七日（8月23日）宣宗下旨斥责裕谦“尤为迂谬”，裕谦只得违心地执行命令。就在此时，侵略者的大炮重新响了以来。七月初九日（8月25日），厦门失守。裕谦得到消息后，一面飞书急调江宁北旗兵800名、寿春镇标兵1000名，徐州镇300名日夜兼程急赴镇海；一面反复表明自己“殚竭血诚，身先作则”“城存俱存”“永矢忠贞”的抗敌决心，以鼓舞士气，振奋人心。同时，他指示葛云飞等三总兵坚守定海，要求“有临阵逃避者，立斩军前！”八月十七日（10月1日），定海失守，三总兵牺牲，裕谦痛心疾首，一面上表朝廷，为之请恤，一面哭祭烈士英灵，激励镇海守军。

镇海位于大浃江（今甬江）入海口西岸，东濒甬江，北临大海。城北有招宝山雄峙海口，山上筑有威远城；东岸为金鸡山，与招宝山成犄角之势，尤为重要。大浃江口外，有笠山、虎蹲、蛟门等岛屿成为天然屏障。当时两岸山上密排炮位，江面有铁锁拦截，江口有沉舟阻塞，防备较为周密。镇海防军有3600人，加上定海溃兵，总兵力在4000人至5000人之间。裕谦的部署是：以狼山镇总兵谢朝恩、江苏候补知府黄冕率1500人防守金鸡山；浙江提督余步云率兵近2000人守招宝山（余率1000人驻招宝山下东岳宫，游击张从龙驻招宝山上威远城）；衢州镇总兵李廷扬驻东岳宫西面炮台；裕谦本人与宁绍台道台、镇海知县等地方官员率少数部队守镇海县城，指挥全局。

定海失陷后，军心不稳，裕谦于是在镇海城东的关帝天后庙前，召开誓师大会，激励将士同心杀敌，表示大敌当前、与镇海城共存亡的决心：毋以退守为词，离城一步；亦毋以保全民命为词，受洋人片纸。文武将佐，敢有受夷一纸书、去镇海一步者，明正典刑，幽遭神殛。这铮铮誓词，鼓舞了士气，也确是有的放矢，有震慑投降之人的意图。因为当此危难关头，有人已经流露出弃城逃跑的意图，如身为浙江地方最高军事长官的提督余步云。他由乡勇起家，逐渐升为大将。他自以为久历戎行，熟知兵法，看不起裕谦，而且对裕谦死守镇海的决心非常反感。果然，当全城文武齐聚关帝庙盟誓时，余步云推托说脚痛，不敢与会。而当裕谦登上城墙巡视时，居然看到招宝山阵地上悬挂着白旗，余步云竟然向敌人发出乞降信号。大敌当前，将帅竟然不能同心，败局已定。

当此之时，英军大举北犯，香港空虚。裕谦上书宣宗，请求命令主持广东军务的靖逆将军奕山进攻香港牵制敌人。当时英军在香港只留有军舰6艘、轮船2艘、陆军1300余人，如果这一计划得以实施，对全局将产生有利影响。但奕山以“香港地方洋人并并不久居”搪塞谕旨，并以“守为上策，攻占次之”的理由拒绝出战。

敌人大兵压境，援军未至，而余步云又心怀异志，裕谦明白眼前局势非常险恶，他抱定必死的决心采取应急措施：首先把全部文件转移到嘉兴行馆，然后向家属交代了后事，同时遣散了身边的幕僚，让他们暂避城外，并嘱咐说：如果打了胜仗，就请向朝廷报捷；如果战败了，请你们保护我的家眷转移，不要管我。

镇海之战

八月二十五日（10月9日），英军舰停泊在镇海甬江口外，计划兵分三路登陆。二十六日（10日）黎明，英军中央纵队步、炮、工兵440人在军舰掩护下，于甬江南岸登陆。其左纵队步、炮、工兵1060余人由小浃港登陆，绕出金鸡山后，围攻金鸡山炮台；右纵队步、炮兵729人进攻招宝山。英军猛攻金鸡山，总兵谢朝恩被炮弹击中，落水阵亡。裕谦正在登城督战，忽然，余步云匆匆来城上谒见，他以保全镇海百姓为由，要求派人去英国兵舰“求和”。裕谦断然拒绝，认为这样做有损国体，而且也只能苟且于一时。余步云碰了钉子，只好作罢。过了不久，他仍然不甘心，又返回来嗫嚅地说：我死固然是份内的事，但家里还有妻子、儿女30多口，实在可怜。而且今天正赶上我女儿出嫁，这可如何是好！裕谦非常鄙视，正色答道：儿女情长，即使英雄也是难免的。但尽忠取义是头等大事，一个人的气节怎么可以丢掉！余步云无奈地回到阵地。此时，敌人的4艘军舰正猛攻招宝山炮台，而余步云怕激怒敌人，竟不许守军开炮。上午11时许，招宝山炮台被击毁。英军右纵队在招宝山西北海塘登陆，再从山后小路入仙人洞，攀援登山，仰攻威远城，守军腹背受敌。余步云见势不妙，放弃炮台，落荒逃命，部队溃散。裕谦在城上见此情景，义愤填膺，立即下令开炮拦阻，溃兵又绕向山后狂奔。英军攻占招宝山顶后，从山上炮轰镇海。中午前后，英军由东城缘梯登城，城中兵民从西门撤退。裕谦见大势已去，徒步下城来到学宫门前，敌人的炮弹不断地爆炸，许多来不及逃避的平民百姓特别是老弱妇孺被打死。裕谦决定兑现自己与镇海共存亡誓言，他命令身边的副将丰申泰把自己的关防送到浙江巡抚刘韵珂处，然后从容地走向学宫的泮池，向着西北京师方向叩头遥拜后，跃入水深丈余的池中。千总马瑞鹏看见后，立即跳进池中，把他救出，裕谦已经不省人事。马瑞鹏用一副小肩舆抬着裕谦转移。英军悬重赏捉拿裕谦，却一无所获。裕谦的尸体被藏在一只小船上，秘密送往余姚。

镇海失守，英军遂溯甬江而上，于二十九日不战而据宁波。英军所到之处烧杀掳掠，在占领宁波后，掠得可供2年之用的谷物和12万元左右现金和纹银。英军的侵略罪行，激起了浙江人民的英勇反抗。黑水党领导人民采取多种多样的方法袭击英军，使侵略者感到十分恐惧。同时，英军先后两次分兵窜犯福建省台湾。台湾军民在总兵达洪阿、兵备道姚莹的组织下英勇抗击，击伤英舰，致其触礁沉没。击毙英军32人，俘虏敌人183人，取得反击侵略的辉煌战果。

浙江巡抚刘韵珂断定军事抵抗无用，指望别寻出路，也就是求和。英国侵略军占领浙江沿海这几个地方后，已经时近初冬，他们打算就在这里过冬。因此浙江变成了一个军事中心。

宣宗任命皇侄奕经为扬威将军，赴浙江主持军务。奕经是主战派，但完全想依靠临时从各省抽调的军队一战而侥幸取胜。近两个月中，具体抽调各地兵丁情况为：江宁驻防800名，安徽1000名；江苏兵300名，江西兵2000名（以上为裕谦调，江西兵2000名原调福建，由裕谦截留）；湖北1000名，江西1000名；河南1000名；湖北再调1000名；四川2000名；山西500名，陕甘500名；陕西1000名，甘肃1000名。共计1.31万人。

道光二十二年（1842）正月底，奕经以1.3万多兵力反攻宁波、镇海，但迅速地失败退却；紧接着，英军以1200多人向慈溪追击，奕经大军全部溃散。英国侵略军经此胜利，已无丝毫议和之意，下一步似乎还要进占杭州，浙江当局十分恐慌。

长江门户两英雄殉难

道光二十二年（1842）三月下旬，英军放弃宁波，兵力北犯，一度攻占杭州湾北部的乍浦。四月底，英舰队驶至长江口外。五月初八日（6月16日），英军攻占吴淞、宝山，江南提督陈化成率部英勇抵抗，壮烈捐躯。由于两江总督牛鉴怯懦畏战，清朝官兵几无抵抗，上海沦陷。英国侵略者扬言要进入长江内河，并再次北进。

陈化成（1776—1842）字业章，号莲峰，福建同安（今属厦门市）人。出身行伍，历任金门镇总兵、福建水师提督。鸦片战争爆发后，调任江南提督，驻防吴淞口这一长江门户战略要地。

这天晚上，吴淞口狂风大作，暴雨入注，潮水上溢，黄浦江水猛涨。从吴淞至宝山县城有一条土塘，长约六七里，高约两丈，共安设154门大炮，统称西炮台，陈化成的江南提督大帐就设在这里。大水快要涌进提督大帐了，部下请这位年过花甲的老将军转移到安全的地方，陈化成却回答说："大帐一移，三军惊扰。且我就高燥，而士卒湫隘，于心何安！"他拒绝了战士们的请求。当时，两江总督裕谦正驻扎在离吴淞十余里的宝山，他专门派人前来探望，原估计陈化成早已移帐了，却没想到老将军照常在原军帐中处理军务。过不多久，裕谦得知陈化成患了痢疾，又立即派来医生诊治，没想到却被老将军谢绝了，他说：“栉风沐雨是军营常事，我以老惫偶尔患疾，何独张皇？”陈化成没有把自己的健康放在心上，而对于防务大事却丝毫不敢懈怠，对英军犯境时刻保持警惕。当《广州和约》签订的消息传来，朝廷下令沿海撤防，陈化成却坚决要求留下其所部防军，拒不撤退。他不为假象所迷惑，继续积极备战。在军中，陈化成以身作则，与战士同甘共苦，对敌人，他嫉恶如仇，誓与死战，所以当时军民称他“陈老佛”，敌人则称他“陈老虎”。

吴淞位于江苏宝山县境黄浦江与长江的汇合处，是长江的第一道门户。清初以来，这里就建有炮台，是江防和海防的重地。陈化成主持吴淞防务后，更是积极备战，周密部署。他勘察地形，添设炮位，挖掘沟壕，建造轮船。吴淞要塞的防线主要设于吴淞江西岸，从吴淞镇开始，向吴淞江口延伸，再沿长江南岸西弯过去，直到宝山，长达3里。沿线筑有炮台，大约安置了134门大炮，这就是西炮台；另外还有吴淞镇南蕰藻浜北面筑有半圆形石炮台，设十门铜炮，即吴淞镇炮台；吴淞镇对岸（即吴淞江东岸）用砖筑有一圆形炮台，徐州镇总兵王志元镇守由崇明入吴淞口门户要地小沙背。此外，继裕谦而任两江总督的牛鉴率兵千余驻宝山。东炮台后还驻有2000名乡勇。为加强吴淞防务，陈化成尽心竭力，连英国侵略者也不得不承认说：“中国对于吴淞这个要塞的防卫，是曾认真准备的。”定海失陷，三总兵殉国，陈化成得到消息后，放声痛苦，他以烈士为榜样勉励部下为国尽忠。

英军侵占定海、镇海后，停留于浙东地区，约有半个多月时间没有采取军事行动。这是因为他们正在重新增调兵力，以准备进行一次“决定性的战役”，即沿长江西进，封锁运河口，夺取南京，从而迫使清政府签订城下之盟。道光二十二年（1842）三月，英国舰队离开甬江口北犯，四月初九日（5

月18日），进攻钱塘江口的乍浦港，守军顽强抵抗，击毙1名英军中校军官，但苦战3小时后乍浦失陷，战火即将燃烧到长江口。面对敌人步步逼近，陈化成严阵以待，他聚众誓师，激励将士们说："化成经历海洋凡五十年，出生入死，难以数计。人莫不有一死，为国而死，死又何妨。我不畏死，则贼无不灭。"语言铿锵，掷地有声，将士无不为之动容。

道光二十二年四月三十日（6月8日），英国舰队驶抵长江口以东的鸡骨礁，初五、初六两日，英军陆、海军司令率军舰6艘、运输船12艘驶至吴淞口外进行火力侦察，陈化成未予理睬。初七日，两江总督牛鉴来到陈化成的大帐，竟然提出要用犒劳敌军作为"缓兵之计"。陈化成一面坚决表示自己奉命剿贼，有进无退；一面极力解除这位怯懦大帅的顾虑，以防军并不算少，且自己也有40多年的海上作战经验进行劝慰。并表示自己愿全力以赴，只要挫败了敌人的势头，援兵一到是可以取胜的。

吴淞之战

五月初八日（6月16日）早晨6时半左右，英军7艘军舰、6艘汽船、数十只运输小船驶近岸边。他们以"皋华丽"（Cornwallis）[①]号等3艘重型军舰从正面进攻西炮台，以"摩底士底"（Modeste）号等4艘轻型军舰突入黄浦江，进攻吴淞镇炮台和东炮台，掩护登陆部队。

当英军2艘重型战舰进入西炮台附近水域时，陈化成在炮台上手执红旗指挥反击。守军猛烈的炮火频频命中包括英军旗舰"皋华丽"号在内的敌舰，激烈的炮战持续了2个半小时。一位英国军官说："我方舰队自与中国军队作战以来，中国人的炮火以这次为最厉害。"大敌当前，牛鉴却3次派人拿着令

① 另译为"康华丽"号、"汗华丽"号等，英文名为Cornwallis。

旗让陈化成退守宝山，但都遭到陈化成拒绝。战况愈来愈激烈。英军一阵炮轰，炮弹在牛鉴身边爆炸，吓得他弃冠丢靴，混在乱军中逃命，还找了一个替身，让他坐在自己的轿子里。总督一逃，他率领的队伍也跟着溃散。驻守小沙背的总兵王志元，平素治军不严，受到过陈化成的斥责，现在听说总督率先逃走，也跟着狂奔。东炮台守将崔吉瑞弃台而去，敌人从小沙背登陆，包围了西炮台。

当西炮台战斗正酣时，英军登陆占领了吴淞镇炮台，不久，清军反击，又迫使敌人退回堤岸。但英军终于突破了西炮台的正面防御，与从吴淞镇进攻的敌人前后夹击，陈化成率百余名官兵死战不退。这种顽强精神，连侵略者也不得不表示钦佩，他们这样评价说："凡是亲眼看到中国士兵那种顽强的斗志和决心来保卫他们阵地的人，没有一个不对中国士兵的英勇給予充分的尊重。"

由于开火时间过长，炮身灼热烫手，陈化成全然不顾，继续亲自操炮点火，因炮身猛烈震动，手被震裂，鲜血直流。部将周世荣劝他撤退，陈化成勃然大怒，严厉斥责其不可对不起国家，仍坚守不退。不久，陈化成的大腿又被弹片击中，此时英军已经登上土塘，陈化成无所畏惧，拔出佩刀与敌人肉搏，腹部再次受伤，最后壮烈牺牲在战斗岗位上。同时在西炮台战死的将士还有81人。

吴淞之战后，清军在整个长江下游地区的防务几乎处于瘫痪状态。钦差大臣耆英、乍浦副都统伊里布惊恐万分，他们一面直接派人去吴淞找英军谈判求和，同时命令沿江州县向侵略者馈送牛羊取宠。两江总督牛鉴从吴淞仓惶西逃，经苏州、镇江，狂奔到江宁（今南京市），才惊魂稍定。英军从长江口长驱直入，沿途经过鹅鼻嘴、圌山、焦山、金山等险要地方，清军都没有设防，他们溯江而上，如入无人之境，直抵镇江城下。由于进兵太顺利了，英军预料到江宁以前，他们不会遇到任何有效抵抗，因此在攻城计划中，竟没有考虑“爬城”问题。但是，在镇江城下，京口副都统海龄率领的旗兵却给了他们一个意想不到的致命打击。

镇江保卫战

镇江保卫战是鸦片战争中清军最为英勇悲壮的一战，恩格斯在《英人对华的新远征》一文中曾这样表彰镇江的保卫者们：英国人逼近镇江城的时候，才充分认识到：驻防旗兵虽然不懂兵法，可是决不缺乏勇气和锐气。这些驻防旗兵总共只有1500人，但却殊死奋战，直到最后一人。

道光二十二年六月（7月）初，英军得到了从香港赶来的新的增援部队，实力大增，侵略者进攻镇江的阵营相当强大：海军分为一个先行舰队和5个纵队，共有船舰73艘，包括战舰11艘，轮船10艘，运兵船4艘，运输船48艘，海军兵力有水兵3000人，加上陆战队总计有5000人左右；陆军则有4个旅，将近7000人。六月十三日（7月20日），英国整个舰队停泊在镇江城临近运河的入口处。

镇江雄峙长江南岸，在长江与运河的汇合处，它是运河的咽喉，又是江宁的屏障，东北有北固山、象山，西北有金山，都是有利于防御的制高点。镇江城内驻有旗兵1600人，绿营兵600人；只有几门大炮，原有的大多数火炮已运往吴淞。另外，四川提督齐慎带江西兵千余，湖北提督刘允孝带湖北兵千余驻守城外，协助防守。

海龄（？—1842），满洲镶白旗人、郭洛罗氏，时任京口副都统、镇江守军主将。他原驻守山海关，嘉庆十五年（1810）任直隶张家口协中营守备，后历任都司、游击、参将、副将、总兵，道光二十一年（1841）初调任京口副都统，年纪在50岁上下。英军攻陷定海、镇海、宁波，东南告急。海龄率主要将领乘船经焦山（镇江长江中一岛屿，与象山相望）沿江而下，视察形势，几天后，才回到镇江。他认为1600旗兵的防守力量相当单薄，提出了增兵设防的要求。他不顾投降派的阻挠，于道光二十二年春从外省调来青州兵，屯扎东码头，防守炮台。同时又派京口副将李顺武、参将陈庆祥、游击李澄等塞断江口小巷，以阻截敌人。

六月初七日（7月14日）下午，英军摧毁了镇江东南面50里的圌山关炮台（配炮20门），并暂时驻扎在这里。海龄于第2天关闭镇江城门，搜捕汉奸，交由理事同知全兴审问。他自己则登上北门城楼，准备战斗；又派协领多连率400名青州旗兵为机动接应。同时命令城中居民准备好水缸、砖石作为巷战时用。

六月十四日（7月21日）上午7时许，英军第1旅、第3旅和炮兵旅共5000人在镇江城西北金山附近登陆。敌第1旅上岸后攻击西南山坡上的清军，齐慎、刘允孝等率赣军、鄂军2000余人退往丹阳以北的新丰镇，镇江外援断绝。英军第3旅官兵2095人，由巴特雷少将指挥登岸后，则沿西城根直扑西门。同时由叔得少将指挥第2旅官兵1832人，在城东北北固山一带登岸，直逼城下。尽管敌人以3倍于我的兵力和先进火器的优势攻城，海龄却毫无惧色，他指挥手下官兵拼死抵御。在北门附近，有一个废弃的旧城门，俗称“十三门”，没有设防，英军乘虚从这里登梯入城，上下夹攻。上午10时左右，北门被冲开，清兵处境极为困难。但官兵们临危不乱，挥刀向前，与敌进行白刃格斗，流淌的鲜血把刀柄都浸透了，刀柄滑得难以握住，勇士们仍然大呼杀贼。

英军几只小船载着部分炮兵携两门榴弹炮支援进攻西门的第3旅。西门守军则集中炮火猛烈轰击敌船，短短的十分钟内，就打伤英军16名海军和8名炮兵。中午，英军第3旅一个爆破小队在炮火掩护下，用3个火药包（火药160磅）将瓮城炸开。此时，已突破北门的敌第2旅也冲向西门，他们打开内城门，让大队英军拥入，又打开南门，使英军第一旅得以突进。敌我双方在镇江城内展开了激烈的巷战，尤其是协领多连率领青州旗兵400人在高桥与小教场一带与英军拼死肉搏，最后绝大部分将士壮烈牺牲。镇江城内火光冲天，呐喊声、厮杀声混在一起。侵略者仗着他们的优势兵力狼奔豕突，而中国官兵却步步为营，誓死抵抗。英国一个叫伯纳德的战役亲历者在《"复仇神"号轮舰航行作战记》一书中描述这场战斗说：

> 许多参加这次战役而亲眼见到满军坚决作战的人，都能够讲出一些故事。很多满兵向我军的刺刀冲上前来。有的时候，满军冲到我军警卫哨来，将我方士兵捉住，然后抱起来一起跳下城墙去。还有一两次，满军士兵在被我军刺刀刺伤以后，居然能够把我方士兵摔下城墙去。……我们在和我们用大力搏斗或作短兵相接的肉搏战时，总是不畏缩的。
>
> 当我军行径旗营内一条狭窄街道（在一个小城门后面）时，一队满兵忽然从街的对面向我军打来几枪，而且看来他们要在那里进行极其坚决的抵抗。
>
> 镇江府是满军认为坚强的一个据点……他们难以忍受失败，不能容许这班来历不明而且可恶透顶的野蛮人来亵渎他们的家园，来践踏他们的土地，因而每一家房子里，都有它的殉难者。

尽管侵略者攻破了城池，但海龄仍然决心抵抗到底。北门失守后，他赶回旗营中，号召全体将士和家属"再作一次努力来挽回今天的命运"。海龄大声疾呼：我们宁愿做一个英勇的战士战死疆场，也不愿在可憎的、野蛮的侵略者面前苟延残喘！最后，他号召全体官兵要保持军旗的光荣："宁可自杀，绝不投降！"经过海龄的动员，清军的精神振奋了起来，他们拼命冲向敌人，随时准备与敌人同归于尽，英军每前进一步，都必须付出巨大的代价。

经过短暂的动员后，海龄骑上马，带着满腔怒火的战士们直奔西门，与英军蒙哥马利中校率领的由602人组成的炮兵旅作殊死之战。但终因寡不敌众，无法挽回大局。海龄带头履行了自己的誓言。他回到家中，与夫人及全家自缢殉国。为了不让敌人得到尸首，又事先嘱咐仆人举火焚宅。海龄与所有镇江保卫者的英勇牺牲精神得到了升华。

镇江城失守了，保卫者战死了，但是海龄和将士们却为祖国、为民族赢得了荣誉，因为他们以劣势的兵力、落后的武器，打了鸦片战争中最为英勇悲壮的一仗。敌人虽然投入了开战以来最多的兵力，却付出了损失185人的代价，这是侵略者始料不及的。恩格斯对这位殊死奋战的清军将领给予了极大的同情和很高的评价，他十分惋惜地写道："司令官看到大势已失，就焚烧了自己的房屋，本人投火自尽。"同时他又说，"如果这些侵略者到处都遭到同样的抵抗，他们绝对到不了南京。"这是对海龄和他的战友们最高的评价。

近代中国第一个不平等条约

浙江沿海清军反击英军的惨败，让主战的宣宗对西方的坚船利炮有了更加真切的认识，因而旨意反转，转而求和。

钦差求和

道光二十二年（1842）二月十六日（3月27日），宣宗在圆明园会见由盛京将军调任广州将军的耆英，当日命耆英驰赴浙江，署杭州将军；已革协办大学士、两江总督伊里布，改发浙江军营效力。二月二十七日（4月7日），再命耆英为钦差大臣。这两位都是主和派，尤其是伊里布，英国人对其颇有好感。

任命耆英和伊里布，本身就是向英方传递出明确的信息，清廷要和英国讲和了。而两位主和派的任务就是在尽可能低的条件下求和。虽然宣宗的谕令中仍然有“相机追剿”之类的话，但其实从朝廷大臣到地方上的将军督抚大员，几乎完全丧失了在战场上胜利的信心。

耆英、伊里布奉旨赶到江苏，此时战争中心移到了长江口。两人立即同英方联系，要求停战言和。但侵略者断然拒绝了，他们知道更有利的情况还没有到来。五月十五日（6月23日），英军退出上海，由吴淞口西驶，进入长江。号称天险的长江，对于初来的英国舰队，也是有史以来第一支外国船队，畅行无阻，成了敞开的通道。五月二十八日（7月6日），英国舰队进入长江。六月初三日（7月10日），英国舰队越过被认为是长江第一重门户的江阴炮台，溯江而上，至六月初五日，已经有36艘船舰到达京口地方。

六月初八日（7月15日），宣宗收到耆英奏折，随奏还附呈一份英人在宝山城外张贴的告示，引起其兴趣。告示全文为："大英国大元帅吴夏密谕尔吴淞口居民知悉。因本国商船误伤广东商人三名，故清国不许通商，致经五载。为此我国命我求和，只因诈我不肯保奏朝廷，因我主发员叩阙杀尽奸徒，非干尔百姓，毋得惊慌乱窜，仍可安居耕种勿惧。倘我黑鬼私行横掠，尔众民便可杀之，无以为罪。十日内本帅整顿三军，再叩北阙，直抵京师，自行讲话，尔百姓其勿扰。特示。"[①]告示用词不合规范，与英方在他处所发文告，均大不同，现在看来明显是伪造。有人认为作伪者就是耆英本人或其指使他人为之，耆英给宣宗分析认为，英方情词尚属恭顺，无非意在通商，有劝导宣宗的意味。文中的"求和"字样，也确令宣宗眼前一亮，而文中的威胁语也会引起宣宗的忧惧。果然，宣宗阅后改口气了，谕军机大臣称：英人如果真心求和，于通商之外，别无妄求，愿保全沿海生灵，聊为羁縻之术。宣宗又密谕耆英：让他回复英人，如果能将舰船撤回广东罢兵，耆英将请旨允和；香港赏给英方堆放货物；福建、浙江海口允许每年在约定时间内通商贸易，但英人不得长期羁留；英方不必进京。显然，宣宗愿意做出让步，但与英方的要价相比，差距甚远，这实际上与一年多前琦善在广东准

① 中国第一历史档案馆编：《鸦片战争档案史料》第5册，第599页。

备做出的让步，情况完全一致。

此后，耆英、伊里布针对宣宗“专意剿办，无稍游移”的谕旨，决计抗旨不遵，打定主意求和。把“战守两难”的难题上交，让宣宗“敕下廷臣速议良策”。璞鼎查在镇江江面的军舰上收到伊里布的照会和耆英的信函，但没有停止军事行动，还扬言即将进攻南京。

六月十四日（7月21日），镇江被攻陷，江宁、扬州危急。六月十九日（7月26日），宣宗从其他渠道得悉英方提出的戢兵条件后，再次密谕耆英、伊里布与英军再商戢兵之事，宣宗表示：一、烟价在广州已付，碍难再议。军费彼此均有，不能赔；二、行平行礼，可以通融；三、贸易之所，香港可“暂行赏借”，闽、浙沿海暂准通市，但不许长久居住。这是宣宗对未来和约的最初设想。同日稍后，宣宗收到两江总督牛鉴所上英军围攻镇江的六百里加急飞奏，于是谕令耆英、伊里布“遵照前奉谕旨，开诚晓喻，设法羁縻，有应便宜从事之处，即著从权办理。此事但期有成，朕亦不为遥制。”[①]随之又令两人迅速将此事了结，既经商议，必应斩钉截铁，事事皆当著实。可见，这时候的宣宗已经完全只考虑和谈这条路了。

七月初一日（8月6日），英国兵舰已经停泊在南京的下关江面。耆英、伊里布和两江总督牛鉴被迫在南京静海寺与英国政府议约，双方共在寺内议约4次。但谈判期间英军仍未停止抢劫行为，引发了鸦片战争中最后一战——靖江保卫战。

七月十二日（8月17日），宣宗收到耆英的奏折，更清晰地了解到英方的要求，对英方七月初七日送来的议和条款，再做让步：对于赔款不再反对，只是询问600万款项如何筹措；香港仍坚持“赏借”；厦门、宁波、上海准其贸易，但再次强调只许往来通商，不准久住，据为巢穴；闽省已有

① 中国第一历史档案馆编：《鸦片战争档案史料》第5册，第742页。

厦门，福州不准开放，万不得已可改为泉州。该谕旨七月十九日（8月24日）送至耆英处。

七月十五日（8月20日）应英国全权代表璞鼎查之邀，钦差大臣耆英、伊里布和两江总督牛鉴出南京城，登上英国兵舰，与之展开和谈。

七月十七日（8月22日），宣宗接耆英等奏报的初定条约一折，示谕曰：行商制度“毋庸更改”；商欠由官府“查明追还”（而不是赔偿）；英船关税由副领事赴海关交纳而不经手行商一事，再行妥议具奏；香港问题没有提及；五口通商问题，仍坚持原议，不同意开放福州。谕旨又提到：沿海之广东、福建、台湾、浙江、江南、山东、直隶、奉天各省地面，不准夷船驶入；战后各省修复海防工事，系为缉洋盗起见，并非为防御该夷而设，不必妄生疑虑；其他各省因不明订立和约而对英舰实施攻击，不得借为（开战）口实。此谕旨于七月二十二日（8月27日）到达耆英处。

七月二十六日（9月1日），宣宗收到耆英的奏折，全面让步，“各条均照所议办理”，但又下旨曰：此外一切紧要事件必应筹及者，均着责成该大臣等一一分析妥议，不厌反复详明，务须永绝后患。该大臣既知善后难于措手，他国之不免生心，即应思前顾后，预为筹画，于勉从下策之中力求弭患未然之计。倘稍留罅隙，日后有所借口，以致别生枝节，办理掣肘。此时，耆英等已经与英国人签约。

南京签约

七月二十四日（8月29日），清廷议和代表、钦差大臣耆英及伊里布在南京下关江面的英军旗舰“皋华丽”号上，与英国代表璞鼎查签订了丧权辱国的中英《江宁条约》，即《南京条约》，侵略者提出的议和要求完全得到满足。第一次鸦片战争至此结束。

条约共十三款，全文如下：

兹因大清大皇帝，大英君主，欲以近来之不和之端解释，止肇衅，为此议定设立永久和约。是以大清大皇帝特派钦差便宜行事大臣太子少保镇守广东广州将军宗室耆英，头品顶戴花翎前阁督部堂 帝、大英国君主永存平和，所属华英人民彼此友睦，各住他国者必受该国保佑身家全安。

二、自今以后，大皇帝恩准英国人民带同所属家眷，寄居大清沿海之广州、福州、厦门、宁波、上海等五处港口，贸易通商无碍；且大英国君主派设领事、管事等官住该五处城邑，专理商贾事宜，与各该地方官公文往来；令英人按照下条开叙之列，清楚交纳货税、钞饷等费。

三、因大英商船远路涉洋，往往有损坏须修补者，自应给予沿海一处，以便修船及存守所用物料。今大皇帝准将香港一岛给予大英国君主暨嗣后世袭主位者常远据守主掌，任便立法治理。

四、因大清钦差大宪等于道光十九年二月间经将大英国领事官及民人等强留粤省，吓以死罪，索出鸦片以为赎命，今大皇帝准以洋银六百万银元偿补原价。

五、凡大英商民在粤贸易，向例全归额设行商，亦称公行者承办，今大皇帝准以嗣后不必仍照向例，乃凡有英商等赴各该口贸易者，勿论与何商交易，均听其便；且向例额设行商等内有累欠英商甚多无措清还者，今酌定洋银三百万银元，作为商欠之数，准明由中国官为偿还。

六、因大清钦命大臣等向大英官民人等不公强办，致须拨发军士讨求伸理，今酌定水陆军费洋银一千二百万银元，大皇帝准为偿补，惟自道光二十一年六月十五日以后，英国因赎各城收过银两之数，大英全权公使大臣为君主准可，按数扣除。

七、以上三条酌定银数共贰千壹百万银元，应如何分期交清，开列于左：

此时交银六百万银元；

癸卯年六月间交银三百万银元，十二月间交银三百万银元，共银六百万银元；

甲辰年六月间交银二百五十万银元，十二月间交银二百五十万银元，共银五百万银元；

乙巳年六月间交银二百万银元，十二月间交银二百万银元，共银四百万银元；

自壬寅年起至乙巳年止，四年共交银二千一百万银元。

倘有按期未能交足之数，则酌定每年每百元加息五银元。

八、凡系大英国人，无论本国、属国军民等，今在中国所管辖各地方被禁者，大清大皇帝准即释放。

九、凡系中国人，前在英人所据之邑居住者，或与英人有来往者，或有跟随及俟候英国官人者，均由大皇帝俯降御旨，誊录天下，恩准全然免罪；且凡系中国人，为英国事被拿监禁受难者，亦加恩释放。

十、前第二条内言明开关俾英国商民居住通商之广州等五处，应纳进口、出口货税、饷费，均宜秉公议定则例，由部颁发晓示，以便英商按例交纳；今又议定，英国货物自在某港按例纳税后，即准由中国商人遍运天下，而路所经过税关不得加重税例，只可按估价则例若干，每两加税不过分。

十一、议定英国住中国之总管大员，与大清大臣无论京内、京外者，有文书来往，用照会字样；英国属员，用申陈字样；大臣批复用札行字样；两国属员往来，必当平行照会。若两国商贾上达官宪，不在议内，仍用禀明字样为着。

十二、俟奉大清大皇帝允准和约各条施行，并以此时准交之六百万银元交清，大英水陆军士当即退出江宁、京口等处江面，并不再行拦阻中国各省商贾贸易。至镇海之招宝山，亦将退让。惟有定海县之舟山海岛、厦门厅之古浪屿小岛，仍归英兵暂为驻守；迨及所议洋银全数交清，而前议各海口均已开辟俾英人通商后，即将驻守二处军士退出，不复占据。

十三、以上各条均关议和要约，应候大臣等分别奏明大清大皇帝、大英君主各用亲笔批准后，即速行相交，俾两国分执一册，以昭信守；惟两国相离遥远，不得一旦而到，是以另缮二册，先由大清钦差便宜行事大臣等、大英钦奉全权公使大臣各为君上定事，盖用关防印信，各执一册为据，俾即日按照和约开载之条，施行妥办无碍矣。要至和约者。[①]

道光二十二年七月二十四日，即英国记年之一千八百四十二年八月二十九日，由江宁省会行大英君主汗华丽船上钤关防。宣宗在八月初二日接到耆英等所奏条约文本以及签约经过后，谕令照所议办理。

《南京条约》是中国近代史上第一个不平等条约，也是把中国变成半殖民地半封建社会的第一个不平等条约。条约规定的割地、赔款、开放五口通商、协定关税等，均开启了恶劣先例，为日后列强所效仿。

① 王铁崖：《中外旧约章汇编》第1册，第30~33页。

《虎门条约》

在道光二十二年七月（1842年8月）订立了《南京条约》以后，由于英国的要求，中英双方在广州和香港继续商谈，道光二十三年六月（1843年7月）和八月（10月）又签订了中英《五口通商章程（附海关税则）》和中英《五口通商附粘善后条款》（又被称为《虎门条约》，《五口通商章程》也被视为虎门条约中的一部分）。这二者的内容大部分是关于通商口岸贸易的具体章程。这些章程中涉及的事项本来应该是中国作为主权国家自己决定的，现在却都按照英国侵略者的利益而做出了规定。这两个条约包含着一些在南京条约没有的重要内容，如中英《五口通商章程》承认英国享有领事裁判权、商定海关税率相当于值百抽五等；《虎门条约》则让英国取得了片面的最惠国待遇，英国人可以在五个通商口岸租地建屋，永久居住等特权。

中美《望厦条约》

中英《南京条约》签订后，其他西方殖民者也纷纷跟随英国之后，迫使中国订立类似的条约，攫取同样的权利。首先到来的是美国和法国。《南京条约》签字的消息传到美国，美国总统泰勒立即派加勒·顾盛（Galeb Cushing）作为特使来到中国，办理谈判签约事件。

加勒·顾盛即是曾长期在中国经营鸦片走私买卖的约翰·顾盛的本家弟兄。加勒·顾盛于道光二十四年正月（1844年2月）率3艘兵船到达澳门，马上与署理两广总督的程矞采交涉，表示将赴北京向中国皇帝呈递国书，同中国订立“永远和好条约”。顾盛仿效英国，在致程矞采的一个照会上威胁说：“上次中英战争，实由于广州当局漠视英国官吏的权利所致。……如果在过去五年经验的前面，中国政府回复到已经招致灾祸的途径上去，我们只有把这种行径，看作中国企图再与一个大国战争的证据。”[①]

清朝政府于是指派耆英，以钦差大臣身份到广州和顾盛谈判，承认美国在中国享有和英国同样的一切特权。道光二十四年五月（7月），在澳门附近的望厦村，耆英和顾盛签订条约，史称《望厦条约》。

《望厦条约》除了没有割地、赔款条款以外，几乎包括与英国所订条约中的所有内容，而且有些地方的规定甚至比与英国的条约更明确、更具体，从而更多地损害了中国主权。

关于协定关税，虽然中英《南京条约》已有规定，但仅用“秉公议定则例”这样含糊的表述，而中美《望厦条约》则更明确地说：倘中国日后欲将税例更变，须与合众国领事等官议允。所以有人说，“协定关税”制度，是由美国人确立起来的。

关于领事裁判权，中美《望厦条约》中则明确规定，包括一切刑事案件和民事案件都在内，而地区上也不仅限于通商口岸。按照《望厦条约》，在中国的美国人，如果因事被人控告，不管控告者是谁，就是说，不管是中国人，或是美国人，或是中美两国以外的其他国籍人，“中国官员均不得过问”，只能由美国领事官处理。所以，领事裁判权也是由美国人进一步确立起来的。

中美《望厦条约》还有合众国“兵船巡查贸易至中国各港口”的规定，这也扩大了与英国条约中的有关规定。最后，中美《望厦条约》中同样规定了“倘中国日后……另有利益及于各国，合众国民人应一体均沾”[②]。

中美《望厦条约》成了接下来中国与法国及其他资本主义国家订立不

① 转引自卿汝楫：《美国侵华史》第1卷，第60页。

② 王铁崖：《中外旧约章汇编》第1册，第51~57页。

平等条约的范本。签署条约后，顾盛向美国国务院报告说："美国及其他国家，必须感谢英国，因为它订立了的《南京条约》，开放了中国门户。但现在，英国和其他国家，也须感谢美国，因为，我们将这门户开放得更宽阔了。"[①]美国的资产阶级学者也不得不承认，《望厦条约》具有侵略性，"显现了帝国主义的色彩"。

中法《黄埔条约》

中美《望厦条约》签字后不久，法国便于道光二十四年六月底（1844年8月）派遣特使拉萼尼（Théodore de Lagrené）率7艘兵船、1艘轮船来到澳门，要求与耆英会晤。耆英派人向法国人探问来意后，亲赴澳门，同拉萼尼进行谈判。九月十三日（10月24日），双方在停泊于黄埔的法国兵船上签订条约，史称《黄埔条约》。耆英向宣宗奏称："该夷通商章程，业经议定条款，一切均照英、米（即美国）二夷新例，字句互有异同，情节尚无出入。"[②]即是说，凡属英国人、美国人所拥有的好处，法国人也都同样得到了。清政府采取所谓"一视同仁"都不得罪的态度，同等对待各"夷"。但在谈判中，法国人还提出一项独特的要求，就是天主教的"弛禁"问题。

西方宗教在中国的传教和扩张，在鸦片战争后日益成为一个重要问题。西方资本主义在世界各地疯狂拓展所谓殖民事业时，传教士往往先行，基督圣经和大炮兵舰相济为用，同样有效。天主教在明朝传入中国，吸引到了一些信徒，但为数很少，主要在沿海地区。雍正年间，清政府明令禁止西洋传教。嘉庆、道光时期，西方国家来华传教士在中国沿海地区进行的传教活动

① 丁名楠等：《帝国主义侵华史》第1卷，第58页。

② 文庆等修：《筹办夷务始末（道光朝）》第5册，第2879页。

逐步增多。清朝政府把中国人信从“夷教”历来视为非法，西方列强始终心有不甘。由于法国和中国的贸易往来本来很少，所以法国人就传教问题大做文章。最后，中法《黄埔条约》特别规定一款：“倘有中国人将佛兰西礼拜堂、坟地触犯毁坏，地方官照例严拘重惩”[①]。明确规定了中国政府必须保护法国人在中国的传教利益。按照所谓利益均沾的原则，英国、美国等其他外国人的传教权益也同样要受到中国法律的保护。

法国人还不满足，拉萼尼坚持必须由皇帝正式颁布命令，将天主教弛禁。道光二十五年（1845），预定中法双方政府互换正式批准的条约以前，拉萼尼又提出，如不满足此要求，“约册即不必互换”，最后又用炮舰威胁，还有兵船续来，“两国之事，正未可知”。道光二十六年正月（1846年2月），宣宗谕称：“天主教既系劝人为善，与别项邪教迥不相同，业已准免查禁”[②]，等等。虽然天主教早已经传入中国，但此次清政府在法国的压力下，做出弛禁的这个让步，对中外双方却别有意义，以后传教权逐步成了外国侵略势力渗入中国内地的一个重要武器。近代中国教案频频发生，中外交涉事件不断，肇源于此。

道光二十七年七月，耶稣会士在上海徐家汇设立中心会院。先是罗马教廷传信部于道光十九年初派遣意大利圣家书院传教士罗类思来华，从澳门潜入湖广。次年，传信部任命其为“南京主教”，且要求耶稣会派遣神父协助其传教。耶稣会总会遂派南格禄、艾芳济、李秀芳来华。南格禄等来至江南时，当地之教务处于停顿状态，至道光二十一年，江南共有教堂400处，教徒48000余人。中法《黄埔条约》签约后，因其有保护天主教堂之条款，故传教事业得到发展。耶稣会长南格禄决定于毗连徐家汇之小堂附近购置地皮，创

① 王铁崖：《中外旧约章汇编》第1册，第62页。

② 文庆等修：《筹办夷务始末（道光朝）》第6册，第2934、2949、2964页。

办耶稣会中心会院。后于徐家汇建造神学院，从意大利、法国等来华之传教士均至此学习中文。

与瑞典、挪威订约

道光二十七年（1847）二月初四日（3月20日），钦差大臣、两广总督耆英，与瑞典钦差大臣、全权驻中国公使窝疏男和挪威钦差大臣、全权驻中国公使李利华，在广州签订《五口通商章程》，共33条，附有《海关税则》①。《章程》与中美《望厦条约》相同，《海关税则》与中英《海关税则》相同。瑞典、挪威凭此条约，获得了同英、美、法相当的通商特权。瑞典在雍正朝时来广东贸易，时为北欧强国，粤人称为兰旗国。而此时挪威从属于瑞典，以瑞典王兼辖。时耆英兼任清廷总理五口通商善后事宜，办理外国事务。

中英《南京条约》及其附属条款、中美《望厦条约》和中法《黄埔条约》诸条约的签订，从法律上为中外通商贸易清除了障碍，清朝封建统治者在战前，为保卫自己而在对外贸易上设立的种种防范全部崩溃。英、美、法等列强，利用中国的劳动力和原料，在通商口岸地区开始设立企业，以满足其商品输出和文化、宗教侵略的需要。道光二十三年，英国传教士在上海创办墨海书馆。道光二十五年，英国在广州黄埔开办柯拜船坞，修理船舶。同年，美国传教士在宁波开办美华书馆。道光三十年，英国人在上海创办字林西报馆，出版《北华捷报》《字林西报》等近代报刊。英、美等西方国家商人又陆续在上海等沿海通商口岸开办船舶修造、印刷、食品、制药等企业。这些企业雇佣的中国工人逐年增多，他们成为中国最早的一批产业工人。

① 王铁崖：《中外旧约章汇编》第1册，第71~77页。

从此，中国社会又增加了新矛盾，即外国资本主义和中华民族的矛盾，并且日益成为中国社会的最主要矛盾，直至1949年中华人民共和国成立才得以解决。

经过鸦片战争，英、美、法这3个西方主要资本主义强国迫使中国开始套上了不平等条约的枷锁。他们用武力或武力相威胁的方式，强力打开了中国这个古老的文明国家的门户，通过这些不平等条约，和以后不断续增的不平等条约，将各种恶劣制度在这些条约中以所谓法律的形式固定下来，使中国逐步沦为半殖民地社会。这场战争的失败，和这些条约的得以签订，充分暴露了清朝封建统治者完全没有能力抵抗外国资本主义的侵略。从此，中国发生了“三千年未有之变局”，中国人民不得不承受由此带来的沉重负担。

六

五省会党反清
四面风雨袭来

SHUDU QINGSHI JIA DAO ZHONGSHUAI

广州民众三次反英人入城斗争

英国人能否进入广州城的问题，是鸦片战争结束、中英《南京条约》签订后，中英之间一个经久未决的新问题。英方认为，根据《南京条约》，英国人可以入城，并且一再采取武装强力手段，试图压迫中方屈服，英人入城和广州人民反入城的斗争，就这样产生了。

道光二十二年中英《南京条约》签订后，英国人强行要求进入广州城，并欺侮中国商人和民众，群众奋起焚毁洋馆。钦差大臣、两广总督耆英被迫通知英人暂缓入城。道光二十六年（1846），英人再提入城要求，群众闻讯闯入广州府衙，烧毁知府官服，耆英允诺两年后进城。道光二十九年（1849），英人重提入城允诺，打算以武力强迫，广州10余万民众齐集珠江两岸示威，英人被迫放弃入城要求。

中英《南京条约》第二款规定："自今以后，大皇帝恩准英国人民带同所属家眷，寄居大清沿海之广州、福州、厦门、宁波、上海等五处港口，贸易通商无碍；且大英国君主派设领事、管事等官驻该五处城邑。"即便按照这个不平等条约的规定，此处也很明确，一般英国人，包括商人、传教士、旅行者及其家属等，可以居住在五处通商港口，英国女王任命的领事、管事等外交官则可以住在城邑。按中文字义，城邑不一定指城内，况且从该条款上下文看，其中的“城邑”，显然不同于“港口”，因此，按中方理解，条约并未给英国人入城的权利。但《南京条约》英文本中，将中文本中的“港口”和“城邑”两个不同的词，全部翻译成了“cities and towns”。英方认为“cities and towns”就可以指城内，英国外交官和一般英国人都可以入城。中英双方在条约内容文字的理解上发生了歧义。按照当时欧洲通行的国际法，《南京条约》的两种文本具有同等的法律效力。但条约签字时并未声明以哪种文本为准，而当时又没有第三种文本，所以，在文本的解释发生歧义时，理应允许双方各执己见。事实上条约的这两个文本都是英国人提供的，英国人提供的中文约本把港口和城邑分列，说明港口和城邑确实不是一处地方，应该区别对待。所以中方认为，英国人要求全面履行条约的理由不充分。其实，清政府在英国方面的压力下，已经同意英国人可以入城，但广州民众坚决不答应，城厢内外社团、士绅坚决不同意英国人入城，甚至不惜和英方开战。官方只得以“民情未协”为由拖延入城时间。

有学者认为英国人入城并没有多少实际利益，英国人更多侧重于心理因素。在英国人看来，中国人拒绝他们入城，是对他们的污辱，所以企图以武力相威胁，通过强迫入城的手段，来击垮中方的心理防线，让清政府的“天朝”颜面扫地，同时打击中国人民的民族自尊心。所以，入城和反入城的斗争，表面上看是对同一法律的不同解释所致，实质上还是由于英方不能平等对待中方。

广州民众当时对英国为代表的西方人确实相当仇视，但从当时的实际看，他们的仇外情绪有其合理性。外国人进入中国城市生活、经商、居住，在今天不是问题，完全正常。但在鸦片战争时期的中国，这是一个非常复杂而棘手的问题。今天如果发生类似入城问题，完全可以通过谈判加以解决，或者签订补充协议加以明确规定，用不着使用战争手段。但当时的英国政府奉行“炮舰政策”，要求修订条约，要求进入城市，都不过是另一种侵略手段。广州绅民的反英入城斗争，充分展现了中国人民抵抗外敌入侵的英勇顽强、不屈不挠的斗争精神。但是由于受到当时历史条件的限制，广州绅民的反入城斗争，只是暂时延缓了侵略者的要求，并不能最终抵挡住它们对中国进一步侵略目的的达成。

关于战时及战后英人在广州的作为。据载，英军在进攻广州和撤退前后，经常下乡骚扰，捉百姓鸡鸭，甚至奸淫掳掠，无所不为。英军的暴行在中国民众中造成了极坏影响。战后，部分英国人则处处以胜利者自居，自视为“高等民族”，做出了一些有违中国传统、伤害中国人民感情的事情。英人的这种僭越中国礼仪传统、恃强凌弱、傲慢无礼的行为，当然令中国人极度地反感与敌视。

鸦片战争前后，来华英国人越来越多，因“华夷杂处”，中外平民间冲突不断。对于这些民间冲突 ，英人经常不管是非曲直，总是气势逼人地蛮横要求清朝政府严惩罪犯、赔偿损失，甚至动辄派兵船相威胁，清朝中央政府或地方政府，最终往往被迫照办，息事宁人。

由于广州的特殊地理位置，以及独特的贸易地位，广州民众亲眼所见这场侵略战争，亲耳所闻这些中外纠纷，仇恨不断酝酿、累积。因此，广州绅民自然而然对英国人的入城动机多一份怀疑和恐惧，进而产生敌对行动，就顺理成章了。

道光二十四年（1844），德庇时（John Francis Davis，1795—1890）就任香港总督兼驻华公使后，又向钦差大臣、两广总督耆英提出进入广州城的要求。耆英于二十五年二至十月间多次复信德庇时，表示与其心心相印，同心同德。对入城之事，并非别有意见，“无如众志甚坚，牢不可破”“若强行势迫，诚恐激起事端”“此中为难之处，不独上帝可以鉴察，贵公使应亦谅及苦衷也”。乞求英国宽予时日，待他说服士绅，疏通民情，再行进城。实际上拒绝了英方的要求。

道光二十五年（1845）十月二十二日，耆英赴香港，与德庇时商谈英国归还舟山岛事宜，德庇时提出英人入城事，仍然遭拒绝。德庇时即当面恫吓耆英：如再不许进城，英国“只可动兵”，别无选择。并强令耆英就英人进城一事，张贴告示，晓喻居民。耆英不敢做主，于是奏请宣宗：复查前议条约，并无准夷人进城之说，而稽查历来案牍，亦无不准夷人进城明文。且福州、宁波、上海等处，业已均准进城，独于粤省，坚持不允，尤难免有所借口。十一月二十三日（12月21日），宣宗谕令不准英人入城①。但随后宣宗又批准，耆英遂于十二月十六日（1846年1月13日）与广州巡抚黄恩彤联衔贴出告示，准许英人入城，禁止省城内外绅民人等阻挠。同时派广州知府刘浔到英国兵船，同德庇时密约进城日期和准备工作。告示一贴出，立即被人民群众撕得粉碎，并且在城厢内外到处张贴痛斥耆英的揭帖。例如：“赃官误国，甘丧廉耻。从夷所欲，天实厌之。倘夷进城，鸣鼓攻之。”有的直揭耆英之名，提出：“倘有不测变端，我中华百姓先杀勾通卖国之奸官，然后与鬼子决战！”十八日，数千群众闻知刘浔从英船回城，纷纷拽带刀械，冲入广州知府衙门，烧掉刘浔的朝珠公服，烧毁内署住房数间。刘浔越墙遁出，奔告耆英。次日，耆英贴出拒绝英人入城告示。二十一日，又照会英国公使，哀求英人不要入城。人民群众纷纷贴出《公檄》，无情揭露英国侵略者的滔天罪行，号召群众约期进攻城外洋馆，“内则斩诛丑类，外则焚毁其巢，同心合力，尽剿根株，以彰天讨而申公愤”。德庇时慑于群众威力缩回香港。这次英人入城的企图没有得逞。

道光二十六年英人提出入城时，“广东省水路乡村志士义民公檄”就认

① 陈桦：《清史编年》第8卷，《道光朝》，第531页。

为，英人“不敢觊觎我粤者，惟不得入城，探视地势与消息矣。今公然奉示入城，不但强悍霸占，欺凌百姓，其害更有不可胜言者”。既然英人进城别有图谋，妄想扩大侵略，扰害百姓，那么理所当然不能准其入城了。由此可以看出，广州民众在惨遭战争蹂躏后，胸中充塞了害怕战火复燃，生灵涂炭的不安与恐惧。道光二十六年三月初八日，耆英在虎门与德庇时签约，英军退还舟山，并议定英人进入广州城一事，暂缓进行[①]。

道光二十七年（1847）二月二十八日（4月13日），英使德庇时率兵舰2艘、划艇20余艘、英军1000余人，突袭虎门，闯进珠江，停泊于十三行码头河面附近。声称系因佛山民人殴逐英人，及要求进入广州城而来，并欲在城郊强租土地。广州社学壮勇得知此信后，迅速武装戒备，广州城乡人民纷纷贴出揭帖，号召“四民人等务宜齐心杀绝，不准一步入城”。此前，英人以佛山距离广州较近，经常登岸游玩远眺，被当地人民驱逐。至是，总督耆英杖责佛山镇居民数人，并答应英人，准许他们两年后进城。事情暂时解决，英国兵船退出虎门[②]。

二十一日，耆英在人民强大的声势下，不敢公然答允德庇时的侵略要求，暗地里却擅自承诺，自二十二日起算两年后民愤稍缓，再让英国官兵进城。同时奏请朝廷赴京述职，匆忙离开了广州。二十七日，广州全城士绅集议制定《防夷章程》，组织街约团勇1万余人，严防英人强行进城。

道光二十八年（1848）春，广东巡抚徐广缙（1797—1858）继耆英任署钦差大臣、两广总督。不久，英国政府也任命其殖民地新加坡总督文翰（George Bonham，1803—1863），接替德庇时为香港总督及驻华公使。五月十二日、二十日，文翰两次照会徐广缙，重申前任驻华公使德庇时与前任两广总督耆英

① 陈桦：《清史编年》第8卷，《道光朝》，第536页。

② 文庆等修：《筹办夷务始末（道光朝）》第6册，第3080页。

关于准许英人入广州城的约定，文翰要求于次年二月履约。徐广缙熟知民情，不可违逆，以广东民情剽悍，迥殊他省，不许外夷进城，妇孺同声，难以践约。文翰坚请入城。道光二十九年（1849）正月二十五日（2月17日），英国公使文翰率兵船到达虎门口外，与两广总督徐广缙会晤，要求履行耆英两年前的密约，届时进城。徐广缙向文翰反复解释说明，广州民情浮动，英人不便入城。文翰告以“情愿助兵弹压”，并以驾兵船到长江、天津相威胁。徐广缙无可奈何，只得实情上奏。宣宗谕曰：可准英使入城一游，表明天朝信义相待，然只准暂住，不准常住。其时，社学群众闻讯纷起反对，旬日之间，广州城厢内外民众组织团勇有10多万人，按地段编练队伍，每日操练战守，随时准备歼灭入侵之敌。绅民还捐资60万两白银作经费。与此同时，全城华商也集体罢市，停止对外贸易。升平公所制定《防守城北条例》，防止英人强行进城。社学还派人游说徐广缙。文翰仍然不答应让步。三月初七日（3月30日），再次率兵船闯入内河，以为威胁，但他看到两岸练勇严阵以待，杀声震天，深感可畏。徐广缙奏陈宣宗，广东民怨甚深，英使进入广州城一事，万不可行。广东巡抚叶名琛也上奏，广东民情汹汹，民愤极大，英人进城万不可行。宣宗遂不再坚持。徐广缙、叶名琛调集兵勇，严守炮台，积极防备。徐广缙于三月十四日照会文翰，以广州绅民不同意，拒绝英人入城。他在赴英船拒绝文翰的要求时说：“百姓之不肯听尔入……当有所闻，亿万同心，我更何能自主！”文翰企图扣留徐广缙，珠江两岸10万群众严阵以待，准备与英国侵略者决一死战。文翰无可奈何只好放回徐广缙，暂时放弃了入城的要求。十七日文翰登报“不准英人入城”，三月二十二日并复照会给徐广缙，把入城问题作为未决悬案，目前不再辩论此事。至四月十五日（5月7日），宣宗接徐广缙奏报，英人放弃进入广州城的要求。宣宗览奏异常兴奋，谕令赏加徐广缙子爵、叶名琛男爵，其他有关官员和倡导华商罢市的伍崇曜等，均有奖赏。广州人民坚持7年之久的反入城斗争获得了胜利。

五 天地会南方省起事

天地会是清代民间的一个秘密结社，又名三点会、三合会等。入会时，拜天为父，拜地为母，以尊崇土地故，取名为天地会。天地会创始于乾隆中期，一般认为是提喜，即洪二和尚首创于福建。嘉庆四年（1799）十月二十二日，福建巡抚汪志伊奏称："闽省天地会，起于乾隆二十六年，漳浦县僧提喜首先倡立。"[①]汪志伊任闽抚数年，办理过众多的会党案件，所说应有所本，可信度较高。

白莲教经过嘉庆年间的沉重打击，衰落下去，一蹶不振，其余部向会党转化。鸦片战争后，教门逐渐衰落，影响随之减弱，穷苦百姓多投向天地会等会党。有的教门开始向会党转化，或与之融合，其中比较活跃的有青莲教等。会党发展甚为迅速，各地天地会分别改头换面，从秘密传播走向公开的武装反抗，以名目繁多的新名称发动起事。青帮与哥老会也在此一时期兴起。天地会在湖南、广东、广西、江西、福建等南方地区举行了一系反清列

① 魏源：《圣武记》卷7。

武装起事。

青莲教

青莲教是清代历史上一个重要的教门，其来源众说纷纭，一般认为系大乘教、罗教等教门融合发展的结果，流传于四川、云南、江西、湖南等省。在湘、赣等省，因徒众茹素食斋，该教又被称为“斋教”。青莲教传到北方热河（今承德）的分支，则称“金丹八卦教”，金、丹就是坚、圆的意思。青莲教内部等级分明，教徒分为顶航、引恩、宝恩、证恩、添恩等层级。凡加入教门，须先由添恩递进，依次升级。教门内设有上、中、下三盖经牌，领得上盖、中盖者，才可以传徒授教。道光年间，青莲教由四川传入湖南武冈、新宁一带。道光十五年（1835）正月十九日，青莲教教首王又名从四川成都至湖南武冈县，以算命打卦为名，教人坐功运气，授徒传教。宣称：凡习其教者，可以消灾祈福，成仙成佛。武冈县程孔固听从入教，习坐功运气之术，早晚诵经，忏悔旧恶。王又名又令他供奉“无生老母”，誓食长斋。后带他回四川，授《龙华经》和《上靠定经》等，称：上字言太上无极，靠字是说告人不可为非，定字是教人有定志。又授《众生启上忏悔经》，即《五报十忏》等，意思是教众人启告太上，忏悔过恶；并送坎卦图章一枚，坎卦是天一生水，取坎填离之意。孔固从四川回到武冈后，按又名教导，用红纸书“无生老母”牌位，供奉家中，并劝人吃斋入教，先后传徒程孔读、潘明德、雷倡和等40余人。后雷倡和等又传当地瑶民蓝正尊入教，青莲教于是在瑶族民众中流传开来。道光二十五年三四月间，陕甘总督奏，抓获传习青莲教徒夏长春等人；江苏巡抚李星沅奏，抓获教徒供称系四川素习青莲教之李一原“分途密遣、辗转煽惑”；湖广总督奏，缉获教徒也供称李一原劝令吃斋扶乩，因此判断李系此案教首；四川总督宝兴奏，四川青莲教徒郑子青供称，青莲教总教主为朱中立，在湖北掌教，暗号八牛。另有人供称，范秉书其人系江南教主。清廷因此命令陕甘、湖广、江南各省督抚严拿青莲教各首领，及陈文海、彭超凡、郭建汶等立坛主教。同年十二月，再次命令捉拿朱中立（化元）、林依祕（周官）、彭依法（超凡）、朱依专（柳清泉）、夏致温（继春）、葛依沅（郭建汶）、徐传贵、文先觉、钟大环等人①。说明道光晚期青莲教影响仍然很大。后青莲教在雷再浩、李元发起义前，开始向会党转化。

雷再浩起义

湖南和广西、广东接壤地区，是我国瑶族的重要聚居地。道光时期，瑶民发动了多次反清起义。道光十一年十二月二十九日，湖南南部江华县瑶民赵金陇联合瑶民赵福才以及广东瑶民起义，湖广总督卢坤等派兵镇压，清军损兵折将，伤亡惨重，最后起义军被围困山间而亡，赵金陇和6000余瑶民被杀。道光十六年二月，武冈州瑶民蓝正樽（蓝沅旷）再次起义，发展至3000人，起义最后被湖南巡抚吴荣光、讷尔经额等镇压，但蓝正樽下落不明。广东连州瑶民赵子青在道光十二年四月起义，坚持了半年时间。广西贺县（今贺州市）瑶民盘均华在道光十二年七月起义。同年，广东连州八排、曲江、乳源等地的瑶民先后起义，击败两广总督李鸿宾的进攻，但均被两广总督禧恩、卢坤等所镇压。

湖南武冈、新宁等县都有不少瑶族民众分布。道光二十七年（1847）六月，瑶民雷再浩在武冈创立棒棒会，伺机发动反清起义。棒棒会属青莲教系统。初创者50余人，焚香歃血为誓，各缴斋钱180文结拜入会。时李世德在广

① 陈桦：《清史编年》第8卷，《道光朝》，第522~532页。

西全州结会，与雷再浩联络，议定寻机起事。全州为虽属广西，但与湖南新宁县相邻，两地相距不远。雷再浩与李世德原本是茹素邀福的人，以“吃斋诵经为名，多集党羽”，后又吸收食荤者，扩充势力，称吃斋者名为青教，吃荤者名为红教。为吸引徒众，雷再浩等以消灾避劫说教，称“近有刀兵之劫，如肯入会，即可过此关”。入会者，每人分小白布一方，上写“关口渡牌牒”五字，盖用保和宝堂戳记作为暗号[①]。

众人共推雷再浩、李世德为总大哥，听从其指挥；又分派前营红旗、后营黑棋、左营蓝旗、右营白旗、中营黄旗各头目，约定时间在新宁起义。因风声走漏，再浩等转移至广西全州梅溪口和大埠头（今资源），在湘桂边境都庞岭和越城岭之间的大山老林中活动。九月二十五日，起义军击毙清千总刘春林。清廷急从湖南、广西两省调兵进剿。十月初十日，广西提督马殿甲在全州西延（属今资源县）击败李世德部，世德阵亡。十三日，再浩所部于全州把火市斩守备李廷扬，给清军以震撼。时广西平乐天地会范连得等闻风响应，密约再浩军攻袭府城，事泄未成。又有湖南道州（今道县）人李魔湾（木黄）接再浩急信相助，遂集天地会众100余人，前往广西灌阳县接应。再浩军遭新宁团练江忠源部所败，只好折回新宁。二十六日，雷再浩因叛徒出卖被俘。3天后，李魔湾在灌阳被俘。起义至此失败[②]。

李元发起义

李元（沅）发，湖南新宁水头村人。自幼家贫，无田无地，以编织草鞋等为生。后长期离家在外闯荡，蓄谋异志，加入同县雷再浩的青莲教。道

① 中国第一历史档案馆藏：《军机处录副奏折》，《湖南巡抚陆费瑔奏》，道光二十八年二月十七日。

② 房德邻、王开玺：《清通鉴》第14册，第6059、6070页。

光二十七年参加雷再浩起义，充任“总铁板（侦探）”。起义失败之后，为免遭追杀，流落他乡。道光二十九年（1849），新宁暴雨成灾，谷价昂贵，富户趁机重利盘剥，县府又不开仓平粜。当地绅士仅将为数不多的宾兴仓义谷出售，无济于事。八月秋收后，遭重利勒索的贫民无力偿还。李元发见本地人心不服，于是在这年十月与同县谢兴有、刘复昌等，以生计艰难，商议结拜弟兄，成立“把子会”，以“劫富济贫”相号召，起义为再浩报仇。凡入其会者，各出钱百文，买备香烛鸡酒，朝天同拜盟誓，如有翻悔，死在刀下。不久，因会内杨倡实被署知县万鼎恩搜获，李元发遂率领会众300余人，于道光二十九年十月十三日深夜起义。起义者头裹红巾，军旗上写有“万云龙”字样，带有天地会色彩。起义军在新宁城内会众接应下，攻占县城，处死知县，救出杨倡实等人。队伍迅速扩大到2000多人，均蓄发明志，以示抗清决心。于是分设五营，首领皆称“大哥”，元发为“总大哥”，总管五营。又分造五色旗帜及“三军司令”“劫富济贫”两面大旗。

新宁起义后，湖南宝庆（今邵阳）知府张镇南等率兵进攻新宁，与新宁团练将县城包围。湖南布政使、代湖南巡抚万贡珍急调1800兵，驰赴新宁会攻，新任湖南提督英俊亦亲率常德兵200名赴新宁。湖南巡抚冯德馨等则分派兵勇赴湘桂两省交界地带布防，以阻止元发与广西天地会联合。广西巡抚郑祖琛也急调省标兵400名星夜驰赴西延县（今资源县）各要隘，堵截义军后路。十月二十三至十一月初三日间，元发接连4次突围均未成功。至十一月中旬，各路会攻清军陆续抵达，连同乡勇，聚集城下约2万人。清军胁迫一批挖煤乡夫，在新宁西南城角开挖地道，用地雷炸跨城身，发起强攻。义军在两边城垛内还击，“枪炮木石，乱击如雨”，致清军“每进必伤十人”。清军见工程失利，遂将大炮调整至溃口附近，向城内轰击。因双方实力悬殊，且城墙已被轰垮，义军伤亡惨众。元发自知城陷难免，决计突围，派人在南门缺口放火开炮，作突围状，北门清军中计往救，元发乃率义军主力，乘黑夜阴雨，从东北角越墙冲出，城外清军未敢抵抗。起义军在新宁坚持了40天，至此城破，元发率部撤离至离城20余里之罗源洞，与雷登甲部会合。登甲先期受命赴广西边境联络天地会众，此时闻讯前来接应。道光三十年正月，元发率军回师怀远（今三江县），败知县江忠源所率新宁团练武装，斩训导邓树堃，声势再涨。随即挥师湖南绥宁，复南下攻破古宜（今属三江县），进军广西多县，众至5000余人。清廷闻讯震惊，革湖南提督英俊职，调四川提督向荣补，并命广西提督闵正凤由桂林移师北上，驻龙胜；贵州巡抚乔用迁派兵扼守湘黔边境要隘，四面围合。四月，元发复北返绥宁，兵败被俘，被解至北京杀害。李元发起义军转战湘、桂、黔3省20余州县，余部后加入太平军，至咸丰初彻底失败①。

道光朝湖南、广东、广西的瑶民起义，此起彼伏，前仆后继，前后达20年之久。清廷以3省兵力镇压，累扑累起，“仅获镇定，然元气大损，兵机已动，故不逾月，而太平军起于广西金田村矣”②。

湖南添弟会

道光二十七年（1847），湖南湘潭人张老二等结拜添弟会。是年二月，张老二由广东来到湖南临武县以演习拳棒谋生，遇唐国通，谈及曾在广东望海山地方遇一游方僧人，告其结拜添弟会可以敛钱，互相帮助，并交给他一张字帖，内写“奉天安民兴明室”。国通因家道贫苦，起意自行纠人结会。先后邀得唐大旺等74人，内有曾入金丹教的蒋万成、董言台等多人，于三月初五日在临武县社下村国通家乡结拜添弟会。国通向张老二借得会内传抄字

① 故宫博物院明清档案部编：《清代档案史料丛编》第2辑，第25~27、73、138~147页。

② 《清史纪事本末》卷42。

帖，仿照刊刷，写立牌位，安设五色纸旗，用尺、剪、戥子各一把，插放米斗内，开写入会者名单，供奉香烛鸡酒，设立竹圈。众人推国通为大哥，其站立上首，令众人向牌位跪拜，并从竹圈下钻过，名为“过关”。国通又传授众人：“逢人问姓，答以本姓某，改姓洪，接递物件，只用三指。”是为“开口不离本，出手不离三”。然后宰鸡滴血入酒同饮。又刻忠义堂图章，每人分给红布一块，作为拜会凭据。后蒋万成又因贫苦难度，自行传教敛钱，自称金丹教教首，发展丁茂盛等8人，拜他为师入教。同年九月，因叛徒告密，国通等在临武被捕杀。湖广总督裕泰奏称，在湖南临武、常宁访获结拜添弟会唐国通、廓志禄等110余人，起事未成。

赣南关爷会

青莲教在湖南雷再浩、李元发的起义之外，另有一支在江西直接与天地会相融合。道光二十五年（1845）八月，江西南部南康县人董言台（即董时诒）在赣州与刘仙爵见面闲谈。仙爵告以自己曾习金丹教，入教后茹素食斋，可以获福延年。教内有洋布牌，书写乾、震、离三卦，盖印图章两个，一是八卦，一是“三官会庆”四字，领得布牌者即可自行传徒。言台即拜仙爵为师，入金丹教，礼敬无生老母。仙爵传给董咒语，令其盟誓，并发给予布牌一个。言台入教后，不食荤酒，人皆称其为“斋公”。道光二十七年二月，赴湖南临武，与同教蒋万成、黄松寿及添弟会教徒唐国通等结拜入会。五月二十七日，言台回到江西长宁县（今寻乌县），发展旧相识谢嗣封等人结拜入会。道光二十七年（1867）正月，赣州长宁县人凌成荣、僧道祥等赴嗣封家探望。他们之间早就熟悉，嗣封称赣州一带向有天地会，同会之人彼此帮扶，可以免人欺侮，倡议纠人结会，成荣等允从。于是，各人分头发展了24人，在正月二十六日齐赴谢嗣封家会齐。嗣封按规矩用红纸写立关爷牌位，又做纸旗五面，上写“忠义堂”三字，插入米斗之内，并买备香烛鸡酒。嗣封先将入会者名单写入纸上，带领大家一同向神牌跪拜。嗣封自居老大，成荣、道祥等为“散老大”，其余各人按年龄大小排列。嗣封站立上首，口念“有忠有义，无得欺兄骗弟，如有欺骗，立见消亡”。命令众人此后总老大有事呼唤，不许不至。各人发誓毕，宰鸡取血滴酒分饮，并相约会众皆以发辫向左盘为记号。其后，谢嗣封因天地会被清廷取缔拿办，恐致张扬败露，于是改名为“关爷会”。

香山隆兴会起事

广东香山县（今中山市）人高名（明）远曾在山洞边拾得一布包，内有洪门会簿一件，即蓄意结天地会。道光二十四（1844）年十一月，周佩居（配琚）到名远家，谈及彼此孤单，恐人欺侮，商议纠人拜会，以期遇事互相帮助，佩居允从。二人分头发动黄孔怀等68人，于十二月初二日在香山县草旅山齐集，拜天地会。每人各出铜钱300文，交高名远买香烛鸡酒。众人推高名远为“大哥”，名远在桌上设立洪令牌位，率众跪拜，用竹篾扎圈为门，门口架纸刀两把，令众人从刀下钻过。高并传授大家“开口不离本，出手不离三”暗号，宰鸡滴血入酒分饮。名远以天地会名目已久，恐难招人，遂改名隆兴会。道光二十五年七月，高明远率众在卓旗山起事，设文武都督、将军、元帅、军师等名号。九月，香山协洪各香、知县陆孙鼎等率兵前往剿捕，明远等58人被拿获。香山天地会起事失败。

胡有禄起事

胡有禄，即吴有禄，广西武宣人，被称为“斋匪”，实为天地会人。

道光二十六年（1846）七月，率众在湖南永州府宁远县城北柏家坪起事，为清军所败。次年，有禄与兄胡有福及罗大纲等攻打广西阳朔，有福被杀，有禄、大纲逃脱。咸丰二年（1852），在广西南宁与朱洪英再次起义。咸丰四年秋，占领桂林府灌阳县，称定南王，建立“昇平天国”政权，奉“太平天德”年号。率部在湘桂边境活动，进攻湘南道州（今道县）、嘉禾、江华等地，并攻占广西恭城、富川等县。翌年应罗大纲之邀，率部拟与太平军会师。攻克东安县，随之退出县城北上。遭湖南巡抚骆秉章所部湘军阻击，加之内部发生叛变分裂，于是年秋在湖南新宁被俘身死。朱洪英率部再入广西。

福建红钱会

红线会由福建建阳人李先迓等创立。仙迓原籍江西南丰县，在福建建阳县种山度日。道光二十六（1846）年十二月，与同乡饶聂狗相遇，往来交好。道光二十七年三月，饶聂狗患病时，先迓为之出资调治。饶感激之余，向先迓告知自己以前曾在三点会首领李魁家中做佣工，得到结会歌诀一本，遂将歌本交先迓收存。后聂狗病故，先迓遂欲纠众结会，先后发展130余人。大家拜李先迓为师，先迓传授“开口不离本，出手不离三”口诀，及吃饭拿物俱用三指等暗号和规矩。因三点会查拿甚严，遂改名红钱会。相约将铜钱用银朱涂红，每人各给一枚，作为入会凭据

湘粤尚弟会

湖南衡阳人左家发与广东人李丹所结秘密会社。左家发即刘开三，又名刘沅龙，行医为业。道光三十年（1850）七月，由湖南衡山县搭船外出行

医，遇同船的广东人李丹和湖北人张添左。值李丹染患眼病，家发为他治愈，两人感情于是很好。李丹向家发等述及广东旧有添弟会，现改名尚弟会，凡入会者，互相帮助，并可恃众抢劫，按股分银。家发等遂拜李丹为师。李丹给予三圈印票数十纸，称为门牌。告以内有上盖、中盖、下盖之分。上盖为天盘，中盖为地盘，下盖为人盘，粘贴门首，遇会内之人抢劫，能免劫掠。领买上盖者需缴钱3400文，可保一族；中盖缴2400文，可保一家；下盖缴1400文，可保一身。并称会内分黄、红、白三家，广东老万山的朱九涛为黄家，住处设有忠义堂；李丹为红家；张添左为白家。红、白两家都听黄家统属。并传授歌诀："金丹始祖洪启盛，洪英传授与丹隆，大明国玺高溪义，五祖留记教万宗。太极天图高悬挂，天书宝剑插斗中。不知原来真正义，牛八下世坐山宗。"称时常念诵，可免灾患。相约会中人相见，发辫由左盘右，将线垂下，便可识别。

其他天地会

边钱会、斋公会等其他天地会新名目，各地方还有不少。但有些地方的天地会组织，仍沿用清前期已经出现的名称，如双刀会。双刀会由福建漳浦人戴仙和广东潮阳人黄悟空等创建。道光二十三年（1843）七月，戴仙在广东陆丰县大安圩遇福建长乐县人曾阿三。曾阿三告以从前在漳州曾得到天地会歌诀图一张，戴仙即照样绘画一张。道光二十四年八月，戴仙来到揭阳县，假冒曾阿三之名，纠约黄阿隆、黄悟空等结拜天地会。每人出钱120文，交悟空买备香烛鸡酒，共推黄悟空为大哥。悟空于是设立洪姓牌位，领众跪拜。并按规矩用竹篾扎门，架起双刀，令众人从刀下钻过。悟空复授"开口不离本，出手不离三"暗号，每人分给会单一纸，宰鸡滴血入酒分饮。悟空又制备红布三角小旗，作为入会凭据，分发各人。后改天地会名为双刀会，以便发展会众。另有小刀会，也属于天地会的分支，其中著名的有新加坡归国华侨陈庆真于道光三十年（1850）在厦门创立的闽南小刀会。还有上海小刀会，此后活跃一时。

天地会系统之外，一些小会党也在继续发展。如江西宜黄的天罡会、江苏东安的抬天会、湖南东安的斗台会，以及湖南浏阳的征义堂、广东英德的合胜堂，广西的广义堂、义胜堂、永义堂、得胜堂、洪胜堂、大胜堂等堂号。合胜堂由广东人邓南保等创立。道光二十九年（1849）正月二十六日，广东英德县人邓南保与刘亚才、谭观欣等人相见，彼此共谈贫苦。邓南保称佛冈厅大庙地方，地僻山深，与清远、英德等县连界，富户甚多。倡议结拜弟兄，共推邓南保为大哥，分头发展，先后有390人入伙。邓南保以“天地玄黄，宇宙洪荒，日月盈”11字编列号次。

青帮与哥老会

道光至咸丰、同治之际，青帮和哥老会成为重要秘密会社组织。青帮，又称“清帮”，或“安清帮”，与罗（祖）教和大运河漕运水手的行帮有着密切的关系。

水手工作极为艰苦，常有船倾覆没的危险，还要遭受种种勒索。明朝末年，罗教等秘密宗教便在水手中传播，该教宣传入教后，可以消灾祈福，四季平安，对水手们颇有吸引力。最初在北直（今密云一带）、山东等地，后沿运河发展至江苏、浙江，甚至江西等地，号称“潘门”，或“潘家”。内分主帮和客帮两派，前者以浙江温州、台州人为主，后者主要是皖北、江北人，故也称“巢湖帮”。当时有密云人钱姓、翁姓，松江潘姓在杭州建罗教庵堂，运送漕粮的回空水手多借居其中，相率加入，罗教庵堂逐渐成为水手们的避风港。平安回来的漕运水手们，每年各出银五分，置备香烛素供，酬谢庵内神祇。有些贫困的水手，则由守庵之人垫给饭食，待来年偿还。罗教给予水手们精神和物质两方面的帮助，信徒日众，庵堂数目日增，至雍正年间，杭州一地即有庵堂70余处。

清廷为防止水手聚居滋事，发动反清事变，严禁罗教传播，对罗教庵堂严厉打击。雍正五年（1727），浙江巡抚李卫曾查封杭州罗教庵堂50余处。乾隆三十三年（1768），浙江巡抚永德下令拆毁杭州残存的33所罗教庵堂。此后，罗教便把庵堂从陆地转移到船上。粮船建立老堂船，作为议事场所。每帮设老堂船1只，供奉罗祖图像，设“当家”1人，专管香火及通帮水手用钱账目。大帮当家称“老管”，与各帮当家组成领导集团，领导船帮和水手；内设“神棍”，按老帮规、家法，惩处不服管束的水手。粮船水手之间，必须帮丧助婚，济困扶危。通过运河闸口时，每一帮的全部水手、纤夫，都要参加拉纤，才能把所有一帮的船全都拉过闸去。同时，船帮还夹带私盐私货，也与大家的共同利益息息相关。行帮内部等级制度严格，拜师习教，皆按教内规矩，论资排辈。帮内供奉天地君亲师牌位，师徒如父子，同参如手足。到道光初年，在漕运粮船的庞大水手中，逐渐形成了组织严密的帮会，既互济互助，也走私贩私。

在此情况下，大约在嘉庆、道光年间，出现了一种与漕运有关的专业性武装走私团体，专门帮助粮船水手帮会，夹带走私品或走私盐，其成员包括各地游民、原帮会水手，号称“青皮”。道光末年，海运兴起，漕运水手大量被裁减，纷纷加入青皮队伍，“密行犯盐，或以偷税为业”。咸丰三年（1853），浙江漕粮改行海路，浙帮被遣散，数以万计的水手、纤夫，同青皮相结合，从事走私、贩卖私盐和杀人越货，活动于两淮盐场、运河沿岸及长江中下游地区。咸丰、同治之际，江苏北部安东（今涟水）、清河（今清江市）一带游民，私结党羽，互称师徒，专门从事走私及贩卖私盐等活动，称为“安清道友”。于是，在江浙、两淮等地，便形成了一支由粮船水手行帮、青皮与安清道友等组织融合而成的会党，即“青帮”。

道光、咸丰年间兴起的会党哥老会，日后影响极大。哥老会也称哥弟会，在四川称“袍哥”，江南一带又称“红帮”。有关哥老会的源流问题，向来说法不一。一般认为哥老会是天地会的分支，为最早开展反清复明活动的郑成功所创立。但也有学者认为哥老会是天地会系统的仁义会和江湖会发展而来，也有人认为哥老会兴起于川中，乃啯噜之音转。又有学者提出，哥老会是以啯噜为基础，吸收了天地会、白莲教等秘密结社组织的若干特点，逐步形成的。如果说青帮主要属于大运河，那么哥老会则属于长江。实际上，哥老会的产生，与道光、咸丰年间长江中下游的水手、纤夫们的行帮，及沿岸的秘密会党有着密切的关系。在近代外国轮船经营长江水运以前，从重庆到到上海的长江中下游航运，无论是货运还是客运，主要是依靠木船和帆船运输，需要雇用大量舵工、水手和纤夫。船只按其大小需人数不同，其中，上水大船载重约60至70吨，需水手16人划船，另8人在小引水船，又称五板，作航行前驱。下水船大船约需水手70人，中号者约40人，小号者20至30人。在机械轮船进入长江之前，重庆至宜昌航线上，船夫、纤夫不下20余万人，这是一个非常庞大的数量，他们终年漂泊在千里长江之上，极为艰苦，集体性的劳动方式，需要彼此帮助。因此，他们通常歃血结盟，拜为弟兄，形成水手行帮。长江沿岸各地的秘密会党与行帮接触后，受其影响，不断加入水手行帮队伍，使之同各地秘密结社进一步融合。这些秘密结社，四川有“啯噜子”，两湖地区有天地会、江湖会、仁义会，还有秘密宗教白莲教、青莲教等，江西有担子会、边钱会等。四川的“啯噜子”是来自各省游民中的秘密结社，一部分活跃于川陕老林，原来白莲教的活动地区，一部分在川东泸州到重庆以下的川江之上，充当水手，或驾船为生。各地的秘密结社互相影响与融合，便在长江水手行帮基础上，形成了哥老会这一新的会党组织。

哥老会的兴起与千里长江的航运和航船相关，所以，哥老会的活动据点就称为“码头”，其首领称为“舵把子”，或“帽顶”“老帽”“老么”等，反映出受到仁义会、啯噜子、江湖会、边钱会等的影响。至于受天地会的影响，则更为明显，如有的哥老会成员自称“洪家”，会内的隐语暗号，内容也与天地会相似，以致被视为同一系统的秘密结社。外国轮船进入以后，造成了长江中下游木帆船航运业的迅速衰落。数千艘帆船被逐入长江支流，则将支流上的小船淘汰掉，这些被裁减下来的大批水手、纤夫，有的加入太平军，有的则加入湘军等清方军队。渗入清军兵营和后来的湘军中的哥老会，也称哥弟会、仁义会、洪江会、江湖会、英雄会、乌龙会等，名目不一，实质一样，均需迎合兵丁们的生存需要，遇事互助，誓同生死。

湖南湘勇中的哥老会党徒，人数众多。不仅一般勇丁，甚至积功保至二、三品官阶者，也结拜哥老会。提督鲍超军营就曾发生过哥老会哗变的事件。太平天国运动失败后，大量湘军被裁撤、遣散，生活无着，这些有着丰富履历的旧军人，沿袭军营中结会之习，在各地开堂“放飘”，使哥老会迅速发展，力量壮大。后来左宗棠西征的楚军中，哥老会尤多，并曾多次哗变，哥老会因此随之传至陕、甘及新疆等地。

咸丰、同治两朝以下，哥老会与天地会、青帮互相影响，互相融合，于是也带有洪门与青帮的某些特色，如哥老会一般称红帮，因有些哥老会成员也加入洪门或青帮，故人们又把它与青帮、洪门相混，并称为“青红帮”

实际上哥老会自有其独特的风格和独立的组织，与天地会（洪门）和青帮不同。哥老会的组织立有山、堂、香、水等门派，如光绪年间湖南哥老会首领龙松年便立有双龙山、公义堂、五湖香、四海水等。哥老会内有严格的等级，首领称正龙头、副龙头。其下设有五堂：即坐堂、陪堂、刑堂、礼堂与执堂。正式举行仪式时，还临时设有“盟证”“香长”，一般由五堂中人兼任。另外，哥老会还设有头目，分为：心腹、圣贤、当家、红旗、黑旗、巡风等。头目之下还有大九、小九、大么、小么、大满、小满；圣贤又分文圣贤、武圣贤；当家分披红当家、插花当家等。哥老会结会开堂，称为“开山”，要举行开山仪式，一般在深山古庙或人迹罕至之处举行。会场正面设坛，上祀五祖、关羽，并有用红纸书写之“进山东”“出山东”，内容为誓辞、条规、檄文等。由正龙头向神坛朗诵。一般头目、会员对神礼拜，行“抖海式”立誓。一般会员入会，也要举行入会式，于清净之处举行。哥老会新会员入会，须有老会员介绍，称为“保举”。会场之布置，也与开山仪式相同。由管事者引保举及新入会者进入会场，新入会者跪于神前，由管事者提问，新入会者作答，内容皆有定式。然后举行“抖海式”。这时，管事者斩一白雄鸡，口称若日后背盟，即“有如此鸡”。誓毕，再行礼起立。礼毕，由管事者将新入会者姓名，填记于“宝”中，就是名录之中，并缴纳会费，即算入会。随着哥老会组织的发展，其成员遍布各省，号称其成员不持一文，可往来全国。每至一处，先谒外管，称“拜码头”，继而引见龙头大爷，待以宾客之礼。临行时，复按其在会内辈分和职位高低与路程远近，送给盘缠。若需款巨大时，则由龙头派人“拖队伍”，即打家劫舍，或拦路抢劫，以筹措款项。

新疆七和卓之乱

道光七年（1827）清军平定张格尔叛乱后，新疆保持了近20年的基本稳定。道光二十七年（1847）六七月间，新疆南部的回疆发生了以白山派和卓后裔为首的叛乱事件，以卡塔条勒、倭里罕和卓、克希克罕条勒、塔瓦克尔条勒、萨比尔罕条勒、阿克恰干条勒、伊善罕条勒为首，流亡在外的和卓后裔发动叛乱，入侵新疆西部，史称“七和卓之乱”[①]。

先是乾隆末年，生活在浩罕（今乌兹别克斯坦境）的萨木萨克育有3子，分别是长子玉素普、次子张格尔和三子巴布顶。后来，玉素普又育有2子，长名迈买的明，又称卡塔条勒、卡提条勒、依山罕等；次子伯巴，即克希克罕条勒，又名阿布都拉，人称“克奇克和卓”或“基奇克和卓”，即小和卓之意。张格尔育有1子，即布素鲁克，又名阿里本格尔；巴布顶育有

① 有学者考证，实际上7人中只有3人是和卓后裔，其余人或非和卓后裔，或系子虚乌有，称七和卓，只是约定俗成。有关和卓后裔情况，参见潘向明：《道光回疆“七和卓之乱”史实考辨》，载《清史研究》2005年第3期。

2子，长子呵里雅，次子倭里罕，又名纳斯尔[①]。就是说，在萨木萨克的孙辈中，共有5个和卓后裔。萨木萨克于嘉庆年间病死在布哈拉（今乌兹别克斯坦境），巴布顶也于道光五年（1825）病死境外。嘉庆二十五年（1820）和道光四年，巴布顶曾与张格尔两次从境外入卡滋扰喀什噶尔。道光六年张格尔再次入卡，发动大规模叛乱，陷南疆西四城地区。道光七年春，叛乱被平定，不久张格尔被清军生擒，翌年解至北京处决，和卓叛乱势力遭到毁灭性打击。道光十年（1830），三兄弟中的老大玉素普伙同浩罕军队入侵，在喀什噶尔等地制造叛乱，但随即被清军平定，玉素普逃往境外，不久病死。这样，萨木萨克及其3子都已亡故。此后，回疆地区的历次和卓叛乱，便是由萨木萨克的4个孙子迈买的明、阿布都拉、倭里罕和布素鲁克接棒实施。据清政府道光十二年调查，这一年迈买的明、阿布都拉兄弟分别为18岁和11岁，布素鲁克10岁，倭里罕11岁。萨木萨克的另一位孙子呵里雅，在张格尔叛乱时随同来喀什噶尔，道光七年被清军查出，送往北京。

自道光二十年代中叶以后，这4人逐步进入青壮年时期，入卡滋扰日多，回疆复陷于动荡。道光二十七年六月发生了倭里罕入卡骚扰事件，被清军打败。随后，几位和卓纠集安集延（在今乌兹别克斯坦境）、布鲁特（在今吉尔吉斯斯坦境）回众，从浩罕出发，于七月十七日攻破图什克卡伦，进入阿尔图什庄（今阿图什）。次日，围攻喀什噶尔回城。浩罕呼岱达奈玛特于夜间将叛匪引入喀什噶尔城内，致回城失陷。叛匪随即围攻喀什噶尔汉城，并于七月二十七日南下包围英沙吉尔（今英吉沙县）城垣，人数达二三千人，经官兵杀退后，复又聚众围城。叶尔羌（今莎车县）等处亦遭袭扰。宣宗闻报，命陕甘总督布彦泰为定西将军，一切军务悉听节制，伊犁参赞大臣奕山为参赞大臣襄办军务，均颁给关防，负责平乱。又命叶尔羌帮办

① 《平定回疆剿擒逆裔方略》卷63。

大臣吉明署参赞大臣、阿克苏办事大臣舒兴阿署叶尔羌帮办大臣。

八月下旬，叛匪攻至巴尔楚克（今巴楚县）西40里之沙虎尔地方，逼近喀什噶尔，气焰极为嚣张。喀什噶尔汉城当时仅有清守军3000余人，兵力不敷，只能固守待援，形势危急。伊犁将军萨迎阿调伊犁、乌鲁木齐、土尔扈特、和硕特各路官兵，统一归奕山率领，驰援回疆。九月初，宣宗认为情况没有张格尔叛乱时严重，命将布彦泰定西将军印暂时封贮，并令甘肃所调2500名官兵停止前进，以节省开支。月底，见军情紧急，又命提督台涌统率甘州（今张掖）、凉州（今武威）、肃州（今酒泉）官兵3000余人，全数出关，以为奕山后路策应[①]。

九月中旬，奕山统率北疆援军4800余人，从阿克苏抵巴尔楚克会合，先绕开西南方向的喀什噶尔，直接进攻叶尔羌，再回转向英吉沙尔。清军在科科热瓦伊克地方与叛军主力相遇，迅速击溃之。二十九日，追击和卓残军至英吉沙尔，解城围。喀什噶尔方面叛军闻清大军将至，知大势已去，遂逃散。清军顺利平息了“七和卓之乱”。同时，叛军强使喀什噶尔等地部分回众西迁浩罕，至路途冻死不少[②]。

“七和卓之乱”发生3个月即被平定。参赞大臣奕山奉旨派员查明祸首情况，调查表明：此次滋事贼首，系张格尔之兄玉素普两子迈买的明和阿布都拉，张格尔之弟巴布顶之子倭里罕，由霍罕（即浩罕）进卡肆扰。说明叛乱主要是这3位和卓挑起。宣宗令查明和卓叛乱起衅缘由，奕山奏称：此次七和卓作乱并非浩罕伯克（首领）指使，当呼岱达奈玛特献喀什噶尔城时，浩罕

① 陈桦：《清史编年》第8卷，《道光朝》，第558~559页。

② 关于出走回众人数，说法差距很大。有目击者证实，逃亡人数约为一万二三千人；俄国人库罗帕特金在《喀什噶尔》一书中，认为有2万户、10万人；而奕山等于道光二十八年正月查明上奏清廷称，逃亡回户数目，为一千五百数十户，即不到8000人未归。参见潘向明：《道光回疆“七和卓之乱”史实考辨》，载《清史研究》2005年第3期。

伯克曾致信告诫“千万不要把喀什噶尔城与讨着饭吃的和卓”。卡塔条勒逃回浩罕后，即被浩罕伯克解除武装。浩罕伯克并派使节至喀什噶尔解释，称其并不知情[1]。清廷亦不再追究，准许照旧通商免税。

① 房德邻、王开玺：《清通鉴》第14册，第6057~6058页。

云南两起京控案

道光二十七年（1847）七月初二日，云南回民丁灿庭、杜文秀赴京提起京控，同一时间，两起京控案，非同寻常。所谓京控，是指在我国封建朝代，官民遇有冤屈，经地方最高级官署审判后仍不能解决时，可赴京向掌管监察和申诉的都察院及步军统领衙门控诉。

云南是我国多民族聚居区，由于不同民族的风俗习惯、宗教信仰差异较大，在清代，尤其是晚清时期民族关系比较复杂，回、汉互斗时有发生。丁灿庭、杜文秀这两起京控案，就是发端于永昌府（治保山县）汉回互斗。道光二十三年七月三十日，地处云南西南的永昌府保山县，发生了回民木老蛮等殴伤汉民张忠的事件。张忠系秘密会社组织香把会一香头，当地不少汉民烧香结盟入香把会，故汉民“顷刻集数千人，布列城下，声言杀回，回民亦哗然而聚众”。后虽经汉、回绅耆调停事件始和解，但由于回民认为官府处理不公，致此后汉、回之间，势同水火。此次冲突中，汉民、回民互相杀死对方1人，保山县和永昌府开始以涉事之人太多不予追究，后来却以纠众滋事，将回民马四、木老蛮法办，但没有追究汉民张忠。回民因此非常愤怒，而汉民势力却越发高涨，埋下了再生事端的引子。

道光二十五年，永昌府保山地区再次发生的汉、回械斗。当年四月间，保山板桥回民马大等人，在唱曲时讥笑汉民，引起汉民和回民口角相争，以致互相斗殴。当地汉族豪绅万林桂等利用事件，煽动回汉对立，诱使汉民强拆回民房屋，意图驱赶回民离开板桥居住。马大、张世贤等即召集回民一千余人，齐集板桥附近之上村、金鸡村一带。回民特别传帖申明：不惹别处汉人，只与板桥万林桂讲理；不敢抗拒官兵，实与哨民作对。而永昌地方官未能秉公处理，反而纵容汉族地方势力扑杀回民。金鸡村练总沈聚成等于是纠集香把会乡练，四出击杀回民。回民于是被迫举行抗官起事。八月，回民聚集于保山猛庭寨，连续出击思母车寨、枯柯街、陶家寨等地，杀死清世职高朗、都司杨朝勋、守备潘惠扬及兵丁百余人。云南迤西道[①]罗天池、署邓川（今属洱源县）知州恒文等先后奉札前往查办，然回众越聚越多，屡有攻打营盘之事。汉民也风传回民要进保山县城，将汉人杀尽。情势日益紧张。

至是，金鸡、板桥的香把会头目，以官府颁给的“防匪之谕”为凭借，纷纷带乡练进保山城，声称援救，于是与官兵一起将城内回民，不分男女老幼混行杀戮，城外50余回庄也遭到洗劫，回民惨死者4000余人，也有的说被杀回民达8000余人，甚至1万余人。

迤西道罗天池向云贵总督贺长龄禀称事发经过：因永昌“回匪”滋事，城内回民众多，恐其乘机窃发，率领兵练，昼夜提防。是月初二日寅刻，忽闻城内清真寺楼上，枪炮齐发，各街巷回民四路杀出，喊声沸腾。各弁兵立即开放枪炮，奋力攻捕，烧其住房。保山县练总沈聚成，飞速带领哨练，以一半在城外防截，一半入城赴救，合力围打。但该清真寺楼坚固异常，鸟枪

① 迤西道，在云南西部，驻大理府，辖大理、楚雄、顺宁（治今凤庆县）、丽江、永昌（治今保山市）5府和景东、蒙化（治今巍山彝族回族自治县）、永北（治今永胜县）、腾越（治今腾冲县）4直隶厅。

劈山等炮，发至百余出，分毫无损。因火枪穿入窗槅，将私藏该处火药一时轰起，寺楼尽倾。于是兵练得手，将该寺藏伏各“匪”，尽行击杀。复经署提标右营游击刘桂茂侦知军器库房旁伏有“回匪”多人，带同兵练攻击，直至酉刻，始尽歼除。而先经收监之回民杨忠家楼上，枪炮又起，时值天黑，人心慌乱，该文武与调赴军前之邓川州知州恒文、练总沈聚成等，分派兵练，围住不动。至黎明，即将各其击杀，搜获龙文铁甲、红蓝各色顶子、绿缎补子、枪炮火药等[①]。贺长龄认为罗天池等因平“匪”有功，上奏清廷，受到嘉奖。

时任署邓川州知州恒文的家丁黄溃，原本与回民本有仇恨，趁此汉、回械斗之机，执刀至杜文秀未婚妻马小有姑的家，砍杀其父毙命，将马小有姑带回寓处窝藏，随即经恒文干预送交保山县，转发官媒看管。黄溃又伙同王钧、杨茂等带领练丁，名为防变，实则纵其抢杀。回民丁灿庭、木文科、杜文秀、刘义等家，均有多人被杀[②]。保山县回民遭屠杀后，云贵总督贺长龄有意偏袒汉民，诬指被杀回民系“互相械斗，力不能支，自取灭亡”，纵容官兵攻杀，造成大量死伤。

道光二十六年八月，清廷以云南回民接连起事，总督贺长龄奏请任用军犯、练勇助剿，处置失当，大幅调整云南高层人事，将贺长龄降职为河南布政使，以江苏巡抚李星沅为新任云贵总督，调云南巡抚陆建瀛为江苏巡抚，命张日晸任云南巡抚。

十月，云南大小勐地方回民起事。甘肃大通县回民马帼海、海连升以道光十九年当地客民械斗杀死回民之事，率领1000余名回民闯入缅宁（今临沧市）新寨，强抢烧杀。起事回民后袭扰临近的云州（今云县）。不久，起事

① 房德邻、王开玺：《清通鉴》第14册，第6017~6018页。

② 中山大学历史系编：《林则徐集·奏稿》下册，第1050~1051页。

被云南巡抚、署云贵总督程矞采和新到任总督李星沅等督兵镇压。宣宗认为星沅调度有方，办理迅速，赏加太子太保衔。道光二十七年三月，李星沅上陈办理云回、通盘筹画奏折，分析云南回汉互斗的原因，认为：云南省汉、回杂处，迤西道所辖地区尤多，但这些回民，并非外犯之夷。回、汉互斗，“不过民与民仇，近则渐移之官”，仇恨日深，而官兵处置失衡，致回民和汉民均有怨气。各处“游匪”趁势利用，“人众则数无可稽，地广则势不易禁”。李星沅提出对策，称：“方今亟务，莫如执法，莫如持平以执法。汉、回同体，犯则重惩。如治乱丝，必徐为理。”[①]宣宗深表赞同。同时，以此次大小勐起事回民，部分来自于保山，认为迤西道道员罗天池“轻发躁妄”，未能“详慎区分，率行掩捕，以致众回寒心，有所藉口”，致大局贻误，将罗天池革职，永不叙用。而总督贺长龄对于罗天池“摎（搜）杀过多”等“种种谬妄，实属办理不善”，也一并革职[②]。三月十六日，刚到任半年的李星沅被调回两江任总督，清廷起陕西巡抚林则徐任云贵总督。

丁灿庭、木文科和杜文秀、刘义等不服云南地方官的处理，相商先后分两起赴京控告。林则徐于六月二十日在昆明履职视事。至是奉旨：“本日据都察院奏，云南回民丁灿庭等控告香匪串谋，灭杀无辜一折，已明降谕旨，交林则徐审办矣。此案控关奸匪挟仇寻衅，串谋倡乱，被害至一万余命之多，如果属实，必须彻底根究，水落石出，庶足以服难民之心，而除地方之害。”[③]并命林则徐和云南巡抚程矞采，公平研究案情，审理此案，毋枉毋纵。首恶各犯从重惩办，“以纾积忿而快人心，倘系从前办理不善，亦应据实平反”。并叮嘱不得因案件已将就了结，颟顸塞责，而“将万余人之屈抑，郁而不伸。代人受过，已属不可，况数万生灵之沉冤，身为大吏者竟置

① 房德邻、王开玺：《清通鉴》第14册，第6037~6038页。

② 《清宣宗实录》卷440。

③ 房德邻、王开玺：《清通鉴》第14册，第6054页。

之不问耶？凛之，慎之！”宣宗随即又谕令林则徐等：此次复据云南回民杜文秀等控告，“匪棍刘书等挟嫌藉端，诬控从逆，致被搜杀抢掠，迨招抚回籍后，又被杀多名等情，著仍交林则徐等亲提人证卷宗，秉公严讯，按律定拟具奏”。清廷对回民态度的转变，说明丁灿庭、杜文秀等人的上京控告，起了明显的作用。

林则徐接办丁灿庭、杜文秀等京控案后，即着手调查。他反对贺长龄等“助汉杀回”之滥杀，主张“但当别其为良为匪，不必歧以为汉为回”[①]。十月十七日、十一月初三日，丁灿庭、杜文秀等两起京控案原告陆续解至昆明，林则徐亲自审理，并令永昌府将被告保山香把会首恶周曰庠等解省城对质。十一月二十九日，当永昌府、县带兵将周曰庠等押解至距城40里的官坡时，被保山哨民劫走。次日，哨民入保山城，焚烧县署，放出监犯，已经招复之回民又被搜杀无存。沿途哨民聚集，阻塞道路，搜检公文，凡有关系之文件，均不能递送。直到十二月二十五日，林则徐才接到该处镇、道及府、县营员会禀，称十二月初一日起解周曰庠等9名京控人证，走到官坡时，因听说前边路途有回民匪徒聚众抢劫，他们担心被杀害，于是走散了。随即又报称城内回民放火，烧毁县署、监狱，汉民救火，“匪回”齐出抢杀，被兵练格杀多命，监犯亦乘机逃出。林则徐等将这两份禀报与邻境文武官员所报相核对，发现情节悬殊很大。后查知，官坡事件系由周曰庠、沈聚成等人所为。周、沈俱为金鸡村练头，当周曰庠被提获作人证时，即密令其子周际岐等向沈聚成求救，沈聚成也担心被解，于是令其义子沈振达出面，沟通游方卖药的道士“铁帽子”金混秋，招集香把会万余人，在官坡埋伏，劫走周曰庠，并进城搜杀回众，并且捏造禀文，诬陷回民。林则徐侦查确切情报后，于道光二十八年二月带兵进入永昌，大兵压境，以示威慑，并发布告示，令

① 中山大学历史系编：《林则徐集·奏稿》下册，第987页。

保山香把会立即献出劫犯抗官之匪徒。保山团练不得不将周曰庠、沈聚成等凶犯交出，各哨练匪也纷纷向官军缴械投降。经审讯，先后惩处400余名涉事凶犯。五月，林则徐回迤西道驻地大理，了结丁灿庭、杜文秀京控案，将黄溃等犯有人命的凶犯均处死刑，黄溃所掳走的马小有姑被杜文秀领回完婚。[①]林则徐处理丁灿庭、杜文秀两起京控案，只问为良为匪，不管为汉为回，公平公正，受到当地回民称颂。

道光三十年正月十四日中午，西历1850年2月25日，宣宗在圆明园慎德堂去世，享年69岁。当日宣宗病危时，召宗人府宗令载铨，御前大臣载垣、端华、僧格林沁，军机大臣穆彰阿、塞尚阿、何汝霖、陈孚恩、季芝昌，以及总管内务府大臣文庆，一起打开鐍匣，宣示宣宗朱笔谕旨：立皇四子奕詝为皇太子。清王朝历史由此进入到咸丰时代。正月二十六日，尊宣宗谥号为“成皇帝”，庙号为“宣宗”。后葬其于直隶易州（今河北易县）慕陵。

宣宗于嘉庆元年（1796）成婚，时年只有14岁。此后一生，宣宗一共有16位后妃，其中先后立皇后4位：孝穆皇后，钮祜禄氏，户部尚书、一等子布颜达赉之女；孝慎皇后，佟佳氏，三等承恩公舒明阿之女；孝全皇后，钮祜禄氏，二等侍卫、一等男颐龄之女；孝静皇后，博尔济吉特氏，刑部员外郎花良阿之女。16位后妃只有7人生育了子女，共生有18人，9子9女。9位皇子分别是：皇长子隐志郡王奕纬，和妃纳喇氏所生，未成年而卒；皇二子顺和郡王奕纲和皇三子慧质郡王奕继，均孝静皇后所生，俱早殇；皇四子奕詝，即咸丰帝，孝全皇后钮祜禄氏所生；皇五子惇勤郡王奕誴，祥妃钮祜禄氏生，过继给仁宗第三子惇亲王绵恺为嗣；皇六子恭忠亲王奕訢，亦孝静皇后所生；皇七子醇贤亲王奕譞和皇八子钟端郡王奕詥、皇九子孚敬郡王奕譓3人，均庄顺皇贵

① 中山大学历史系编：《林则徐集·奏稿》下册，第1050~1051页；房德邻、王开玺：《清通鉴》第14册，第6054~6055页。

妃乌雅氏所生。

宣宗在位30年，应当说还是想有所作为，希望成为集“汉高祖之大度，唐太宗之英明”[①]于一身而“载诸史册”的皇帝。他正视清王朝存在的种种弊端，也勤于政事，自身和其父仁宗一样，勤俭节约，身体力行，裁减贡物，力戒浮华。在位期间，整顿吏治，节用安民；平定回疆叛乱，维护国家统一；支持林则徐严禁鸦片，抵抗英帝国主义的侵略。但由于时代的局限，和他自身能力的欠缺，宣宗的励精图治没有获得成功，已经虚弱的清王朝继续衰落下去。

① 《道光朝东华续录》卷17。

主要参考文献

[1]《清仁宗实录》，中华书局，1986年。

[2]《清宣宗实录》，中华书局，1986年。

[3] 赵尔巽等撰：《清史稿》，中华书局，1977年。

[4] 王锺翰点校：《清史列传》，中华书局，1987年。

[5] 文庆等修：《筹办夷务始末（道光朝）》，中华书局，1964年。

[6] 昆冈等修：《钦定大清会典事例》（光绪朝），光绪二十五年（1899）刻本。

[7] 刘锦藻撰：《清朝续文献通考》，浙江古籍出版社，2000年。

[8] 黄鸿寿：《清史纪事本末》，民国三年石印本。

[9] 曹振镛等：《平定回疆剿擒逆裔方略》，清刻本。

[10] 王先谦：《十二朝东华录》，清刻本。

[11] 中国第一历史档案馆藏：《军机处录副奏折》。

[12] 中国史学会主编、齐思和等编：《中国近代史料丛刊 · 鸦片战争》，神州国光社，1954年。

[13] 王铁崖编：《中外旧约章汇编》，三联书店，1957年。

[14]《近代史资料》，1958 年第4期。

[15] 中山大学历史系编：《林则徐集 · 日记》，中华书局，1962年。

[16] 中山大学历史系编：《林则徐集 · 奏稿》，中华书局，1965年。

[17]［美］马士：《中华帝国对外关系史》，三联书店，1964年。

[18]《马克思恩格斯选集》，人民出版社，1972年。

[19] 龚自珍：《龚自珍全集》，上海人民出版社，1975年。

[20] 魏源：《魏源集》，中华书局，1976年。

[21] 故宫博物院明清档案部编：《清代档案史料丛编》，中华书局，1978年。

[22] 广东省文史研究馆编：《三元里人民抗英斗争史料》，中华书局，1978年。

[23] 刘锡鸿：《英轺纪行》，湖南人民出版社，1981年。

[24]《续修四库全书》，上海古籍出版社，2002年。

[25] 胡滨译：《英国档案有关鸦片战争资料选译》，中华书局，1983年。

[26] 广东省文史研究馆译：《鸦片战争史料选译》，中华书局，1983年。

[27] 陈锡祺等编：《林则徐奏稿、公牍、旧记补编》，中山大学出版社，1985年。

[28]《剑桥中国晚清史》，中国社会科学出版社，1985年。

[29]《鸦片战争与林则徐史料选译》，广东人民出版社，1986年。

[30]［美］张馨保著，徐梅芬等译：《林钦差与鸦片战争》，福建人民出版社，1989年。

[31] 中国第一历史档案馆编：《鸦片战争档案史料》，天津古籍出版社，1992年。

[32] 中国第一历史档案馆等编：《鸦片战争在舟山史料选编》，浙江人民出版社，1992年。

[33] 白寿彝主编：《中国通史》，人民出版社，1999年。

[34] 中国人民大学清史所编，李文海主编：《清史编年》（郭成康编：第6卷，《乾隆朝》下；林铁钧编：第7卷，《嘉庆朝》；陈桦编：第8卷，《道光朝》），中国人民大学出版社，2000年。

[35] 戴逸、李文海主编，郝秉键、房德邻、王开玺：《清通鉴》，第11、12、13、14册，山西人民出版社，2000年。

[36]《清史研究》，2005年第3期。

[37] 李春光纂：《清代名人轶事辑览》，中国社会科学出版社，2005。

[38] 萧一山：《清代通史》，华东师范大学出版社，2006年。

[39]《史料旬刊》，第9期，北京图书馆出版社影印，2008。

[40]《近代史资料文库》，上海书店出版社，2009年。

[41] 卫三畏：《中国总论》，上海古籍出版社，2014年。

[42] 谭健锹：《病榻上的龙》，中华书局，2014。

[43] 沈渭滨：《道光十九年——从禁烟到战争》，华东师范大学出版社，2014年。

[44] 卜键：《国之大臣 王鼎与嘉道两朝政治》，陕西人民出版社，2015年。

[45] 黎东方：《细说清朝》，上海人民出版社，2013年。

[46] 蔡美彪等：《中国通史》，人民出版社，2016年。

[47] 茅海建：《天朝的崩溃：鸦片战争再研究》，三联书店，2016年。

[48]［英］亨利·埃利斯：《阿美士德使团出使中国日志》，商务印书馆，2017年。

后记

《数读清史丛书》历经七年的艰辛，终于得以付梓，真是值得高兴的事。作为主编，我们深感编辑这部有一定特色的“清史丛书”实非易事，个中甘苦，唯亲历者知之。

本套丛书的编辑工作启动于2012年，两位主编在深思熟虑之后，明确宗旨，确定选题，拟就编写计划，制订《编写则例》。接着，又约请京内外九位中青年学者承接编写工作。作者们对于本丛书的写作十分认真，兢兢业业，数易其稿，付出了艰辛劳动。编纂伊始，还承蒙北京青年政治学院（通过作者之一谭绍兵）赞助，使得来自四面八方的作者能齐聚一堂，共襄盛举。

由于多种原因，原接洽的出版社临时变卦，致使丛书出版中途搁浅。面对意外变故，我们作为主编没有气馁，又积极与辽宁民族出版社沟通。承蒙不弃，该社社长兼总编辑李凤山先生、副总编辑吴昕阳女士鼎力相助，慨然允诺出版本套丛书。责任编辑李塨女士及杜璐珊、黄金刚等编辑负责联系、审稿，多有辛劳。此外，又通过邹建达、张立程两位作者得到了云南师范大学和浙江大学的出版资助，最终得以克服困难，仅仅用了不到一年时间就把此书奉献给广大读者，这是我们全体编著者要特别感谢的。在丛书编撰过程中，编著者的家人、朋友给予了大力的支持和帮助，杨阳、黄彦震等同志也协助做过一些事务性工作，在此一并致谢。

2019年4月于北京